U0472553

本书得到南京大学"985"三期工程、国家社会科学基金重点项目(编号：10ATQ004)、教育部人文社会科学规划基金项目(编号：09YJA870014)、教育部人文社会科学研究青年基金项目(编号10YJC870033、10YJC870048、13YJC870033)的资助。

图书情报与档案管理创新丛书

新一代互联网环境下用户生成内容的研究与应用

朱庆华 赵宇翔 谈晓洁 张薇薇 等 著

科学出版社

北京

内 容 简 介

全书分为3篇共9章，对用户生成内容（UGC）的理论和实践问题进行梳理、归纳和研究。在介绍UGC基本概念及研究进展的基础上，对用户分类和建模、创作动因和激励策略、生成内容的可信评价等理论问题进行探讨，同时对UGC在政府管理、电子商务、教育、旅游和医疗等领域的应用现状进行分析，力图对用户生成内容这一新兴领域的研究现状和应用实践做出全景式描述。

本书可以作为信息管理与信息系统专业高年级本科生和信息管理相关专业研究生的参考用书。

图书在版编目(CIP)数据

新一代互联网环境下用户生成内容的研究与应用／朱庆华等著.
—北京：科学出版社，2014
（图书情报与档案管理创新丛书）
ISBN 978-7-03-039151-3

Ⅰ. 新… Ⅱ. 朱… Ⅲ. 计算机网络-情报检索 Ⅳ. G354.4

中国版本图书馆 CIP 数据核字（2013）第 275632 号

责任编辑：李 敏 刘 超／责任校对：鲁 素
责任印制：徐晓晨／封面设计：王 浩

科 学 出 版 社 出版
北京东黄城根北街16号
邮政编码：100717
http://www.sciencep.com

北京厚诚则铭印刷科技有限公司 印刷
科学出版社发行 各地新华书店经销

*

2014年1月第 一 版　开本：787×1092 1/16
2015年7月第二次印刷　印张：13 3/4　插页：2
字数：300 000

定价：128.00元
（如有印装质量问题，我社负责调换）

总　序

图书情报与档案管理作为独立的一级学科，如何在激烈的竞争环境中生存、扬弃、发展、创新，探索出一条既符合学科发展规律，又与社会、经济、科技和文化发展与时俱进的学科发展道路，是一代又一代图书情报与档案管理人光荣而神圣的使命。

南京大学信息管理系作为我国图书情报与档案管理学科的重要教学和研究阵地，从20世纪20年代创建伊始就一直以培养人才、创新科研、服务社会为历史使命。80多年来，已毕业的6000多名南京大学信息管理系学子遍及海内外图书资讯服务机构，以及文教、传播及其他行业。

图书情报与档案管理学科的发展承载着先辈的学术寄托，从创建图书馆学科肇始，学科先辈就在为争取独立学科地位、构建自身核心理论及扩大教育规模而努力。图书情报与档案管理获得一级学科地位后，仍然面临"大学科观"与"小学科观"、"图书馆业务中心论"与"情报分析与服务中心论"等不同的学科发展路径争论。20世纪90年代以来，又面临紧跟计算机科学、互联网技术发展，适应工商管理需求的巨大挑战。

走向国际化、建成世界一流大学是南京大学的既定战略目标。南京大学信息管理系近日被批准加入国际iSchools图书情报教育联盟，这是我系推进国际化战略所迈出的坚实一步。从国际上看，2000年美国图书情报教育联合会就指出，图书情报教育的服务场景和核心技能正发生深刻蜕变，以数字环境和学科融通为特征的创新更为显著；美国图书馆学会也发现，美国所有图书情报学院开设的课程越来越多地围绕信息科学的前沿展开，充分体现了图书情报与档案管理学科的创新特征；2002年在意大利帕尔玛召开的"图书馆和情报研究国际化"研讨会和在赛萨洛尼基达成的"欧洲图书情报学教育重整和适应标准"，以及2003年在波茨坦召开的"应对变化——图书情报学教育管理变革"研讨会和随后推进的"博洛尼亚进程"均反映了学科内涵的跨学科发展与融合发展趋势。

国内外同行皆认为图书情报与档案管理学科目前仍然属于学科范式急剧"转型"阶段。因此，在学科范式和教育探索中，必须以学科创新为前提和己任。南京大学信息管理系历来致力于学科前沿与社会服务的有机融合，其学科与期刊评价、数字图书馆技术、数字出版教育、数字人文阅读、信息系统采纳、信息用户行为、保密科技、档案信息资源建设等领域在国内外具有重要影响力。

含英咀华悟真知，南京大学信息管理系汇集了全系最新、最具影响力的一批科研成果，通过编写出版《图书情报与档案管理创新丛书》，既向国内外学者汇报南京大学信息管理系的科研进展，也想与国内外同行相互切磋，共同为图书情报与档案管理学科的发展贡献绵薄之力。创新是一个持续的过程，我们也希望通过国家"985"工程等平台的支持，以《图书情报与档案管理创新丛书》为载体，催生更多学术成果，将图书情报与档案管理学科的学术创新精神延续传承。

  古曰："周虽旧邦，其命维新"[①]。仅以创新为旨向，以《图书情报与档案管理创新丛书》为形式，诉予大家同仁，是为志，亦以为序。

孙建军

2011年8月于南京大学

[①] 引自《诗经·大雅·文王》

前　　言

随着信息通信技术的飞速发展，以用户主动创作为主要特征的 Web 2.0 环境逐步形成，各类"去中心化"的社会信息系统如雨后春笋般出现在人们的生活中，用户从被动接受信息到主动发布信息（撰写博客日志、上传图片、创作共享视频等），其参与度和贡献度都在显著提高。以 Facebook、YouTube、Twitter、人人网、新浪微博等为代表的社会化媒体（social media）的出现进一步吸引广大用户群体的参与，互联网已经进入了"全民织网"的新时代。

用户生成内容（user-generated content，UGC）又称作 UCC（user created content）或 CGM（consumer generated media），泛指以任何形式在网络上发表的由用户创作的文字、图片、音频视频等内容，它是 Web 2.0 环境下社会化媒体中一种新兴的网络信息资源创作与组织模式。用户既是网络信息资源的消费者，同时也是网络信息资源的生产者和传播者。作为一种有别于传统模式的 UGC，其应用正如火如荼地延伸至社会的各个角落，学术界对 UGC 的研究也逐渐开始关注并重视，国内外不同学科领域的学者从各自专业的角度进行了相关学术探讨。无论是对其基本概念、用户分类、创作动因、激励机制、内容可信等方面的理论研究，还是对其应用领域、业务平台、商业模式等方面的实践探索，都取得了相当进展。

近年来，我们专注于互联网环境下信息资源管理的研究，对网络信息资源的评价、组织方式、管理模式、用户行为等均有所涉及，也承担了多项省部级和国家级科研项目。2009 年朱庆华主持了教育部人文社会科学研究规划基金项目"Web 2.0 环境下用户生成内容激励机制与评价机制的设计及其协同研究（09YJA870014）"；2010 年又获得了国家社会科学基金重点项目"互联网用户群体协作行为模式的理论与应用研究（10ATQ004）"的资助；2010 年谈晓洁主持了教育部人文社会科学研究青年基金项目"开放协作环境中面向用户生成内容的用户模型研究（10YJC870033）"；2010 年张薇薇主持了教育部人文社会科学研究青年基金项目"面向虚拟社群协同创作与内容共享的信任管理机制研究（10YJC870048）"；2013 年赵宇翔主持了教育部人文社会科学研究青年基金项目"众包社区中参与者的动因分类及调节效应研究（13YJC870033）"等。同时，我们也得到南京大学"985"三期对科研团队的资助。针对用户生成内容、社会化媒体、群体协作行为等新兴领域进行了较为系统的研究，本书正是用户生成内容这一主题的阶段性研究成果。

全书分为 3 篇共 9 章，概论篇（第 1 章）、理论篇（第 2~4 章）和应用篇（第 5~9 章），对用户生成内容的理论和实践问题进行梳理、归纳和研究，既有概述介绍，又有专题探讨；既有实证性规范研究，又有解释性案例分析力图对用户生成内容这一新兴领域的研究现状和应用实践做深入、全面和系统的分析。

全书由朱庆华负责拟定大纲。第 1 章由朱庆华、赵宇翔、黄永勤撰写；第 2 章由谈晓洁撰写；第 3 章由赵宇翔撰写；第 4 章由张薇薇撰写；第 5 章由黄令贺撰写；第 6 章由孙霄凌撰写；第 7 章由范哲撰写；第 8 章由刘璇撰写；第 9 章由郑华撰写。最后由朱庆华负责统稿和定稿。

在撰写本书过程中我们参考了大量的国内外文献资料，在此对所有参考文献作者表示诚挚的谢意。

受能力和水平的限制，本书定有不当和疏漏之处尚待进一步完善，恳请各位专家、学者和广大读者批评指正，共同推进用户生成内容研究的进一步深入。

朱庆华

2013 年 7 月

目　录

总序
前言

概　论　篇

第1章　UGC概述与研究进展 ... 3
1.1　概述 ... 3
1.1.1　从Web 2.0到社会化媒体 ... 3
1.1.2　从社会化媒体到UGC ... 4
1.1.3　UGC概念剖析 ... 6
1.2　UGC研究进展 ... 10
1.2.1　作者分析 ... 12
1.2.2　引文分析 ... 13
1.2.3　研究热点 ... 17
1.2.4　分析单元和研究视角 ... 20
1.2.5　研究前沿 ... 21
1.3　本章小结 ... 23

理　论　篇

第2章　UGC的用户分析 ... 27
2.1　概述 ... 27
2.1.1　Web 2.0环境下的网络用户 ... 27
2.1.2　UGC用户 ... 28
2.2　UGC用户的分类 ... 29
2.2.1　基于用户个人特征信息的视角 ... 29
2.2.2　基于文化、经济及社会研究的视角 ... 30
2.2.3　基于人机交互的视角 ... 33
2.2.4　基于社区角色研究的视角 ... 34
2.3　UGC用户的建模 ... 34
2.3.1　用户个体层面的建模 ... 34
2.3.2　用户社群层面的建模 ... 43

2.4　本章小结 ·· 49

第3章　UGC的动因与激励策略分析 ·· 50
3.1　概述 ·· 50
3.1.1　背景 ·· 50
3.1.2　研究现状 ·· 50
3.2　UGC的特征与机理研究 ·· 51
3.2.1　研究背景 ·· 51
3.2.2　研究理论 ·· 52
3.2.3　研究方法 ·· 54
3.2.4　数据分析与讨论 ·· 55
3.3　UGC的用户动因研究 ·· 61
3.3.1　理论基础 ·· 61
3.3.2　UGC动因分类与整合模型 ··· 65
3.3.3　UGC动因研究的主要方法 ··· 67
3.4　UGC的激励策略分析 ·· 69
3.4.1　研究理论 ·· 69
3.4.2　研究框架 ·· 70
3.4.3　研究设计 ·· 72
3.4.4　分析与讨论 ·· 74
3.5　本章小结 ··· 76

第4章　UGC内容的可信评价 ·· 77
4.1　概述 ·· 77
4.1.1　问题的提出 ·· 77
4.1.2　可信的相关概念 ·· 78
4.1.3　内容可信评价的影响因素 ·· 78
4.1.4　UGC用户行为的可信评估 ··· 79
4.2　协作式UGC的可信评价 ·· 80
4.2.1　开放式协作内容生产活动及其产出内容的概念界定 ··················· 80
4.2.2　开放式协作内容生产可信评估研究的意义 ······························· 81
4.2.3　UGC协作活动的理论研究 ··· 82
4.3　基于内容生产视角的UGC主体可信评价 ···································· 90
4.3.1　协作生产社群信任关系的构建方法 ··· 90
4.3.2　基于维基社区的用户可信评估模式探析 ·································· 92
4.3.3　基于内容反馈与协作的生产主体可信度评估 ···························· 96
4.4　基于用户消费视角的UGC客体可信评价 ···································· 98
4.4.1　用户协作生产内容的可信度影响因素 ······································ 98

| 目　录 |

4.4.2　用户协作生产内容的可信度评估模型 ⋯⋯⋯⋯⋯⋯⋯⋯⋯⋯⋯⋯ 100
4.5　本章小结 ⋯⋯⋯⋯⋯⋯⋯⋯⋯⋯⋯⋯⋯⋯⋯⋯⋯⋯⋯⋯⋯⋯⋯⋯⋯⋯ 104

应 用 篇

第 5 章　UGC 在政府管理领域的应用 ⋯⋯⋯⋯⋯⋯⋯⋯⋯⋯⋯⋯⋯⋯⋯⋯ 107
5.1　概述 ⋯⋯⋯⋯⋯⋯⋯⋯⋯⋯⋯⋯⋯⋯⋯⋯⋯⋯⋯⋯⋯⋯⋯⋯⋯⋯⋯ 107
　　5.1.1　背景 ⋯⋯⋯⋯⋯⋯⋯⋯⋯⋯⋯⋯⋯⋯⋯⋯⋯⋯⋯⋯⋯⋯⋯⋯ 107
　　5.1.2　UGC 对政府管理的影响 ⋯⋯⋯⋯⋯⋯⋯⋯⋯⋯⋯⋯⋯⋯⋯⋯ 108
　　5.1.3　UGC 在政府管理中存在的问题 ⋯⋯⋯⋯⋯⋯⋯⋯⋯⋯⋯⋯⋯ 109
5.2　UGC 在政府管理中的应用 ⋯⋯⋯⋯⋯⋯⋯⋯⋯⋯⋯⋯⋯⋯⋯⋯⋯⋯ 110
　　5.2.1　对政府服务职能和机构人员的舆论监督 ⋯⋯⋯⋯⋯⋯⋯⋯⋯⋯ 110
　　5.2.2　政府信息发布和政策宣传 ⋯⋯⋯⋯⋯⋯⋯⋯⋯⋯⋯⋯⋯⋯⋯⋯ 110
　　5.2.3　民意调查和舆情管理 ⋯⋯⋯⋯⋯⋯⋯⋯⋯⋯⋯⋯⋯⋯⋯⋯⋯ 112
　　5.2.4　应急管理和预防犯罪 ⋯⋯⋯⋯⋯⋯⋯⋯⋯⋯⋯⋯⋯⋯⋯⋯⋯ 113
5.3　典型案例 ⋯⋯⋯⋯⋯⋯⋯⋯⋯⋯⋯⋯⋯⋯⋯⋯⋯⋯⋯⋯⋯⋯⋯⋯⋯ 115
　　5.3.1　美国总统大选 ⋯⋯⋯⋯⋯⋯⋯⋯⋯⋯⋯⋯⋯⋯⋯⋯⋯⋯⋯⋯ 115
　　5.3.2　温州动车事件 ⋯⋯⋯⋯⋯⋯⋯⋯⋯⋯⋯⋯⋯⋯⋯⋯⋯⋯⋯⋯ 117
5.4　本章小结 ⋯⋯⋯⋯⋯⋯⋯⋯⋯⋯⋯⋯⋯⋯⋯⋯⋯⋯⋯⋯⋯⋯⋯⋯⋯ 120

第 6 章　UGC 在电子商务领域的应用 ⋯⋯⋯⋯⋯⋯⋯⋯⋯⋯⋯⋯⋯⋯⋯⋯ 121
6.1　概述 ⋯⋯⋯⋯⋯⋯⋯⋯⋯⋯⋯⋯⋯⋯⋯⋯⋯⋯⋯⋯⋯⋯⋯⋯⋯⋯⋯ 121
　　6.1.1　电子商务的社会化趋势 ⋯⋯⋯⋯⋯⋯⋯⋯⋯⋯⋯⋯⋯⋯⋯⋯ 121
　　6.1.2　电子商务社会化的主要形式 ⋯⋯⋯⋯⋯⋯⋯⋯⋯⋯⋯⋯⋯⋯ 123
　　6.1.3　UGC 与电子商务的社会化 ⋯⋯⋯⋯⋯⋯⋯⋯⋯⋯⋯⋯⋯⋯⋯ 127
6.2　UGC 在电子商务社会化过程中的典型应用 ⋯⋯⋯⋯⋯⋯⋯⋯⋯⋯⋯ 129
　　6.2.1　用于电子商务社会化的 UGC 种类 ⋯⋯⋯⋯⋯⋯⋯⋯⋯⋯⋯⋯ 129
　　6.2.2　社会化商务中 UGC 内容的呈现方式 ⋯⋯⋯⋯⋯⋯⋯⋯⋯⋯⋯ 130
　　6.2.3　电子商务社会化过程中 UGC 的应用领域举例 ⋯⋯⋯⋯⋯⋯⋯ 132
6.3　UGC 在电子商务社会化过程中的应用建议 ⋯⋯⋯⋯⋯⋯⋯⋯⋯⋯⋯ 140
　　6.3.1　针对大型网上商城 ⋯⋯⋯⋯⋯⋯⋯⋯⋯⋯⋯⋯⋯⋯⋯⋯⋯⋯ 140
　　6.3.2　针对综合社会化媒体 ⋯⋯⋯⋯⋯⋯⋯⋯⋯⋯⋯⋯⋯⋯⋯⋯⋯ 141
　　6.3.3　针对新兴社会化商务网站 ⋯⋯⋯⋯⋯⋯⋯⋯⋯⋯⋯⋯⋯⋯⋯ 141
6.4　本章小结 ⋯⋯⋯⋯⋯⋯⋯⋯⋯⋯⋯⋯⋯⋯⋯⋯⋯⋯⋯⋯⋯⋯⋯⋯⋯ 142

第 7 章　UGC 在教育领域的应用 ⋯⋯⋯⋯⋯⋯⋯⋯⋯⋯⋯⋯⋯⋯⋯⋯⋯⋯ 144
7.1　概述 ⋯⋯⋯⋯⋯⋯⋯⋯⋯⋯⋯⋯⋯⋯⋯⋯⋯⋯⋯⋯⋯⋯⋯⋯⋯⋯⋯ 144
　　7.1.1　UGC 给教育领域带来的改变 ⋯⋯⋯⋯⋯⋯⋯⋯⋯⋯⋯⋯⋯⋯ 144
　　7.1.2　UGC 在教育领域的作用 ⋯⋯⋯⋯⋯⋯⋯⋯⋯⋯⋯⋯⋯⋯⋯⋯ 145

    7.1.3 UGC 在教育领域的应用现状 ·· 147
    7.1.4 UGC 在教育领域中应用的发展趋势 ······························ 148
  7.2 典型案例分析 ··· 149
    7.2.1 中国数字大学城 ·· 149
    7.2.2 ePals ·· 157
  7.3 本章小结 ··· 161
第 8 章 UGC 在旅游领域的应用 ·· 162
  8.1 概述 ··· 162
    8.1.1 UGC 在旅游领域的导入 ··· 162
    8.1.2 UGC 在旅游领域的作用 ··· 163
  8.2 典型案例分析 ··· 164
    8.2.1 应用概况 ··· 164
    8.2.2 垂直搜索典型网站——去哪儿 ····································· 166
    8.2.3 在线社区典型网站——蚂蜂窝 ····································· 170
    8.2.4 全球最大旅游社区——TripAdvisor ······························ 172
  8.3 应用建议 ··· 176
  8.4 本章小结 ··· 177
第 9 章 UGC 在医疗领域的应用 ·· 178
  9.1 概述 ··· 178
    9.1.1 UGC 在疾病诊断中的应用 ·· 178
    9.1.2 UGC 在新药研发中的应用 ·· 180
    9.1.3 UGC 在医患关系改善中的应用 ··································· 181
  9.2 典型案例分析 ··· 183
    9.2.1 好大夫在线 ·· 183
    9.2.2 药家网 ·· 188
  9.3 本章小结 ··· 196
参考文献 ·· 197

概 论 篇

第 1 章　UGC 概述与研究进展

1.1　概　　述

随着社会信息化以及物联网和云计算等信息通信技术（information and communication technologies，ICTs）的迅速发展，互联网的普及率和覆盖率在全世界范围内得到大幅度提升，其影响力已广泛渗透到日常生活、工作和学习的各个方面。大众已不再满足网络信息的被动接受，而追求网络信息的主动创作。如果说用户被动接受的互联网是 Web 1.0，那么用户主动创作的互联网则是 Web 2.0。

1.1.1　从 Web 2.0 到社会化媒体

Tim O'Reilly 在 2005 年 9 月发表的 "What is Web 2.0" 一文中概括了 Web 2.0 的概念，并给出了 Web 2.0 的架构图——Web 2.0 Meme Map（O'Reilly，2005）。随后，关于 Web 2.0 的相关研究与应用得到了迅速发展，各类"去中心化"的社会信息系统（social information systems）如雨后春笋般出现在人们的生活中，从电子公告系统（BBS）、网络论坛（online forum）、即时聊天工具（QQ、MSN、Skype 等）、博客（blog）、播客（podcast）到今天风靡全球的微博（microblog）和各类网络社交平台（social network sites，SNS），用户从被动接受信息到主动发布信息（撰写博客日志、上传图片、创作共享视频等），从单纯的消遣娱乐拓展延伸至网络口碑（word-of-mouth，WOM）、社会化商务（social commerce）以及公众科学（citizen science）中，用户的参与度和贡献度都在显著提高。由于各类网络平台越来越以用户为中心，将话语权、主导权交给用户，使得网络用户们更加积极地、主动地活跃在各类网络平台之中宣泄自己的情绪、分享自己的经历，并参与到各种社会性事件的讨论和舆情交流中，互联网革命已经迈向了"全民织网"的时代。

社会化媒体（social media）是互联网变革发展的产物，它通过一系列开放性强、拓展性好的新兴技术（emergent technologies）或汇聚技术（convergent technologies）开发适用于各种应用范畴的软件、网站平台和系统，从而吸引广大用户群体的参与。社会化媒体是新一代互联网环境下最为热门的焦点，它以惊人的发展速度、广大的用户群体以及巨大的社会影响力宣告着网络帝国的崛起。从全球互联网发展看，Facebook、YouTube、Twitter 等社会化媒体已经创造了诸多网络奇迹。近几年，国内类似的社会化媒体，如人人、开心、优酷、土豆、豆瓣、新浪微博等也在短时间内迅速发展并聚集了大量的人气。万维网创始人 Tim Berners-Lee 等将社会化媒体定义为一系列能够促进个体共享信息、协作、创建并发展在线社区的软件工具的集合（Berners-Lee et al.，2006）。Axel 等认为社会化媒体是指基于 Web 2.0 技术搭建的各种类型的网站，它能够提供深度的社会交互、社区形成以及应对群体协作任务的空间（Bruns & Bahnisch，2009）。Kaplan 和 Haenlein（2010）将社会化媒体定义为建立在 Web 2.0 理念和技术基础上，基于因特网的一系列应用的总称，它推动信息和知识的创作、交流与共享。

1.1.2 从社会化媒体到 UGC

作为 Web 2.0 环境下社会化媒体中一种新兴的网络信息资源创作与组织模式，用户生成内容（user-generated content，以下简称 UGC）又称作 UCC（user created content）或 CGM（consumer generated media），泛指以任何形式在网络上发表的由用户创作的文字、图片、及音频和视频等内容。它有别于传统的权威生成、中心辐射形式，倡导为用户创建一个参与表达、创造、沟通和分享的环境。用户的参与行为也逐渐从原先的全民上网转变为"全民织网"。即除了传统的点击浏览行为，用户还可以在网上开辟自己的信息空间，并进行信息共享、内容创作以及贡献等行为。用户既是网络信息资源的消费者，同时也是网络信息资源的生产者和传播者。

2005 年是互联网发展的一个分水岭。Web 2.0 理念的兴起和相关技术的蔓延从本质上激活了 UGC 的灵魂，即每个人都是互联网的创作者。2005 年 2 月，随着视频分享网站 YouTube 的推出，UGC 这一术语逐渐进入人们的视线并得到迅速发展。在中国，摩根斯坦利首席分析师 Mary Meeker 在《2005 年度中国互联网行业报告》中首次提出 UGC 这一术语（郎晓黎，2007）。2006 年《时代》杂志（*Time*）富有创意地将"You（你）"评选为其年度人物，这一举措与 UGC 的本质遥相呼应，充分彰显了用户无论从个体还是群体的角度都对互联网发展起到了重要的作用。同年，Alexa.com 的流量分析结果显示，美国最为热门的十大网站中有六个是基于 UGC 的社会化媒体网站，分别是 Myspace、eBay、YouTube、Wikipedia、Facebook 和 Amazon。根据中国互联网络信息中心（2013）发布的第 31 次中国互联网络发展状况的调查，截至 2012 年 12 月底，在中国 5.64 亿网民中，拥有博客的网民比例达到 66.1%，网络视频的用户比例达到 65.9%。2012 年下半年，我国微博个人用户达 3 亿，微博用户数量激增 23.5%，手机网民规模超过 4 亿。人人、开心、豆瓣、大众点评等诸多基于 UGC 的社交网站也依然保持着庞大的用户规模。

实际上，UGC 并非是一种全新的技术或理念。其实早在数字化时代的初期，UGC 的雏形就已经诞生了。20 世纪 80 年代，风靡一时的全球电子布告栏系统 Usenet 便允许就某一给定话题展开讨论和分享。随后，BBS 的出现更是极大地调动了网络用户参与的积极性。到了 90 年代后期，一些大众评论网站初现端倪，网络用户可以从不同的角度，根据不同的标准对某些事物（尤以商品为主）进行评价或评级。2000 年初，虚拟社区/网络社区（virtual community/online community）在短短几年间发展迅速，网络用户的角色更为多样化、用户体验更为丰富、主动性和互动性有所提高。然而，在 Web 1.0 时代，UGC 的局限性也显而易见（朱庆华和赵宇翔，2009）：①互联网信息资源的发布权由少数人主导并控制，大多数人只是被动地参与，double-click 行为是大多数用户在上网过程中的主要动作；②文本类资源的创作和共享比重远远高于图像、音频和视频等内容，UGC

的形式从整体上看较为单一；③各类 UGC 平台和工具的建设与开发工作尚在起步阶段，内容创作的时间成本、技术壁垒、协同环境等都存在一定的障碍；④用户自主生成内容的意识还不够强烈，相比而言，"读"网更甚于"织"网，内容的消费者远远多于内容的生产者。

UGC 这个术语在 2005 年由网络出版和新媒体出版界最先提出。现在关于 UGC 还没有一个公认的定义，其中较有影响力的界定是由世界经济合作与发展组织（OECD，2007）在 2007 年的报告中提出的。该定义描述了 UGC 的三个特性：①Internet 上公开可用的内容；②此内容具有一定程度的创新性；③非专业人员或权威人士创作。具体解释如下。

1）以网络出版为前提

理论上说，UGC 可能仅仅被用户创造出来，不一定会被发表在网络或是某些特定场合。但是这里我们只关注已发表的内容，不管是在任何人都能访问的公共网站上或是只有一组特定的人（如大学同学）才能访问的社会网络站点。这个前提是为了更有效地将 UGC 与邮件、双向即时通信等区分开来。

2）一定程度的创新

这个特征是指，在创作新作品或是改编已有作品时必须有一定的创造性工作，即用户必须加入自己的思想。UGC 背后的这种创造性往往是众多用户协同创作的结果。仅仅复制一段电视节目并把它上传到在线视频网站（这种活动在 UGC 站点经常可以看到），这并不是严格意义上的 UGC。如果用户上传了他的照片并在博客中写下自己的感想，或是创作了一段新的音乐视频，或是对已有的作品进行改编，这才称得上是 UGC[①]。

3）非专业手段或组织创作

UGC 一般是由非专业人员以非专业手段创作的。其创作没有组织机构或是商业市场的介入。通常，UGC 可能是非专业人员在没有获利动机和回报的情况下创作的。创作的动机可能包括：和同龄人交流、树立知名度（正面或负面的）或是渴望自我表达[②]。

UGC 有着不同的表现形式。它可能是一组文字、图片，或者是一段音频、视频，也有可能是一系列共享的文件等。它的发布平台也不尽相同，博客、播客、Wiki、P2P、RSS 等都是我们所耳熟能详的。表 1-1 是作者总结的有关 UGC 的类型、发布平台以及实例的概括性介绍。由表 1-1 可知，UGC 类型和发布平台较为复杂多样，且都有其各自的特色和规范。

---

① 虽然从理论上说对于 UGC 的界定需要有一定程度的创新，但实际研究中作者发现对于创新程度的测度和界定也存在着较大的难度，且不便于实证研究的开展。因此，本书所涉及的 UGC 并非严格遵循这个特性

② 与注释①类似，现实中很难测度 UGC 的创作者究竟是否属于专业团队，是否采用了专业手段。因此，本书所涉及的 UGC 并非严格遵循这个特性

表 1-1　UGC 类型、平台及实例概述

内容类型	描　　述	发布平台	实　　例
文学创作	原创型文学作品，或是在已有作品的基础上进行二次创作，或是针对某一作品展开的讨论	博客或一些专属网站	Fanfiction. net、Writely、Quizilla. com、"榕树下"等
图像/图片	由用户拍摄并上传，可公开获得（部分公开）的数字图像资源，或是在已有作品的基础上进行二次创作的图像内容	图片博客、SNS、专属网站	Ofoto、Flickr、Photoblogging、Remixed images、"图客网"等
音频	由用户录制、编辑并上传，可公开获得（部分公开）的数字音频资源	播客、P2P、专属网站	Audio mash-ups、remixes、Podcasting、"豆瓣"等
视频	由用户录制或编辑并上传，可公开获得（部分公开）的数字视频资源，包括原创型内容、剪辑混搭型内容等	播客、P2P、流媒体、专属网站	YouTube、Google Video、Revver. com、"土豆网"、"我乐网"、"青娱乐"等
组群聚合	聚合性的内容资源，粒度不一，如新闻内容的聚合，社会化标签的聚合，大众评论的聚合，或是超链接的聚合	RSS、博客、专属网站	digg. com、del. icio. us、amazon. com、"点评网"、"看天下"等
文件共享	文件资源共享型网站，文件的格式各异，主题多样	博客、P2P、专属网站	scribd. com、slideshare. net 等
教育型内容	由学校、研究机构或相关正规组织开发的针对教育型的内容资源，用以学习交流	专属网站	MIT's Open Course Ware、H20、Wikipedia、Wikibooks 等

1.1.3　UGC 概念剖析

虽然 UGC 的概念从 2005 年提出至今已有七年多时间，但目前关于 UGC 还没有一个公认的定义。根据收集到的研究文献，我们发现大部分 UGC 研究并未严格遵循 OECD 提出的 UGC 特性。首先，对于创新程度的测度和界定存在较大的难度。如果严格将原创性作为评判 UGC 的标准，即只有那些融入了一定创造性工作的作品（包括原创和包含大量创造性元素的二次创作）才能称得上是 UGC，这样会极大束缚研究者的研究对象和素材。其次，对于非专业人员和机构的限定也很难保证。现在越来越多的媒体和互联网运营商正在通过 UGC 平台盈利，不少人在经过初始阶段的非商业行为后开始转变为专业人员。此外，还有很多专业人员在其业余时间创作内容并上传分享。所以，这条特性从很大程度上会制约研究的情境。因此，在实际研究中，研究者往往倾向于更为广义的 UGC 概念和松散的体系。

然而，UGC 概念的泛化并不代表我们能够继续忽视或者回避对 UGC 的本质进行概念剖析。Surowiecki 在 2004 年出版的《群体智慧》（*The Wisdom of Crowds*）一书中指出，在特定的环境下，群体的智慧往往优于团队中个别精英分子的单独贡献。同样的思想也贯穿于集体智能（collective intelligence）的案例中（Lévy，1995）。因此，UGC 充分体现出 Web 2.0 的时代精神，即每个个体都有潜力贡献出有价值的信息，且赋予了有机会接触网络的人自我表达的话语权。从这个角度，UGC 既可以理解为用户创造的静态网络信息资源,也可以理解为用户生成创作的动态行为模式,更可以从生态的层面将 UGC 诠释为一种秩序,这种秩序与用户群、社会网络、传播渠道、网络/虚拟社区密不可分。鉴于此,对于 UGC 概念的剖析应该多角度、全方位地开展。我们尝试采用类型理论(genre theory)对 UGC 概念体系中几个主要的维度进行解析。类型理论通过对现象进行流派、种类或拓扑结构的分类,从而理清研究对象的维度和特性(Chandler,2000)。Yates 等(2008)采用类型理论研究了媒体理解和采纳的六个重要维度,即 When,What,Where,Why,Who 和 How。Malone 等(2009)采用类型理论研究了集体智能中大众行为模式和特征的理论映射,分别从 Who,What,Why 和 How 这四个角度深入探究。

本书借鉴并改进了麻省理工学院集体智能研究所知名学者 Malone 等的分析框架,重点定位在 UGC 概念体系中的四个维度,即 Who(用户 U)、What(内容 C)、Why(动因)和 How(生成模式),具体如图 1-1 所示。我们认为这四个维度间存在着紧密的联系和影响,从这四个维度出发可以帮助我们厘清 UGC 概念中最为本质的一系列问题。

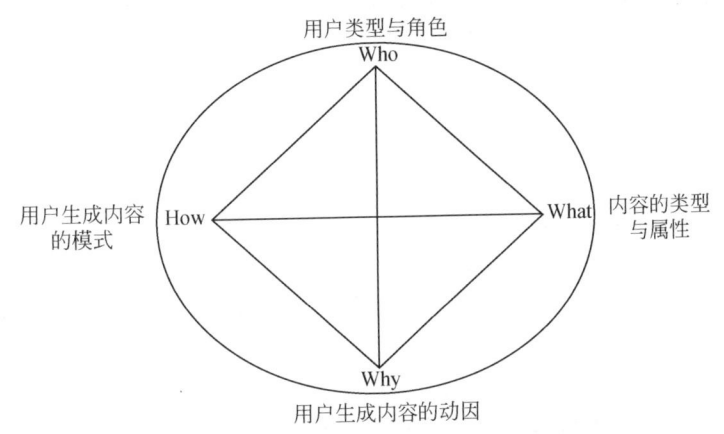

图 1-1 基于类型理论的 UGC 概念分析框架

1. Who:用户的类型与角色

UGC 中的用户(U)这一概念较为笼统。van Dijck(2009)从认识论的角度将 UGC 中的用户进行二元解析。他认为,从文化的视角,用户可以分为接受者和参与者;从经济的视角,用户可以分为生产者和消费者;从劳动关系的视角,用户可以分为业余者和专业者。然而,我们认为传统的二元分类体系虽然体现出哲学价值,但在新一代互联网环境下的操作性较弱。广义上说,用户的概念渗透在信息生命周期中的每一个阶段,用户的类型和角色与互联网信息行为紧密相关。DeSanctis(2006)从人机交互研究的角度将用户分为三大类:个体用户、团体用户和社区用户。我们遵循其思路将 UGC 中的用户也分为三大类:个体、组织以及社会群体。个体主要是指从单个用户的角度对于 UGC 的选择、参与、创作、传播和使用。组织主要针对相关企业、机构等实体性单位,将其整体看作是一个用户的概念,讨论的焦点集中在组织对于 UGC 的采纳、实施、推广和扩散等环节上。社会群体这个用户的概念则更为广泛,早期的 UGC 主要体现在 Wiki、博客和 YouTube 上,更多展现了"内容为王"的精髓。然而 SNS 的粉墨登场将 UGC 推波助澜至另一个境界,即赋予了 UGC 更多环境属性，并淡化了个体和组织间的边界，更加强调社会化因素的影响。

从另一个角度，随着社会化媒体的兴起和繁荣，用户在 UGC 的参与过程中，其角色可能是不断演化的。很多学者分别对 Wiki 社区成员、开源软件社区用户、知识共享社区成员、社会化媒体用户的角色通过定性或定量的研究方法进行分类。Brandtzæg（2010）对媒体类型和用户类型进行了元分析，从媒体的功用、使用的频率、媒体平台和服务以及用户的内容活动偏好四个角度构建了社会化媒体中的用户分类体系，从底向上包括非用户、偶尔使用者、潜水者、娱乐/社交型用户、实用主义型/功效性用户、高级用户。

可以看出，虽然学者们对于 UGC 用户角色分类从形式上各有不同，但本质上都有一定的相似性，即凸显了 UGC 中用户角色的多样化和潜在的转化和演变性。

2. What：内容的类型与属性

UGC 中内容的类型和表现形式存在着多样性和粒度的差异性。从粒度的差异性来看，不同的内容往往体现出用户在生成、创作和传播过程中任务的复杂度和投入的时间成本、设备成本、机会成本以及智力因素。比如，用户在线评级或评论比用户撰写博客要相对容易，用户生成标签的粒度比用户原创视频的粒度也要小得多。如果将 UGC 上升到虚拟社区/网络社区的高度，我们认为可以从功能上对于内容进行分类。Armstrong 和 Hagel（1996）将虚拟社区分为兴趣型社区、关系型社区、娱乐型社区和交易型社区。本书将借鉴这个分类标准，将 UGC 中的内容分为娱乐型、社交型、商业型、兴趣型和舆论型。其中，娱乐型内容主要指以大众娱乐、消遣为主要行为特征的用户创作，如原创搞笑视频、微小说、网络原创音乐等。社交型内容主要指以建立个体间的相互关系为主要特征的产物，如"顶"、"踩"、"关注"等情感性指针和"社交图谱"（social graph）、"人立方"等自主生成的关系结构图。商业型内容主要指和社会化商务相关的一系列内容，包括用户生成口碑、购物评论和众包竞赛等。兴趣型内容主要指以爱好交流、兴趣小组、信息/知识共享和沟通为主要特征的内容，如维基百科创作、在线问答、公众科学、设计竞赛等。舆论型内容主要指公众对社会新闻、突发事件、舆情等方面进行的报道、分析、传播和利用等，如意见领袖和观点挖掘。

另外，尽管 UGC 中的内容在传统研究中一直被看做是具体实在的产物，然而我们认为有必要深入到内容的本质，即属性的层面进行探讨。UGC 中 C（content）所指的内容，并不仅仅只是用户创作、发布、分享的显性内容，同时还包括一系列隐性的内容，如用户的身份、状态、关系和声誉等。当 UGC 的概念逐渐扩散到组织和社会层面，即融入了更多社群的元素，这个过程也同时丰富了内容的隐性属性。

3. Why：用户生成内容的动因

用户在创建、发布、分享内容的过程中往往受到不同因素的影响，且其强度和指向各不相同。UGC 的动因非常复杂，很难从某个单一的领域进行概括。然而，针对动因的讨论有助于 UGC 的概念化，并在一定程度上区分不同类型的 UGC 的差异。比如，用户创作博客的动因和用户参与众包竞赛并生成解决方案的动因存在着较大的差异。前者更多受到了诸如兴趣和乐趣、利他主义、易用性、社会身份认知等因素的影响，而后者则受到物质奖励、机会主义、个人声誉等因素的影响。

Porter 和 Lawler（1968）首次提出内部动因和外部动因模型。内部动因主要指通过完成某个行为而满足个体的即时需求，因此这种行为自身具有一定内在价值和持久性能力。外部动因主要指行为自身以外，或行为和一些可分离的结果之间的因素（Deci，1971），这些因素并非直接从行为中得到而是间接来源于其他途经，如物质奖励，潜在机会等一系列外在刺激。然而，动因并非是一个简单的二元对立结构，在实际情况中单纯的内部-外部动因分类可能会存在一些模棱两可的问题。Deci 和 Ryan（2000）将动因作为一个渐变的波谱看待，认为外部动因的程度会因外部规范（externally regulated）和内化程度（internalized）的不同而有所差异，因此他们将外部动因进而分为四类：外部表象动因（external）、投射动因（introjected）、鉴定动因（identified）和融合动因（integrated）。外部表象动因更倾向于经济上和物质上的刺激，如从事一项任务所获得的报酬等，这类动因几乎没有内化程度且缺乏相关的外部规范和约束。投射动因具有一定的外部规范但内化程度还不够，即还未得到行为体的充分认可。鉴定动因具有较强的外部规范性和行为目标内化性，如社会认同感，即用户体会遵循某些主观规范和映像去约束并实践其行为。融合动因具有最强的外部规范性和目标内化性，行为体往往将其实际行动与所在环境的主观规范进行融合，从而具有自我约束和自我实现的效力，如归属感。我们在此基础上绘制出 UGC 动因波谱图，并尝试将一些重要的影响因素归入不同类型的动因中（图1-2）。这种分类方式有助于研究者对不同类型 UGC 动因的定位，如众包竞赛的 UGC 更倾向于动因波谱的左端（外化程度较大），博客、维基百科中的 UGC 更倾向于动因波谱的右端（内化程度较大），而在线问答、视频共享等 UGC 则可能以一种较为混搭的方式游离于动因波谱的中端（因人而异、因情境而异）。

外部表象动因	投射动因	鉴定动因	融合动因	内部动因
—物质奖励 —潜在机会 —互惠性 —外部机会和奖励	—同行认知 —感知易用性 —感知有用性 —泛在信任 —主观规范	—社会认同感 —荣耀 —专指信任 —技术任务适配性 —隐私和安全	—虚拟社区感 —归属感 —以往的经验或体验 —共同愿景 —责任感和义务	—感知的乐趣 —个体能力提升 —好奇心和兴趣 —自我形象 —利他性 —自我效能

图1-2 UGC 的动因波谱和相关影响因素

4. How：用户生成内容的模式

UGC 的生成模式可以被抽象为信息内容生产过程（information production process，IPP），即将用户作为源元素，内容作为项元素，生成模式则被理解成两者之间的映射关系（赵宇翔等，2011a）。这种映射关系可能是一对一、一对多，也有可能是多对一、多对多。我们尝试将其归纳为四种主要的生成模式：独立式（individual）、累积式（collective）、竞争式（competition）和协作式（collaborative）。其中，独立式主要指 UGC 过程中用户可以自主独立地完成创作、发布和共享等任务，不需要借助其他用户的帮助且彼此之间互不影响。比如用户创作博客、发布微博以及视频类 UGC 共享都属于这一类型。从本质上说，独立式模式中不同用户间的交流最少，且内容间的关联度也较弱。累积式主要指 UGC 过程中用户虽可独立完成创作、发布和共享等任务，但用户与用户、内容与内容之间正在逐渐体现出关联性。例如，社会化标注中许多用户纷纷对于某个资源给出自己认为合适的标签，虽然每个用户的标注行为都是独立的，然而他们给出的内容却在一定程度上帮助某个资源更为清晰地被描述和展示。公众科学中每个参与者都可以贡献自己观测到的数据以供科学家研究使用。尽管每项观测数据都是用户独立进行的，但从整体上科学家的研究却因这种个体汇聚而来的贡献而受益良多。竞争式主要指 UGC 过程中用户行为上的独立性和结果上的竞争性。这种行为上的独立性有可能是独立式，也有可能是累积式，主要根据目标是否提前告知而定，而结果上的竞争性意味着只有个别或少数内容会脱颖而出。又如，某博客运营商从其年度博客排行榜中选出一些优胜的博主予以奖励，或者在众包竞赛中发包方在众多接包方给出的解决方案中选出最佳的方案并给予奖励。前者属于独立式和竞争式的结合（博主创作时并不知晓竞争的存在），而后者属于累积式和竞争式的结合（接包方很清楚地知道自己参与了一场众包竞赛，目的性很明确）。协作式主要指 UGC 过程中用户为了完成某一任务必须通过彼此之间的协作不断完善其结果。如在维基百科中，用户在历史词条的基础上进行修订和改进，这种迭代的行为体现了协同的力量和效用。本书提出这四类 UGC 生成模式并不意味着它们彼此排他，相反，有些时候不同的模式会同时体现在某一具体的 UGC 中。比如在线问答中既存在累积式也存在竞争式，而在线评论中也可以同时包括累积式和协作式。因此，本书提出这四类 UGC 生成模式的主要意义在于揭示其多样性和用户行为、内容之间的关联性。

1.2　UGC 研究进展

为了便于从宏观上揭示 UGC 领域的研究现状，我们选取 CNKI 的《中国学术文献网络出版总库》、ISI 的引文数据库 Web of Science（以下简称 WoS）以及 IEEE 作为来源数据库，以 UGC、user generated content、CGC、consumer generated content、UCC、user created content、CGM、consumer generated media、UEC、user edited content、USC、user sales content、user generated data、user generated information、user generated video content、用户生成内容、用户贡献内容、用户创造内容、用户原创内容、用户自制内容、客户自主产生内容、消费者生成内容、用户制作内容等词为主题、标题或关键词进行检索，时间跨度为 2005~2012 年，收集的文献类型为论文（包括学位论文和会议论文）。经手工查阅图书馆期刊，并结合维普、万方等数据库对数据进行完善和清洗，最后获得中文数据 323 条。国外数据利用 HistCite 软件对遗漏文献进行了补全和清洗，最后获得 923 条数据。总体发文量统计如表 1-2 和图 1-3 所示。

第 1 章 UGC 概述与研究进展

表 1-2 国内外年度发文量比较

年份	国内 论文（篇）	国内 报道（篇）	国际 论文（篇）
2005	0	0	0
2006	0	1	26
2007	5	10	72
2008	15	16	146
2009	21	14	206
2010	46	13	183
2011	53	19	152
2012	74	36	138
合计	214	109	923

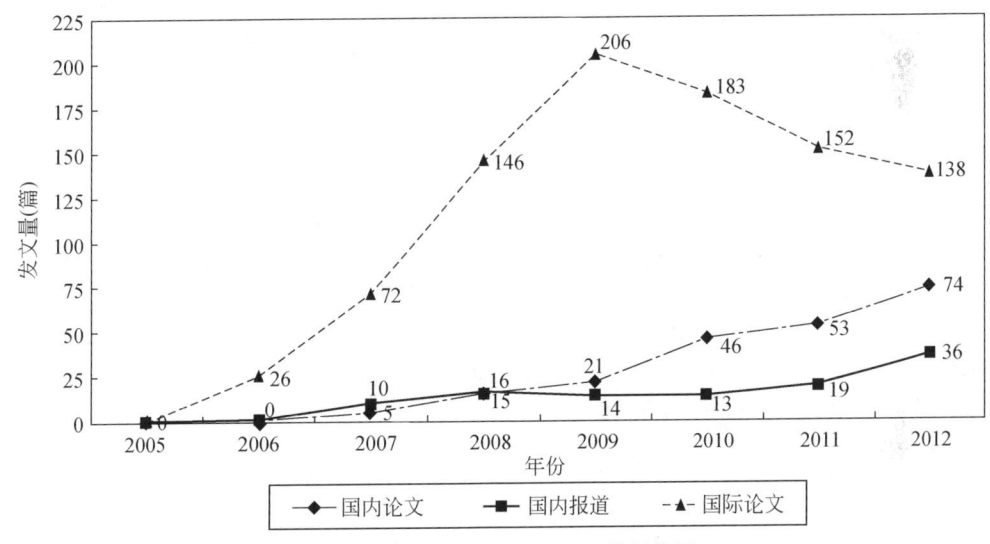

图 1-3 国内外年度发文量比较折线图

虽然 2005 年 UGC 模式就开始兴起，但有关研究始于 2006 年。2006 年国内出现了首篇报道，但并无相关研究论文（刘哲和李锐，2006）。而当时国外已经开始有部分学者关注 UGC，发表了 26 篇研究论文。整体而言，国内研究与国外还存在一定差距，国外在发文量方面远远超过国内。国外研究趋于成熟稳定阶段，并有一定的下滑趋势。而国内还处于萌芽之后逐渐发展的阶段。国内对 UGC 的报道在 2006~2008 年以及 2011~2012 年增长较快，其余年份发展平稳，2006~2008 年主要针对刚刚萌芽的 UGC 相关理念、平台进行的报道性介绍，而 2011~2012 年报道突然增长的原因是 UGC 网络视频及商业应用的飞速发展，受到了更多的关注。国内论文数量稳步上升，除 2008~2009 年发展较平稳，其他年份增幅都较大。结合二者分析可知，国内研究论文与报道的比值不断增大，由 2007 年的 50.0% 增加到 2011 年的 278.9%，这说明论文所占比重越来越大，研究成果从对新兴媒体的关注和报道逐渐向学术研究转变和发展。从这可窥探出 Web 2.0 环境下网络新事物的发展规律，一般都是最先由媒体的关注、报道和推广，再向学术研究转变，从而进一步推动新生事物的发展。目前，国内已经有一些学者成功申请了该领域的研究项目，如叶强教授主持的国家自然科学基金项目"在线UGC的管理分析及其对电子商务的影响研究"，朱庆华教授主持的教育部人文社会科学研究规划基金项目"Web 2.0环境下用户生成内容激励机制与评价机制的设计及其协同研究"，蔡淑琴教授主持的国家自然科学基金项目"微内容生产加工模式及其支持平台的研究"等。

1.2.1 作者分析

经统计，表1-3展示了国内外作者发文的概况，国外共923篇文章来自于734位作者，国内共214篇文章来自于276位作者。依据洛特卡的"平方反比率"定律，发表一篇文章的著者应占全部著者总体比例的60%左右，从表中可知，发表一篇文献的著者中国外占73.30%，国内为94.93%，与标准值相差较大，同时作者频率与文献数量间的关系也并未呈平方反比关系，可见二者都不符合洛特卡定律（Lotka's law）。普赖斯认为科学家总人数开平方，所得到的人数恰好为撰写全部科学论文一半的数量。经验证，发现两部分数据也不符合该定律。我们认为导致以上情况的原因主要有以下两方面，一方面是因为洛特卡定律和普赖斯定律本身的局限性，它们要求数据量大，包括大跨度的时间范围和著者数量多，而且不同学科不同领域都需要做各自的修正；另一方面与UGC处于刚刚兴起和发展的阶段有十分重要关系，文献还处在快速积累的过程中。值得一提的是，虽然国内外数据分布都未达到洛特卡分布，但国外文献数据整体分布状态是接近该定律的，而国内数据却不然。国内文献中1篇文章的作者数量占了94.93%，这部分作者的发文量几乎涵盖了所有文献，这一现象折射出国内UGC研究的问题，即该领域亟须更多、更持久、更深入的关注和拓展。同时这也从另一角度反映了国内的研究现状，相比国外，国内的研究还处于发展起步的阶段。

表1-3 国内外作者发文概括

	篇数	1	2	3	4	5	6	7	8	9
国外文献	人数	538	135	29	19	6	1	4	1	1
	占总人数（%）	73.30	18.39	3.95	2.59	0.82	0.14	0.54	0.14	0.14
国内文献	篇数	1	2	3	4	5	7	10		
	人数	262	8	2	1	1	1	1		
	占总人数（%）	94.93	2.90	0.72	0.36	0.36	0.36	0.36		

此外，国内形成了以南京大学信息管理学院为核心的研究机构，朱庆华和赵宇翔是来自该机构的高产作者，国外则以新加坡南洋理工大学（Nanyang Technological University）、韩国高级科学技术研究所（Korea Advanced Institute of Science and Technology）、美国纽约大学（New York University）、荷兰阿姆斯特丹大学（University of Amsterdam）等为主要研究机构，Anindya Ghose、Maarten de Rijke和Wouter Weerkamp等为核心作者。

1.2.2 引文分析

1. 国外 UGC 研究的演进路径和知识基础分析

知识基础能够反映出某一学科领域前沿的本质，具有相对的稳定性，同时有助于明确和预测研究前沿和动态趋势（任红娟和张志强，2009）。我们将数据导入 CiteSpace 软件，节点类型（node types）选择为"参考文献（cited reference）"，阈值设置为"top 30%"进行运行分析，生成图 1-4 所示知识图谱，共有 757 个节点和 4668 条连线。每个节点代表一篇文献，节点越大该文献被引次数越多；节点间的连线代表文献间的引用，连线越粗共引次数越多，文献间的关系就越紧密，研究主题也越相近。从图 1-4 可知，2007 年（A1和 A2）和 2008 年（B1 和 B2）研究内容比较分散；到 2009 年，A1 和 A2 开始汇流至 C，所研究的问题越来越相近，并出现了突出显示的关键节点；而 2010 年又出现了新的研究方向（D），而后 B1、B2、C 和 D 都汇合于 2011 年的 E1 区域，此外 2011 年度还出现了 E2 区域，E1 区域也遍布了多个研究方向；2012 年度所代表的 F 区，紧密联系 E1、C 和 D，形成了以"social media"为主题的 F1 和以"online market"为主要研究内容的 F2 两大块新的方向。

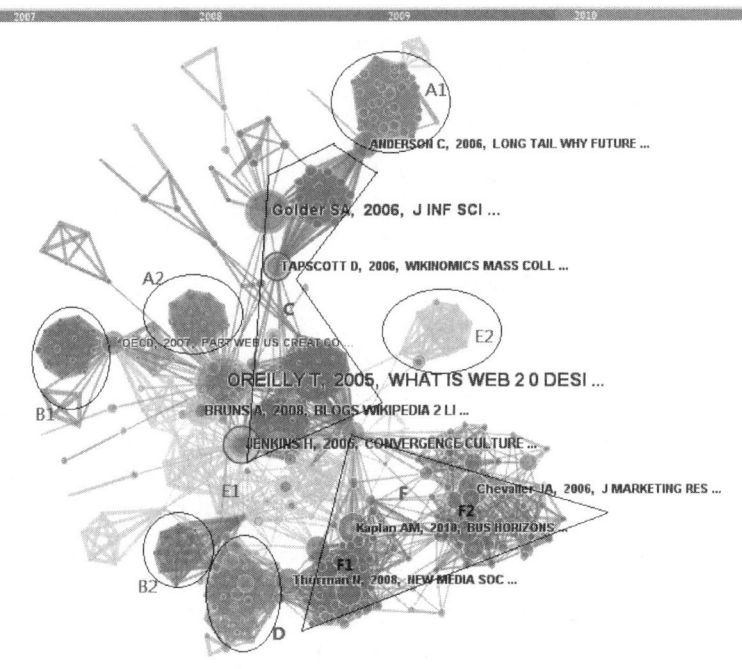

图 1-4 文献共被引网络知识图谱示意

Chen（2006）认为知识基础（intellectual bases）是由引用研究前沿术语的科学文献所形成的演化网络的引文和共引轨迹。统计共被引频次，排名前 6 的节点信息如表 1-4 所示，这些奠基性文献组成该领域的知识基础。由图 1-4 和表 1-4 可知，关键节点文献有两篇：①Jenkins（2006）的 *Convergence Culture：Where Old and New Media Collide*，这本书讲述了文化背景下新旧媒体的融合与发展；②泰普斯科特和威廉姆斯（2007）的 *Wikinomics：How Mass Collaboration Changes Everything*，该书基于维基百科网的巨大成功，阐述了一种新的商业模式：维基经济学。

此外，O'Reilly（2005）的 *What is Web 2.0*，该文阐述了 Web 2.0 的由来、架构及应用发展等方面，UGC 模式正是在 Web 2.0 的平台上诞生的；Anderson（2006）的 *The Long tail：Why the Future of Business is Selling Less of More* 是一本管理学的畅销书，其主要介绍了长尾理论；Golder 和 Huberman（2006）的论文 *Usage Patterns of Collaborative Tagging Systems* 针对互联网用户共享数据，提出了一种协同标签的动态模型；在网民参与、创作和分享的背景下，Bruns（2008）的著作 *Blogs，Wikipedia，Second life，and Beyond：from Production to Produsage* 提出了一个新名词"produsage"，书中介绍了 produsage 现象及其影响，并讨论了潜在的模型，包括技术、人力及社会结构等方面，同时还探讨了 produsage 项目的法律和经济模型；Chevalier 和 Mayzlin（2006）的 *The Effect of Word of Mouth on Sales：Online Book Reviews* 论述了消费者对在线书评的关注动因和机制，并阐述了由此产生的购买力。此外，中心度（centrality）是对网络中任意最短路径流经节点的度量，经统计，中心度大于 0.1 的共五篇文献，最高的达 0.15，它们都在高共被引知识基础文献之列，表明它们在 UGC 领域起到的重要链接作用。

表 1-4　国外高共被引知识基础文献

题名	作者	频次	中心度	年份	类型
What is Web 2.0	O'Reilly	27	0.13	2005	报道
Usage Patterns of Collaborative Tagging Systems	Gdder 和 Huberman	23	0.06	2006	论文
Convergence Culture：Where Old and New Media Collide	Jenkins	17	0.15	2006	图书
Blogs，Wikipedia，Second life，and Beyond：from Production to Produsage	Bruns	16	0.03	2008	图书
The Long Tail：Why the Future of Business is Selling Less of More	Anderson	14	0.11	2006	图书
Users of the World，Unite！The Challenges and Opportunities of Social Media	Kaplan 和 Haenlein	14	0.06	2010	论文
The Effect of Word of Mouth on Sales：Online Book Reviews	Chevalier 和 Mayzlin	14	0.08	2006	论文
Wikinomics：How Mass Collaboration Changes Everything	Tapscott 和 Williams	13	0.13	2006	图书
Forums for Citizen Journalists？Adoption of User Generated Content Initiatives by Online News Media	Thurman	13	0.11	2008	论文

通过以上节点文献研究内容的介绍可知，较多文献只是涉及 UGC 发展的原因和背景。从文献类型看，包含 4 本图书、1 篇报道及 4 篇学术论文。论文代表了最新研究成果，但此处论文的核心影响力还不够，对比下文的被引频次，可知该领域学术论文的 LCS（local citation score）值很低，研究方向也比较分散。我们对共引网络进行聚类实证，共形成 97

个聚类模块，如图 1-5 所示，每个圆点表示为一个聚类。可见国外 UGC 的研究主题相对零散，我们认为产生这一现象的原因有两方面，一是国外研究机构合作力度和强度的缺失；二是未形成核心的研究团体，引领研究方向的集中。

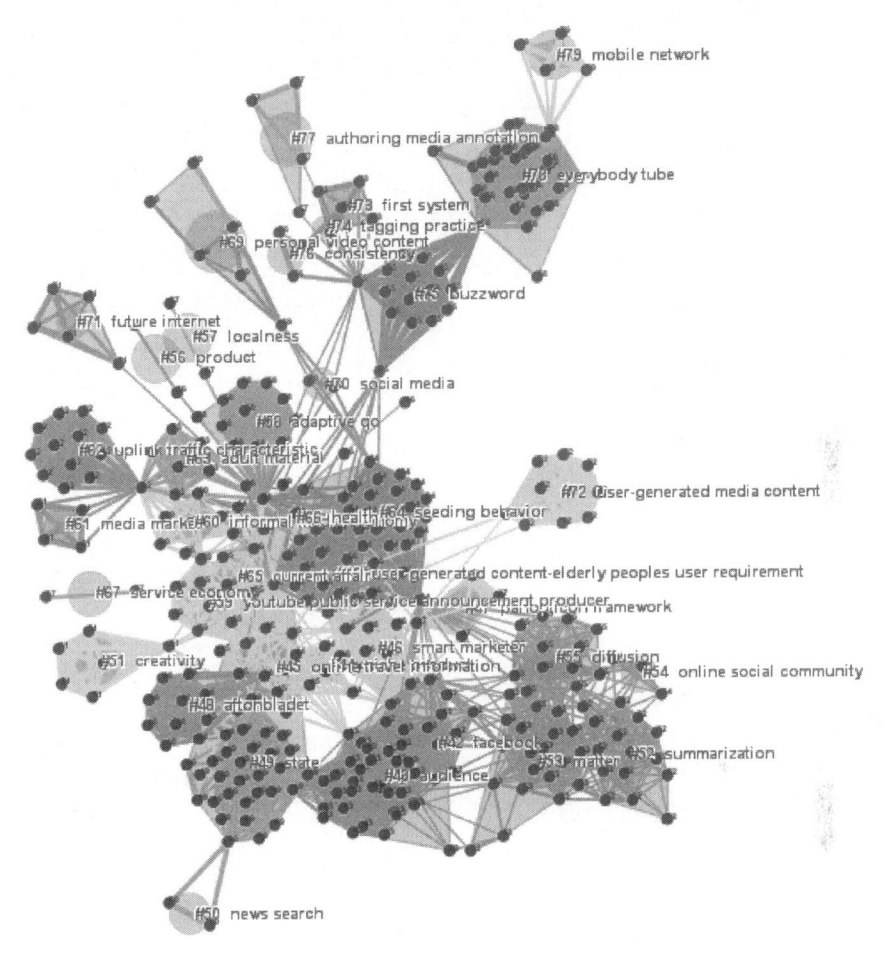

图 1-5 共引网络聚类知识图谱示意

2. 国外高被引文献分析

国外研究成果中被引频次大于 40 的文献信息见表 1-5。频次排第一的是 Kaplan 和 Haenlein（2010）的 *Users of the World*, *Unite! The Challenges and Opportunities of Social Media*，该文阐述了社交媒体的概念、发展应用及相关分类，并对企业如何利用社交媒体提出了建议。Forman 等（2008）的 *Examining the Relationship between Reviews and Sales：The Role of Reviewer Identity Disclosure in Electronic Markets* 排第二，论文探讨了在线电子市场中消费者发表的评论、产品地理位置信息的披露、商家口碑声誉及网上社区规范对产品销售产生的影响。*Users Like You? Theorizing Agency in User-generated Content* 等文献被引频次依次居后，研究内容涉及 UGC 用户代理、社交媒体、用户生产内容的积极性、UGC 视频网站体系等。

表1-5 国外高被引文献

题名	作者	被引频次	年份
Users of the World, Unite! The Challenges and Opportunities of Social Media	Kaplan 和 Haenlein	125	2010
Examining the Relationship between Reviews and Sales: The Role of Reviewer Identity Disclosure in Electronic Markets	Forman 等	68	2008
Users Like You? Theorizing Agency in User-generated Content	van Dijck	45	2009
Production, Consumption, Prosumption the Nature of Capitalism in the Age of the Digital "Prosumer"	Ritzer 和 Jurgenson	42	2010
Forums for Citizen Journalists? Adoption of User Generated Content Initiatives by Online news Media	Thurman	40	2008
Social Media: the New Hybrid Element of the Promotion Mix	Mangold 和 faulds	40	2009

对比表1-4的被引频次可知，这六篇论文的被引频次均高于前文的六篇知识基础文献，但它们并未在引文知识图谱中形成关键的或是高被引节点，可见它们的高被引频次只是表征在 GCS（global citation score）值上的，我们对它们的施引文献做了进一步实证和分析，发现这些施引文献中只有少数的研究涉及 UGC，大部分的研究主题比较分散。

3. 国内高被引文献分析

国内成果被引频次排前 3 的文献信息见表 1-6。被引频次最高的是赵宇翔和朱庆华（2009）的《Web 2.0 环境下影响用户生成内容的主要动因研究》，从理论角度讨论了 UGC 中参与者的分类及影响用户生成内容的动因，并构建了用户生成行为动因的整合模型，后续研究以土豆网为例对模型进行了实证检验。徐佳宁（2008）的《基于 Web 2.0 的非正式科学交流过程及其特点》排第二位，探讨了 Web 2.0 平台下非正式科学信息发布主体、发布行为、发布内容、信息接收和互动方式等过程和特征。其他高被引文章研究内容还包括虚拟社区、平台应用、商业模式及 UGC 相关法律问题等。

综合以上对比分析可知，高被引文献中，国外文献被引频次远大于国内。经统计，国内有大部分论文在零被引和低被引之间，主要原因在于国内 UGC 研究还处于起步之后快速发展的阶段，同时也与国内发表论文的平台和论文质量有关。从研究内容对比，国外研究主题比较分散，涵盖社交媒体、UGC 商业模式、视频网站、电子市场及移动网络等多方面，虽然积累了一定文献，但并未形成核心的研究方向；国内研究主要包括理论研究、UGC 的应用、新媒体研究及 UGC 相关法律问题等。可见，国内的研究一方面需向国外学习，拓宽研究方向，同时更加注重 UGC 应用层面上创新性和实用性的研究；此外，还应深化研究内容，力争形成几个引领世界研究的核心领域。

第1章 UGC 概述与研究进展

表1-6 国内高被引文献

题名	作者	被引频次	年份
Web 2.0 环境下影响用户生成内容的主要动因研究	赵宇翔和朱庆华	20	2009
基于 Web 2.0 的非正式科学交流过程及其特点	徐佳宁	17	2008
用户生成内容（UGC）与虚拟社区的经济价值	王战和张弘韬	13	2009
以运营商为主导的移动互联网业务商业模式研究	刘文婷	13	2009
基于 YouTube 的视频网站用户生成内容的特性分析	陈欣等	13	2009
美国 UGC 规则探讨——兼论网络自治与法治的关系	张慧霞	13	2008

1.2.3 研究热点

尽管 UGC 的研究有强烈的跨学科、跨领域特性，但许多研究焦点可能是大家所共同关注的。本节拟通过关键词的分析来挖掘 UGC 的研究焦点和重心。我们选取 Web of Science 中检索到的 252 篇规范论文作为分析样本（考虑到 Web of Science 涵盖领域较广且论文的元数据较为规范），共抽出 1016 个关键词。通过对关键词的清洗和预处理，借助 Excel 的统计功能进行词频统计处理，从中选出频次不小于 3 的关键词，从而确定了 661 个高频词作为分析基础。排名前 10 的关键词分别是：Web 2.0（41）、social media（22）、online communities（18）、Facebook（16）、knowledge management（16）、Blogs（13）、electronic commerce（11）、crowdsourcing（11）、SNS（11）、virtual community（11）。通过可视化软件 Wordle 将 661 个高频词绘制了标签云团如图 1-6 所示。我们在分析后将这些关键词聚类为 5 个类别：①定义层，即和 UGC 密切相关的概念层面的焦点，如 Web 2.0、社会化媒体、网络社区/虚拟社区等，主要作为研究的背景出现；②应用层，即 UGC 所依托的一系列具体的应用，如博客、SNS、微博、开源软件、众包、社会化标注等，主要作为研究对象和主题出现；③学科领域层，即某些学科或领域对 UGC 的研究以及 UGC 在一些学科或领域的具体应用探讨，如知识管理、电子商务、E-learning、计算机协同工作（CSCW）、信息检索与处理、电子医疗、旅游等；④实体层，即 UGC 的一些实体产品、品牌、系统或软件，如 Facebook、YouTube、Twitter、Wikipedia、Flickr 等，主要作为实证研究的对象出现；⑤方法层，即 UGC 研究中具体采用的方法或 UGC 研究对于某些方法的渗透和改进，如文本/数据挖掘、情感分类、意见挖掘、机器学习、协同过滤等。这五个类别都在一定程度上反映了 UGC 的总体研究焦点。

1. 国外研究热点

运行国外数据，生成图 1-7 所示共词图谱，词频大于 15 的高频词汇见表 1-7。图中形成了"user generated content"和"model"两个关键节点，与"Web 2.0"、"social media"、"internet"、"social networks"、"community"、"word-of-mouth"、"information"、"system"、"user behavior"、"design"及"knowledge management"等节点共同组成热点领域，研究主题包括 UGC 基础理论与框架、社交网络与行为动因、UGC 内容分析与知识管理、系统构建及新媒体应用等。

图 1-6　UGC 研究的关键词聚类

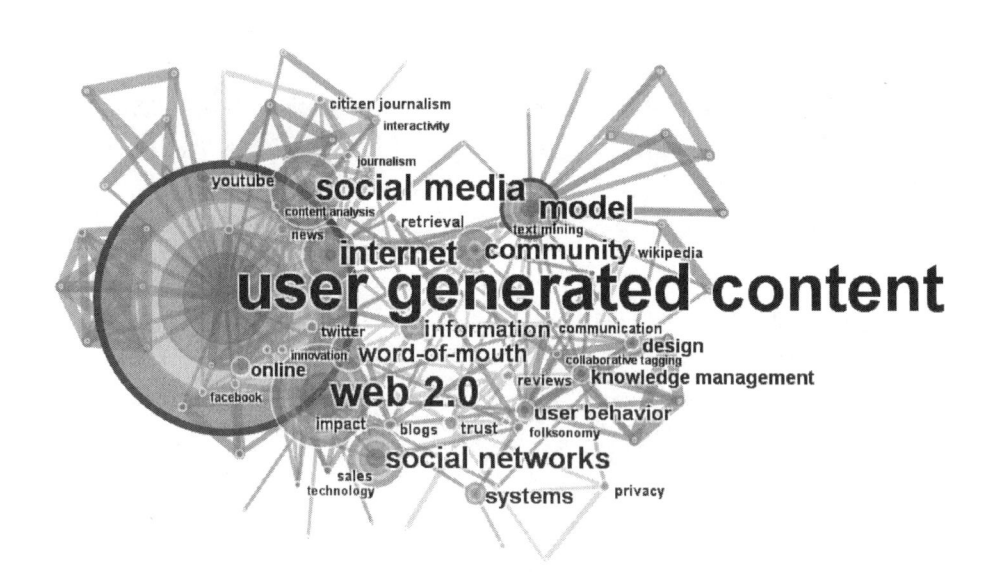

图 1-7　国外 UGC 研究高频关键词知识图谱

表 1-7　国外文献中词频大于 15 的主题词

关键词	词频	占百分比（%）	关键词	词频	占百分比（%）
user generated content	184	15.38	word-of-mouth	29	2.42
web 2.0	78	6.52	information	23	1.92
social media	56	4.68	systems	23	1.92
model	48	4.01	user behavior	19	1.59
internet	47	3.93	design	16	1.34
social networks	44	3.68	knowledge management	16	1.34
community	33	2.76	online	16	1.34

2. 国内研究热点

图 1-8 展示了国内热点主题，排名前 10 的关键词见表 1-8。"用户生成内容（UGC）"、"web 2.0"、"网络视频"、"用户行为"、"互联网"、"模型（建模）"及"商业模式"七个关键节点代表了国内研究热点，它们涵盖了 UGC 主体、概念、平台及商业运营等研究。此外，"新媒体"、"移动互联网"、"微内容"、"博客"及"口碑"等节点也彰显了 UGC 内容分析和评价、媒体应用及移动平台的关注度，有望成为新的研究热点。

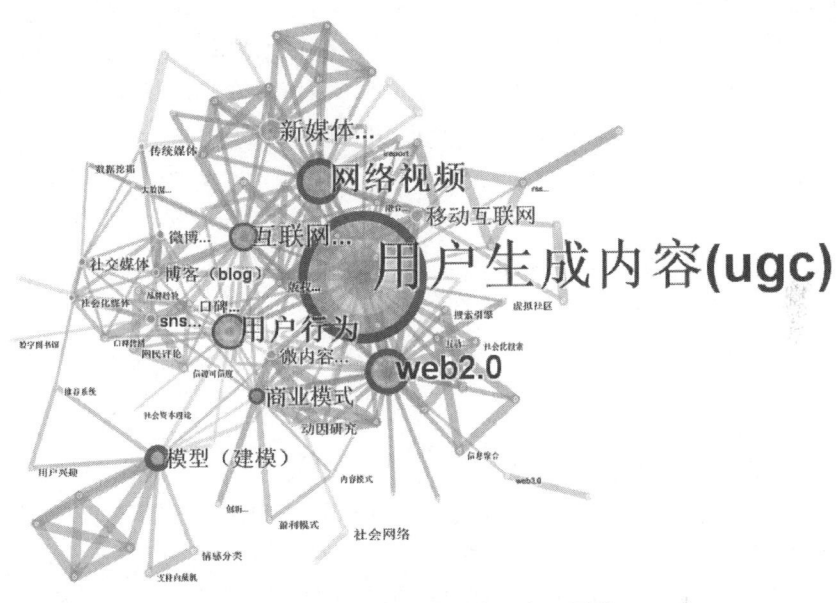

图 1-8　国内 UGC 研究高频关键词知识图谱

表 1-8　国内文献排名前 10 主题词

关键词	词频	占百分比（%）	关键词	词频	占百分比（%）
用户生成内容（UGC）	82	18.51	新媒体	17	3.84
网络视频	30	6.77	模型（建模）	13	2.93
Web 2.0	30	6.77	移动互联网	13	2.93
用户行为	26	5.87	商业模式	13	2.93
互联网	21	4.74	微内容	10	2.58

对比国内外研究热点，可得以下结论：

（1）整体而言，高频主题词都包含"UGC"、"Web 2.0"、"model"、"internet"、"social media"及"user behavior"等，而且所占百分比相似，它们代表了国内外研究的交集，反映该研究领域的主流方向。

（2）国内外研究也存在一定差异。一方面，二者出现了各自不同的研究热点，如国外的"system"、"design"及"privacy"都是国内高频词中没有出现的，它反映了国外在系统构建及权益法规等方面研究热于国内；而国内的"网络视频"、"移动互联网"及"商业模式"等高频词汇出现比率大于国外，展现了国内在 UGC 商业模式及平台应用的研究热度。另一方面，相同热点国内外的重视程度也有所差异，如国内缺乏对 UGC 内容挖掘的研究，从"微内容"的百分比就能窥其一二。而国外的"information"、"knowledge management"、"retrieval"、"opinion mining"、"folksonomy"及"content analysis"等高频词汇凸显了其在 UGC 内容组织、信息利用及知识管理的重视。此外，在"用户行为及动因机制"的研究主题中，国外更注重在理论上的建模、传播及口碑等研究，而国内偏向于具体应用，比如商业平台中用户行为机制的探讨。

（3）对国内外文献关键词分析归类后，我们认为 UGC 研究主要集中在以下四个类别：①UGC 概念层面，包括 Web 2.0、媒体社会化、数据开放、虚拟社区等与 UGC 密切相关的概念，是本领域的背景知识和基础；②UGC 方法机制层面，包括动因研究、模型设计、信任机制、口碑、知识管理及用户行为等；③技术层面，包括微内容的分析处理、文本挖掘、设计、系统、机器学习及信息检索与处理等；④UGC 应用层面，主要以社交媒体，如 Facebook、Wikipedia、Twitter 及微博等相关社交平台、商业模式、移动互联网、互联网、UGC 涉法问题、UGC 旅游及电子商务等。

1.2.4 分析单元和研究视角

Zhang 和 Benjamin（2007）提出了一个针对信息科学相关研究领域的概念模型 I-model。该模型从信息学相关研究的特质以及不同学科属性的角度出发，提炼出四个基本的研究模块，即信息、技术、人以及社会。我们由此思考发现，尽管不同学科领域的研究者从不同的角度、借鉴不同的理论、采用不同的方法切入 UGC 研究，但基本的分析单元（unit of analysis）却非常稳固，结合 UGC 的特征我们将分析单元归纳为 5 大元素：用户（U）、内容（C）、技术（T）、组织（O）和社会（S），分别突出了 UGC 研究中不同研究者的切入点和分析单元，如有些研究主要从用户的角度探讨 UGC 行为的动因，有些研究则从内容的角度揭示用户自主创作的网络信息资源的分布规律，有些研究从技术的角度构建界面友好且体验感强的 UGC 系统，有些研究从组织的角度分析 UGC 接受和采纳的影响因素，还有些研究从社会的角度探索 UGC 对大众传媒模式的导向和机制。然而，UCTOS 模型并不意味着一项研究只能有一个分析单元，相反，各要素之间存在着紧密的联系和协同关系。

通过对 UGC 分析单元的挖掘，我们在此基础上提炼出 UGC 研究的四种视角，分别是资源观、行为观、技术观和应用观。其中，资源观主要对应内容单元，行为观主要对应用户单元，技术观主要对应技术单元，而应用规则主要对应组织和社会单元。具体如图 1-9 所示。我们认为研究视角的作用主要是为了判断不同 UGC 研究主题的侧重点，虽然一项研究中可能会涉及不同的分析单元，但从某种程度上说应该有主次之分。因此，基于资源观视角的 UGC 研究并非仅仅针对内容这一分析单元，也可以界定成以内容单元为主，其他单元为辅的模式，其他几个视角也如此。基于这种思想，我们认为每篇 UGC 研究论文都可以重点反映某种研究视角。通过内容分析法，本节对检索到的相关 UGC 论文进行研究视角的分类，研究发现目前的 UGC 研究更多集中在组织/社会视角，体现出强烈的应用驱动导向。其次是从技术的角度探讨 UGC 平台、系统、软件等相关问题。相比而言，资源观视角和行为视角的研究则要少得多，尤其是基于用户的行为学研究只占到全部研究的 5%。

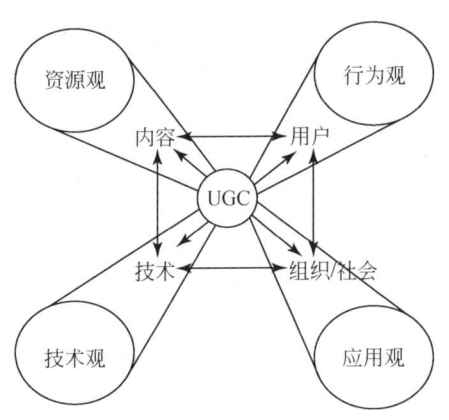

图 1-9 UGC 的研究视角和分析单元

1.2.5 研究前沿

Price（1965）通过对科学引文网络的观察发现频繁被引用最多的文献是新近发表的文章，因而提出了"研究前沿"的概念并以此描述学科研究领域的过渡本质。Persson（1994）认为施引文献形成研究前沿，被引文献是知识基础；Chen（2006）认为使用突现主题术语（surged topical terms）要比使用出现频次最高的主题词（title words）更适合探测学科发展的新兴趋势和突变情况。

利用 CiteSpace 提供的膨胀词探测（burst detection）技术和算法，以合适阈值运行软件，得到图 1-10 所示研究前沿时区知识图谱。分析突变词以及图谱走势，我们将国外 UGC 研究前沿归为以下三大主题领域：

（1）继续深入 UGC 相关含义、方法、理论和机制的研究。以"Web 2.0"、"user generated content"、"knowledge management"及"collaboration"等突变词为代表，研究主题将深入到 UGC 发展趋势、相关特征、机制、规律、模型以及用户动因、行为、合作机制、信息传播等，它们将进一步完善和深化该领域的理论基础储备。

（2）进一步探讨技术层面上 UGC 的相关应用。"information"、"mining"、"innovation"、"design"和"systems"等突变词代表了 UGC 内容深入挖掘的趋势，微博等的兴起使互联网上存在大量非结构化数据和更深层次的隐性内容，利用云技术、文本挖掘、关联数据及协同过滤等技术，将信息（information）挖掘成知识（knowledge）这一主题仍将继续走红，迎接更多机遇和挑战。

（3）进一步探讨 UGC 的社会应用。一方面是 SNS 领域的兴起带来无限商机，相关商业模式的进入又强有力地推动领域的前进，突变词"social media"、"social networks"、"ecommerce"及"Twitter"等，让我们憧憬 UGC 在电子商务、社交媒体应用平台、企业公关、产品营销、旅游等商业领域散发新的魅力；另一方面，UGC 迅捷、用户量大、影响力广的特点，强有力地挑战着传统新闻媒体的传播机制。2012 年微博频频爆出的"热点新闻"让我们看到 UGC 在大数据时代的超强影响力，"privacy"、"news"和"opinion"等突变词预示着其将在法规政策、医疗卫生、公共服务、政府监督及社会突发性事件的网络舆情等方面发挥重要的作用。

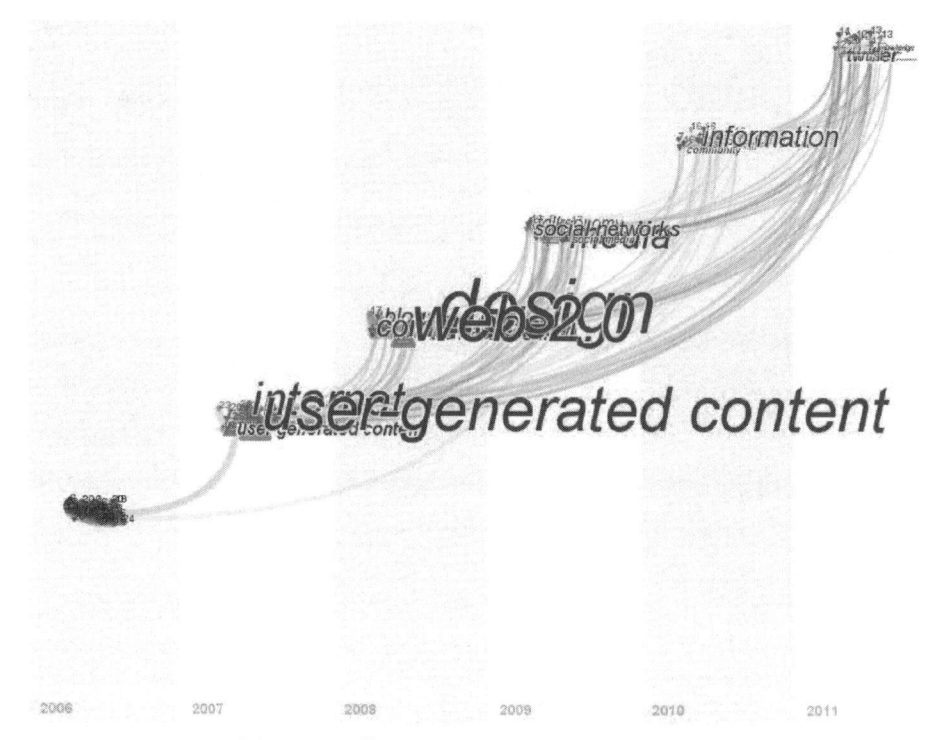

图 1-10　国外 UGC 研究前沿时区知识图谱

结合研究视角和分析单元，我们认为 UGC 的研究前沿可体现在微观、中观和宏观三个层面。

（1）在微观层面，UGC 研究主要针对用户和内容两个分析单元，研究的重点集中在资源观和行为观上。研究主题重点包括：①针对 UGC 现状趋势、特征机理、规律模式方面的研究；②针对 UGC 内容监督、管理与评价方面的研究；③针对 UGC 中用户分类、关系、动因和行为的研究。

（2）在中观层面，UGC 研究在微观分析框架的基础上加入了技术维，研究的重点集中在技术观上。研究主题主要包括：UGC 系统设计的模型和方案、实现 UGC 技术的算法及其改进、UGC 的搜索引擎实现开发、UGC 系统的基础架构设计、移动 UGC 的实现与解决方案、基于标签的模型设计、基于 UGC 的自动抽取技术等方面，这些主题中算法实现的研究较多。

（3）在宏观层面，UGC 研究在中观分析框架的基础上加入了组织维和社会维，研究的重点集中在应用观上。组织/社会角度的研究涉及的内容比较广泛，随着 UGC 在社会各层面应用的不断深入，研究者的关注也不断增加，研究主题主要包括：①UGC 在电子商

第1章 UGC概述与研究进展

务、社会化商务、营销管理中的应用；②UGC在教育领域的应用与影响；③UGC在电子医疗、医疗健康中的应用；④UGC在新闻传媒领域的影响；⑤UGC所引发的法律、社会道德问题的研究；⑥UGC对社会突发性事件的影响。这些研究前沿都值得学者从不同的学科和领域进一步地探索分析。

1.3 本章小结

近几年，UGC的魅力在互联网的演化和发展中愈发得到彰显，UGC的应用正如火如荼地延伸至社会的各个角落。学术界对UGC的研究也逐渐开始关注并重视，不同学科领域的学者分别从各自专业的角度进行了相关学术探讨。然而，我们在UGC研究的过程中发现，目前还鲜有研究针对UGC的概念进行深入剖析，且缺乏关于UGC研究进展系统性的整合和梳理。本章从内涵和外延两个角度对UGC的概念进行介绍和剖析，并从信息计量学的角度对UGC的研究进展进行了述评，提炼出UGC研究的焦点和重心，归纳出UGC研究的五个分析单元（用户、内容、技术、组织、社会），抽象出UGC研究的四大视角（资源观、行为观、技术观、应用观），概括出UGC研究的主要前沿（微观层面、中观层面、宏观层面）。本章有助于UGC研究者寻找并挖掘相关研究主题，清晰定位研究的层次，选择科学的研究方法和路径，从理论上规范并完善了UGC研究的思路和框架。

理 论 篇

第 2 章　UGC 的用户分析

2.1　概　　述

从 Dawson（2007）提出的 Web 2.0 框架可以看出，其七个关键特征分别是分享、标准、去中心化、开放、模块化、用户控制以及身份，框架的核心是如何把输入（UGC、意见、应用）通过一系列的机制（技术、再结合、协同过滤、结构、联合）转化为对整个社区都有价值的突现式结果。作为 Web 2.0 的重要特征，UGC 并不是某一种具体的业务，而是一种用户使用互联网的新方式。在 UGC 环境下，强调发挥个人的力量，用户加入社会化网络、阅读或撰写博客、在电子商务网站贡献评论，个人深度参与到互联网中，而不是作为被动的客体。个人与个人之间、个人创造的内容与内容之间以及个人汇聚的群体与群体之间都以不同的方式组织起来，从而最大限度地彰显了用户个性与自身力量，这是一个革命性的变化。所以，它的出现使互联网业务的提供由"少数精英控制"向"人人参与"转变。早在 2006 年，考虑到在新一代互联网环境下每一个用户都能在万维网上使用和生成内容，网络的掌控权已经由公共机构或组织向大众用户和每一个个体倾斜，美国《时代》杂志将其"2006 年度风云人物"的奖项颁给了"You（你）"，即该杂志所提出的新数字民主主义公民。因此，作为 UGC 的主体，针对用户的分析、识别及分类是 UGC 理论及应用研究的焦点之一。因此对 UGC 用户的概念、类型、特点的理解就成为 UGC 用户分析的基础。

2.1.1　Web 2.0 环境下的网络用户

1. 概念

随着信息社会的发展，网络用户已司空见惯。但是究竟如何确定其内涵却未达成共识。不同的研究者从各自的角度出发，提出了不同的观点。

第一种观点认为：网络用户指在一定条件下，一段时间内正在利用网络获得信息的个人或团体（黄亮，2003）。

第二种观点认为：网络用户指在科研、教学、生产、管理、生活及其他活动中需要和利用网络信息的个体和群体（李书宁，2004）。

第三种观点认为：网络用户指在各项实践活动中利用互联网获取和交流信息的个人（王京山和王锦贵，2002）。

第四种观点认为：网络应具有广泛意义，不只包括互联网还应包括局域网；不只包括计算机网络还应包括电话网络；不只包括硬件网络还应包括人际网络等。因此，用户的广义意义不仅包括个人还应包括团体，不仅包括现实的用户还应包括潜在的用户（曹双喜和邓小昭，2006）。

上述观点各有侧重，第一种观点重点强调网络用户必须满足其现实特性（用户具有信息需求并且施以实际行动）却忽略其潜在特性（用户具有信息需求和检索能力但并未形成实际行动）。第二种观点考虑到网络用户的潜在特性，同时认为网络用户应该是具有利用网络资源条件的一切社会成员。第三种观点考虑到使用网络的两大主要目的，即查询和沟通，利用网络查寻以获得信息或者利用网络沟通以交流信息，与此同时认为网络用户仅仅是个人而不包括群体。而且此种观点认为网络就是因特网，因而网络用户即等同于因特网用户。第四种观点将网络用户认定为在各种实践活动中需要和利用网络获取和交流信息的个人或团体。

2. 特征

Web 2.0 作为网络发展的新模式，更加注重用户的参与与交互。在此新环境中，用户不仅具有传统网络用户的一般特点，而且具有其特殊的内涵。

首先，个人不再是被动地从网络获得信息，而是作为主体参与到互联网内容生产过程中。通过在网络社区的发帖、共享图像及视频、发表评论、转发信息等行为，在作为以接收信息为主的网络使用者之外，用户还同时成为了以互联网为媒介的主动的内容创作者、分享者和传播者。

其次，用户在网络上发布、分享及传播自己观点的同时，以基于关系的社会化媒体等Web 2.0 环境为平台，依据自身的偏好、兴趣和关注的问题，与具有相同及类似兴趣的其他用户进行交互，通过关联、互动和协作等典型的群体行为，逐渐聚合形成具有一定特征的社交群体，突显了社会化的群体交互性和群体聚合性。

2.1.2 UGC 用户

UGC 用户作为网络的使用者，不仅具有网络用户的共同特点，而且在以开放、参与和协作为主要特征的 Web 2.0 环境下，彰显出新的内涵。

UGC 作为用户使用互联网的新方式，伴随以提倡个性化为主要特点的 Web 2.0 概念应运而生。显然，UGC 用户具备 Web 2.0 环境下网络用户的一切属性。具体而言，表现出如下特点。

首先，UGC 用户既是内容接受者又是内容生产者。基于自身的不同动机，用户不仅获取信息而且生产信息，其使用网络模式由原来的以下载为主转变为下载和上传并重。这一点突破了传统媒体推送信息的单一方式，用户的主动性和创造性得到了最大程度的发挥。

其次，UGC 用户既是受众又是传播渠道。在以 P2P（peer-to-peer，即对等网络）为主的 Web 2.0 网络结构中，不存在中心节点，其中的每一个节点一般同时具有信息消费者、信息提供者和信息通信等三方面功能。所以，以个人为中心，每一个用户都可以成为一个媒体，用户从受众转向主体。在媒体融合的大趋势下，用户通过社会网络社区、视频分享、博客和微博等UGC主要应用形式，在网络上共享、下载和交流信息的同时，也在潜在的社会关系网络中进行着内容传播。

此外，UGC用户既是单个个体又是社会化群体。在Web 2.0的背景下，每个用户在拥有自己的Blog、自己的微博、自己维护的Wiki或者社会化标签的同时，通过Tag、RSS或者IM等核心应用方式连接到一起。按照六度分割理论，每个个体的社交圈都不断放大，逐渐演化为社会化网络。针对用户在网络中体现出的前所未有的参与性、交互性、群体性和社会性，可以从个人结构化地位、交互行为、内在感知影响关系、社会化群体等方面进行用户言行及相互关系模式的理解。

基于上述对UGC用户特点的阐述，本章拟从用户分类、用户行为分析及用户群体关系分析等方面阐述UGC之用户研究。

2.2 UGC用户的分类

用户分类在传统网络用户的研究中已经是热点和难点问题之一。一般而言，划分依据是基于不同的角度，区别不同用户体现出的特征因素差异。目前，针对UGC用户的分类研究，从不同的视角形成了不同的观点。

2.2.1 基于用户个人特征信息的视角

根据网络用户的个人特质信息进行分类，是最方便且最经常使用的区分用户方法。用户的特征信息主要包括人口统计学特征信息、人格特征信息和认知特征信息（曹双喜和邓小昭 2006）。依据具体的特征信息，可从不同维度对用户进行讨论。

1. 基于人口统计学特征信息

用户的人口统计学特征信息主要包括用户的性别、年龄、地域、教育程度、行业性质及收入等。就人口统计学特征信息分析来看，使用网络的男女性别比例逐渐由男性为主趋向平衡发展；使用网络的用户年龄层和用户受教育程度不再局限于年轻的大学生，而是多种群体都涉及其中；网络用户的职业特征也不再是以IT行业人员为主，而是更趋向于大众化。

2. 基于人格特征信息

用户的人格特征信息主要指用户使用产品的动机、影响产品选择的心理因素、使用产品的态度及情感目标等。网络用户的使用动机多种多样，可以分为工具性使用、消遣娱乐、匿名角色扮演、社会性使用、自我肯定和环境监督等。

3. 基于认知特征信息

用户的认知特征信息主要指用户使用过的同类产品、用户的产品使用经验和偏好、用户的计算机及网络使用背景、上网地点、获取产品信息的途径、使用产品的具体行为等知识认知和经验认知。根据用户的知识水平分为高级水平用户、中级水平用户和一般水平用户；按照专业领域和网络使用经验分为四种类型：既熟悉领域知识又熟悉 Web 检索经验的用户、熟悉领域知识但不熟悉 Web 检索经验的用户、不熟悉领域知识但熟悉 Web 检索经验的用户、既不熟悉领域知识又不熟悉 Web 检索经验的用户。

2.2.2 基于文化、经济及社会研究的视角

由于商务、内容、信息等边界的模糊，在用户生成内容中，"用户"的内涵不仅仅局限于"生产者"及"消费者"。van Dijck（2009）认为从不同的视角，还具有更为复杂的意义。

1. 基于文化的视角

根据用户在传统媒体中的行为，往往将其以二元对立的概念分为参与者与接受者。随着 Web 2.0 应用的出现，参与性成为 UGC 用户的重要特性之一。新型数字环境扩展了他们的参与范围，个体能够体现出其创造性并发出多样的声音。但是，用户参与性的程度并不是等同的。基于用户在 UGC 平台不同的行为表现，可以分为如下几类（Li，2007）：

（1）活跃的创作者（creators）。指在博客、微博、视频图像共享网站等平台上创作或上传内容的用户。具体行为包括：写博客、编辑单独主页、上传自制电影、上传自制录音和音乐、在网络上创作文章或故事等。

（2）评论者（critics）。指对已有内容进行评级或者评价的用户。具体行为包括：对产品或服务等级发表评论、在他人的博客或微博上留言评论、在网络论坛上发表个人言论、在面向社群的协作式写作平台上撰写或编修条目、共同编制开放源代码软件等。

（3）收集者（collectors）。指利用社会化书签的网络服务，根据个人兴趣将网络上的零散信息资源进行汇聚整理，按照一定的分类方法将网页链接存储起来，以便随时查阅并能与他人分享的用户。具体行为包括：订阅 RSS、为网页或照片设置书签等。

（4）参加者（joiners）。指只是加入诸如 MySpace 或 Facebook 等社交网络站点，行为仅仅是阅读内容并不创作内容的用户。具体行为包括：维护社交网站的个人信息、浏览社交网站等。

（5）观察者（spectators）。指没有积极参与到各种 UGC 环境中，只是根据自己的兴趣或决策需要与用户生成内容发生联系的用户。具体行为包括：阅读博客、微博、观看他人上传的视频或照片、阅读网络论坛、阅读商品的评级或评论等。

（6）局外者（inactives）。指与 UGC 环境没有关联，上述几类具体行为都未发生的用户。

事实上，根据 OECD（2007）的研究结果，在上述这些用户中，只有少数是积极的内容创作者，大部分（近乎 80%）都是消极的内容接受者。尽管如此，由于共享是诸如 YouTube、MySpace 等平台的默认模式，所以，在通过共享行为形成的网络社区中，无论是积极的参与者还是消极的接受者，都体现出在 UGC 环境中进行知识及文化共享的强烈偏好。而且，若从文化的角度来看，"参与"还是一个模糊的概念。以新的网络技术为基

础，传统意义上的接受者也更多地融入 UGC 过程之中。譬如当用户使用 YouTube 时，即使他未贡献内容，但是其访问的频道、关注的群体、收藏的信息、联系的对象、访问的频率、数据的传输量，甚至于页面的点击或设置等使用信息都将被记录。所以，参照传统媒体的二元对立划分，将 UGC 用户仅仅分为单纯的参与者与接受者不再合适。应当考虑用户在 UGC 环境中不同的行为模式，研究更为复杂细致的用户模型。

2. 基于经济的视角

基于经济的角度，传统经济活动的主体可以分为生产者与消费者。但是，由于技术、人口、商业、经济和世界的深刻变革，一个前所未有的大众共同参与经济活动的新时代已经来临。在 UGC 环境下，由于用户广泛的参与性与协作性，他们往往不再是单纯的消费者，而是更多地兼具生产者的属性。甚至于由此产生出一个新的经济名词"维基经济学（wikinomics）"或者衍生出一种新型的"产销合一（prosumption）"的策略。素有"数字经济之父"美誉的新经济学家唐·泰普斯科特通过维基经济学向我们展示了个体力量的上升是如何改变商业社会的传统规则，这种利用大规模协作生产产品和提供服务的新方式，正颠覆大众对于传统知识创造模式的认识。

以开放、对等、共享及全球运作四个新法则作为基础的新兴模式，对用户而言，提供了一个得以表述自己观点的环境，让更多的人以个性化的方式参与到自身感兴趣的问题中，体会到分享、参与及协作带来的改变。由此，用户成为内容的协同创作者（co-creator），若重新考量用户关系的强大影响力，UGC 环境已经无可避免地成为新媒体平台，那么用户在传统的由生产者、广告者及消费者组成的营销模式中扮演了重要角色。

在传统的线下媒体价值链中，为使得广告内容能够激发消费者的购买欲，内容创作人员基于对消费者行为的分析，生产出相应的产品广告，并运用传统媒体对消费者购买决策产生影响。其流程如图 2-1 所示（Caufield，2005）。

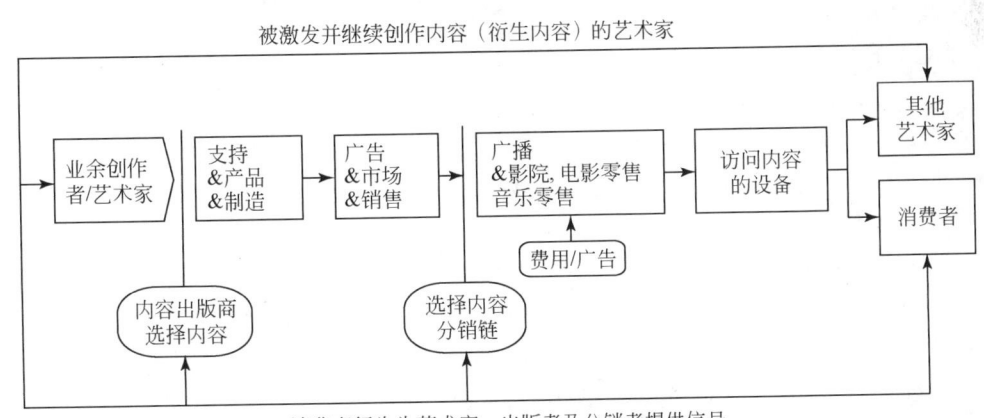

图 2-1 传统线下媒体价值链

资料来源：Participative Web：User-genetated content. http://www.oecd.org/internet/interneteconomy/38393115.pdf

在这种模式中，广告内容的生产者与消费者是截然不同的两种角色，其中内容的生产者往往由专业人员来担任，消费者除了为创作过程提供依据，并未直接参与内容的生产，只是单纯作为内容的接受者存在。而随着新技术和新的社交媒体的出现，先进的数字化技术能够追踪到个人用户的社会化行为，特别是在互联网时代，利基市场（niche market，指高度专门化的需求市场）进一步得以突显。在此背景下，生产者、广告内容创作者和消费者之间的关系发生了改变。一种典型的基于 UGC 的网络价值链如图 2-2 所示（Caufield，2005）。

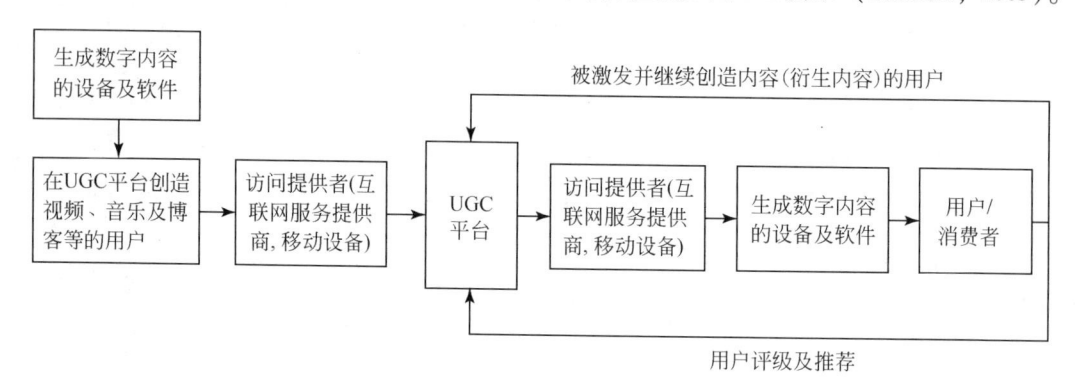

图 2-2　基于 UGC 的网络价值链

资料来源：Participative Web：User-genetated content. http：//www.oecd.org/internet/interneteconomy/38393115.pdf

由于 UGC 平台为其用户提供了能够自主创作视频、音频或博客等的环境，所以在图 2-2 所示的框架中，UGC 用户既是内容的创作者又是消费者。利用 UGC 平台，两种角色已经得到了很好地融合。尽管在对 UGC 用户进行评论者、参与者及观察者等讨论时，已知绝大多数用户都是观察者，参与评价、给出建议内容的用户只占少部分，但是基于对用户的基本属性的分析，同样可知，UGC 用户往往具有一定的教育背景和良好的社交能力，并具备相应的收入水平。故而无论是积极的创作者还是消极的观察者，从产品营销的角度来看都可以是潜在的消费者，并且具备进一步利用 UGC 平台通过评价、推荐、分享等内容的产生对其他用户产生持续的影响。

此外，用户在 UGC 平台活动的同时，不仅是内容的提供者而且是数据的提供者。因为无论用户主观上是否愿意，诸如姓名、电子邮件地址、性别、年龄和地区等个人信息以及用户的行为数据都会存留于平台，可以视为所谓的元数据。若合理合法，有效挖掘利用好这些数据，对于商家来说，在针对消费者的推广方面将产生显著的影响。以 Google 为例，通过对这些元数据的分析，识别用户的真实查询需求和兴趣，Google 将其搜索引擎垂直集成到其他信息网站，由此，出现了一个新的名词"谷歌化"（googlization）（Caufield，2005）。譬如：个人 Blog 通过像"Google AdSense"这样的广告定向发布与利益共享机制，不断提高其作为广告媒体的功能。而且各种搜索网站的精度也在不断地得到改进，从而使得媒体市场由之前的扁平式发展，逐渐呈现深度、精准发展的趋势。显然，Google 此举意在商业利益的获取，此处用户的元数据不再是 UGC 的副产品，而是商家需要密切关注及利用的数据。

所以，基于经济的视角，随着博客、Wiki、BBS、SNS 等个人媒体的崛起，Web 2.0 带来以用户为主体的传播新理念，用户基于 UGC 平台不仅进行内容的创作，而且留下消费行为信息，这些都是有价值的围绕用户产生的信息。消费者不仅可以通过网络主动获取信息，还可以作为发布信息的主体，与更多的消费者分享信息。基于此，新的电子商务营销模式——AISAS（attention, interest, search, action, share；行动、注意、兴趣、搜索、分享）模式充分发挥了用户的作用（Wei & Lu, 2013）。即从伟大的创意吸引受众的注意；创意的互动性让受众产生参与的兴趣；然后受众开始思索与诉求相关的信息；在对品牌或者诉求有足够的了解之后产生互动参与行动或者购买行动；最后分享产品的消费体验，形成口碑传播。显然，这种包含网络特质的模式强调了用户作为消费者在注意商品并产生兴趣之后的信息搜集，以及产生购买行动之后的信息分享这两个重要环节，突显了互联网时代下搜索（search）和分享（share）的重要性，而不是一味地向用户进行单向的理念灌输，体现了互联网对于人们生活方式和消费行为的影响与改变。

3. 基于劳动关系的视角

基于劳动关系的视角，依据 OECD 的定义，UGC 用户的创造性工作并非遵循专业的程序。在传统媒体中，创造内容的用户往往被称为专业人士、明星、有偿专家、雇员等；与之相反，在 Web 2.0 环境中，更多地用爱好者、业余者、无偿劳动者及志愿者等对他们进行称谓。显而易见，新环境中用户的劳动带有显著的无偿性特点，那么用户为什么花费时间与精力进行内容创作？这样做的行为动机何在？这是 UGC 用户研究中的重要问题之一。依据 Forrester Research 公司的调查，用户的动机主要有三类，即娱乐、职业和家庭（Li, 2007）。那么基于动机的不同，可以将用户分为以下三个类型。

（1）娱乐驱动的用户。这是最容易参与到 UGC 环境中的用户。因为 UGC 网站新奇的娱乐价值，用户很快被吸引过来，但是一旦娱乐价值消失的话，他们也将寻求一个新的平台。正是基于此，以 YouTube 为例，为了提升网站永久的娱乐价值，作出了融合业余内容与预制的娱乐内容的决策，从而吸引并保留了更多的用户。

（2）职业驱动的用户。这是其次容易参与到 UGC 环境中的用户。以职业为导向的用户可以被定性为在技术创新领域、艺术及娱乐领域有抱负的专业人士。

（3）家庭驱动的用户。这是用户分享内容的最重要的驱动因素。很多以内容共享为主的 UGC 平台的用户都热衷于上传亲人朋友的照片或视频，他们并不是专业人士。这种类似志愿者的分享内容的行为对用户来说并不是工作，而是乐趣所在。

总而言之，从劳动关系的视角来看，并不能用绝对的两极概念来定义用户。因为用户生成的内容并不都是来源于业余者同样也不都由专业人士创作。随着社会化媒体及技术的发展，UGC 平台吸引了对内容感兴趣的人，他们可能是专业的（例如，社会化网络营销人士），也可能是业余的（例如，已经具有消费体验并愿意分享的人士）。而且基于用户的参与性和分享性，后者往往是无偿的劳动。

2.2.3 基于人机交互的视角

广义上说，用户的概念渗透在信息生命周期中的每一个阶段，用户的类型和角色与互联网信息行为紧密相关。DeSanctis（2006）从人机交互研究的角度将用户分为三大类：个体用户、团体用户和社区用户。赵宇翔等（2012）遵循其思路将 UGC 中的用户也分为对应的三大类：个体、组织和社会群体。个体主要是指从单个用户的角度对 UGC 的选择、参与、创作、传播和使用。组织主要针对相关企业、机构等实体性单位，将其整体看作是一个用户的概念，讨论的焦点集中在组织对于 UGC 的采纳、实施、推广和扩散等环节上。社会群体的概念更为广泛，早期的 UGC 主要体现在维基、博客和 YouTube 上，更多展现了"内容为王"的精髓。然而 SNS 的粉墨登场将 UGC 推至另一个境界，即赋予了 UGC 更多环境属性，并淡化了个体和组织间的边界，更加强调社会化因素的影响。

2.2.4　基于社区角色研究的视角

随着社会化媒体和多种 UGC 平台的兴起和繁荣，用户在 UGC 的参与过程中，其角色是不断演化的。很多研究者分别对 Wiki 社区成员、社会化媒体用户（Preece & Shneiderman, 2009; Nielsen, 2006; 赵宇翔等, 2011b）的角色通过定性或定量的研究方法进行分类。

针对开源软件社区, Nakakoji 等（2002）通过案例分析，将社区用户的角色分为了八大类，分别是：被动使用者、读者、故障报告者、故障修复者、协助开发者、主要开发者、核心开发者以及项目领导者。Brandtzæg（2010）对媒体类型和用户类型进行了元分析，从媒体的功用、使用频率、媒体平台和服务以及用户的内容活动偏好四个角度构建了社会化媒体中的用户分类体系，从底向上包括非用户、偶尔使用者、潜水者、娱乐/社交型用户、实用主义型/功效性用户、高级用户。Fischer（2009）针对在线协同设计的群体，将用户分为：消费者、贡献者、合作者以及核心设计者。

针对知识社区的共享，学者也运用不同方法进行了研究。Preece 和 Shneiderman（2009）通过文献述评的方法对技术驱动的社会参与进行了深入研究，构建了从读者到领袖的概念框架，将在线参与的用户群体分为：读者、贡献者、协作者及领袖四种角色。毛波和尤雯雯（2006）利用数据挖掘技术，基于对网络社区中文章的定量分析，将知识共享型虚拟社区的成员分为五类，即领袖、呼应者、浏览者、共享者和学习者。

综上所述，UGC 不仅是一种全新的内容提供方式，也意味着更低的内容组织成本，更快的用户聚集、更大的用户黏性，以及对用户交互性更深层次的考虑。虽然基于不同视角对 UGC 用户分类的研究从形式上各有不同，但本质上具有一定的相似性，即 UGC 中用户角色的多样化和潜在的转化及演变性。

2.3　UGC 用户的建模

作为网络用户，UGC 用户刻画不仅与个性化推荐系统中从用户的兴趣和行为角度进行模型构建的过程一致，而且由于 UGC 环境中用户广泛地参与、协作和沟通，由此形成的网络社群模型同样值得研究。因此，本节将从微观的基于用户个体层面的建模以及宏观的基于复杂社会网络分析层面的用户社群建模的角度进行阐述。

2.3.1　用户个体层面的建模

面对海量的网络信息，推荐系统通过信息过滤试图向用户自动推荐符合其兴趣偏好或者需求的内容，从而解决信息过载问题。一般而言，完整的推荐系统需要三个过程的协同工作，它们分别是：用户兴趣及行为信息的收集、用户模型识别以及基于推荐算法的推荐输出。由此可见，基于用户的个人数据和 Web 使用数据，理解用户模型是实现有效推荐的基础。同样在 UGC 环境中，用户贡献的内容多种多样，譬如用户进行问答、评分、评价、转发、浏览等，这些都可以作为理解用户的信息进行管理。然后，通过对这些记录数据的分析得出用户的兴趣、角色、类别等。这一点对于 UGC 环境的可持续化发展，认识客户的生命周期、减少客户流失、增加客户黏性、为用户提供更加个性化的内容以及环境自身发现更有效的逻辑结构等方面具有积极作用。

围绕用户模型构建，下面将以个性化推荐系统中常用的模型为基础，重点论述用户数据类型以及用户模型的获取。

1. 用户数据收集

用户数据的收集是用户模型建立乃至实现推荐的基础，在此过程中需要获取用户的个人特征、偏好以及 Web 使用活动的相关数据。就目前来看，这些数据主要包括静态数据和动态数据。其中，用户的静态数据一般通过显性方式进行收集，而且依赖于具体的平台环境，譬如平台提供用户进行人工输入注册个人身份信息（如姓名、年龄、职业、性别、地域等）、兴趣偏好（如爱好、感兴趣的内容等）的接口，设置用户对内容或项目进行评价的渠道（譬如给出的好评、中评、差评等），或者能够显性给出样本集合（譬如给出已经分好类的一组用户数据，可用于有监督的学习），给出的目标陈述明确（譬如确定的正面或负面的表达）等。显然，若要获得这样简单、直接的显性数据，前提是需要用户的积极参与并且对自身的偏好兴趣有客观确定的认识。但事实上，对用户数据分析的需求来说，这些数据往往是不确定的、不完备的、甚至于是不真实的数据。这是因为从用户参与的积极性、个人隐私保护需求角度考虑，用户在提交这些数据时有可能采用虚假的信息，所以基于这样的数据分析得到的模型显然是不切实际的。而且，即使诸如职业、年龄、偏好等数据是客观真实的数据，仅仅基于这些相对静态的数据获得的对用户的刻画仍然不足以描述用户对内容或对象的感知与反应。所以，这就需要其他类型数据进行补充。

相对于静态数据，动态数据是进行用户分析需要获取的另一类重要数据源，而且在现有的系统环境下，此类数据的获取不需要用户的人工参与，而是在用户 Web 使用过程中自动收集相关行为数据，完全是隐性的方式。Web 使用数据是一类记录用户与 Web 站点交互过程的数据，主要由 Web 和应用服务器端访问日志数据和客户端的相关业务数据组成，而且这些数据往往是半结构化的数据。前者 Web 服务器产生的各种类型的日志文件记录了用户 IP 地址、用户 ID、客户访问方式等信息。一些系统，如 LOGSOM、WebPersonalizer（Mobasher et al., 2000）以及 WebSIFTC 正是基于这类日志信息的挖掘来发现用户可能的兴趣知识。而后者客户端数据，包括用户执行的帮助请求、对项目的访问次序、点击次数、保存行为等导航模式信息，通常由系统采用客户端代理跟踪机制，如发布远程信息代理来从访问 Web 站点的主机收集。由于客户端数据克服了服务器端数据所存在的 Web 缓存和 IP 地址错译问题，因此比服务器端数据更可靠。但一些情况下，客户端用户出于安全考虑，可能会激活安全机制来限制信息收集代理在他们的机器上运行，从而导致客户端跟踪机制的无效操作。

以上述收集到的数据为基础，获取、建模并分析用户的兴趣及行为模式成为下一步需要重点解决的问题，下面将介绍常用的用户模型表示及挖掘方法和技术。

2. 用户模型表示

迄今为止，用户模型的研究主要通过用户兴趣分析及用户行为跟踪来展开。基于用户的基本信息、兴趣信息及行为信息所构建的用户模型能够描述用户在一定时期内相对稳定的信息需求。

用户兴趣模型的特点是通过主动收集用户兴趣偏好来描述用户的需求，需要用户积极参与配合。为获得用户特征信息（诸如人口统计学特征数据、心智模型、认知处理、情感偏好等），传统的方法包括访谈、问卷、测量或与试验相结合，典型的兴趣模型表示方法有主题表示法，关键词列表表示法，神经网络表示法，向量空间模型等（吴丽花和刘鲁，2006；Díaz et al.，2008）。Díaz 等认为关键词、类别等刻画了用户的长期兴趣，用户对文档的反馈评价刻画了用户的短期兴趣，两者相结合能够表示某新闻网站的用户模型。这种基于样本数据所识别的用户兴趣模型虽然有效，但是，由于网络用户是无限可达的，所以模型描述不够精确，影响个性化服务质量。而基于用户手工定制信息所描述的用户兴趣模型就可以克服这方面的不足。通过定制的个体信息、定制项目、项目评价等相对静态数据，可以确定相应的个性化 Web 页面的定制策略（Bilal，2000），Carnegie Mellon 大学开发的 WebWatcher 系统为用户不仅提供了个性化信息定制，还提供了相应的反馈机制以验证用户模型的准确性，并借此来更新和完善用户的个性化描述（Berkovsky et al.，2007）。

如前所述，这些基于手工定制信息构建的用户模型虽然信息收集简单、直接，有助于加快学习算法的速度，却增加了用户使用网络的负担，降低了积极性。而且，定制信息中涉及用户的个人隐私，用户可能不愿提供真实信息，注册和定制信息体现的只是用户当前的兴趣偏好，无法反映兴趣偏好的动态变化，且有些兴趣是隐形的，无法通过定制获得。从这一点考虑，基于实际用户 Web 使用数据驱动的模型构建就是另一种重要的用户识别途径。

用户行为模型的构建是通过分析用户浏览行为或访问行为来实现的，比较有名的如 WebPesronalizer（Mobasher et al.，2000）、WebSIVF 系统，就是从 Web 访问日志和站点文件脱机产生的 URL 聚类来建立模型的。通过跟踪用户的 Web 使用行为、收集人机交互数据来探测用户模型是近年来研究的热点。使用的建模方法主要为面向 Web 日志和数据库的数据挖掘，通过分析 Web 日志数据，能够发现、抽取出用户的访问行为模式和兴趣（Pierrakos et al.，2003）。一般的数据挖掘技术如聚类分析、关联规则发现、序列模式发现等均可用于访问行为模式的挖掘，挖掘结果可应用于个性化定制、推荐系统、系统完善以及商业智能等（Huang et al.，2007；Bodapati，2008；林文龙等，2009；凌海峰等，2009）。

下面重点介绍几种主流的用户模型。

1) 基于向量空间的用户模型

向量空间模型是目前为止最流行的用户模型表示方法。该方法将用户模型表示成一个 n

维特征向量，表示用户 u 的配置文件 UserProfile（u），该向量具体表示为：（W_{u1}，W_{u2}，…，W_{uk}），其中向量的每个分量 W_{ui} 表示关键词对用户的权重。权重可取布尔值和实数值，分别表示用户是否对某个关键词感兴趣以及感兴趣的程度。很多系统采用了这种向量空间模型表示方法，如 Syskill & Webert（Pazzani & Billsus, 1997）、Fab（Balabanović & Shoham, 1997）等，在用若干包含信息量最多、最重要的关键词（譬如前者是100，后者是128）对网页或文件进行刻画的基础上，确定它们对用户重要性，从而得到相应的用户模型。

基于向量空间模型的表示方法能够反映不同概念在用户模型中的重要程度，而且为使用标准向量进行后续阶段的项目匹配任务计算提供了方便。但是用户偏好通常比较复杂，仅用一组关键词无法充分捕捉；再加上词语表达本身固有的同义性和语义分歧性，以及表示时没有考虑到词序或语境问题，使得基于这种模型表示所产生的推荐可能包含许多偏颇结果。为了克服上述限制，一些研究人员对向量空间模型进行了扩展和改进，如利用自适应过滤技术更新用户配置文件（Somlo & Howe, 2001）。其中心思想：首先，基于用户的喜好信息构建用户的初始配置信息，并且将用户的兴趣归纳为几个主题文件；然后，在连续的 Web 文件流中依次对比 Web 的文本内容与主题文件的相似度，进而选择性地将相似度较高的 Web 展示给用户并更新用户的配置文件。

除了自适应过滤技术的应用，也有人提出利用 WordNet 构建基于语义的用户配置文件（Degemmis et al., 2007）。其中用户配置文件通过机器学习和文本分类算法得到，包含了用户偏好的语义信息，而不仅仅是单纯的关键词。

2）基于用户-项目评价矩阵的用户模型

这种模型是协同过滤系统中最基本的模型。协同过滤的概念是由 Goldberg、Nicols、Oki 以及 Terry 在 1992 年首次提出的（Su & Khoshgoftaar, 2009），其中心思想是：对于某个用户，如果其他邻居用户与他有着相近的喜好，那么邻居用户喜欢的东西，他也可能喜欢。因此，协同过滤技术适用于用户群量少、兴趣密度高而用户评价信息较多的系统。Schafer 等（2001）称协同过滤推荐为"人与人的相关性推荐"。

用户-项目评价矩阵是一个 $M \times N$ 的矩阵：

$$\begin{bmatrix} r_{11} & r_{12} & r_{13} & \cdots & r_{1i} & \cdots & r_{1n} \\ r_{21} & r_{22} & r_{23} & \cdots & r_{2i} & \cdots & r_{2n} \\ r_{31} & r_{32} & r_{33} & \cdots & r_{3i} & \cdots & r_{3n} \\ \cdots & \cdots & \cdots & \cdots & \cdots & \cdots & \cdots \\ r_{i1} & r_{i2} & r_{i3} & \cdots & r_{ij} & \cdots & r_{in} \\ \cdots & \cdots & \cdots & \cdots & \cdots & \cdots & \cdots \\ r_{m1} & r_{m2} & r_{m3} & \cdots & r_{mj} & \cdots & r_{mn} \end{bmatrix}$$

其中 M 为系统的用户数，N 为项目（或产品或对象数）。矩阵中的每个元素 r_{ij} 表示的是第 i 个用户对第 j 个项目的评价。一般是某个实数范围内的整数值（如取 1~5 的整数值）。通常值越大，表示用户对相应项目的偏好程度越高，空元素值表示用户没有对相应的项目做出评价。

构建好评价矩阵后，通过计算系统中所有用户的相似度，为目标用户生成最近的 K 个邻居。计算用户相似度的方法共有三种。

（1）余弦相似性。用户对项目的评价可以看作在空间中的 N 维向量，两个用户的相似性可以通过二者向量夹角的余弦体现为

$$\operatorname{sim}(i, j) = \cos(i, j) = \frac{\vec{i} \cdot \vec{j}}{\|\vec{i}\| \times \|\vec{j}\|} \tag{2-1}$$

式中，用户 i 与用户 j 的相似性 $\operatorname{sim}(i, j)$ 用向量夹角余弦表示，$\|\vec{i}\|$ 表示向量 i 的模。

（2）皮尔森（Pearson）相关系数。这种方法是在用户共同评分项目的基础上衡量二者的相似度，设 I_{ij} 为用户 i 与用户 j 共同评分的项目集，二者的相似性系数表示为

$$\operatorname{sim}(i, j) = \frac{\sum_{c \in I_{ij}} (r_{ic} - \bar{r}_i)(r_{jc} - \bar{r}_j)}{\sqrt{\sum_{c \in I_{ij}} (r_{ic} - \bar{r}_i)^2} \sqrt{\sum_{c \in I_{ij}} (r_{jc} - \bar{r}_j)^2}} \tag{2-2}$$

式中，r_{ic} 表示用户 i 对项目 c 的评分；$\bar{r}_i$ 与 $\bar{r}_j$ 分别表示用户 i 和用户 j 对项目的平均评分。通过大量的实验表明，皮尔森相关系数能很好地衡量用户或者项目的相似程度。

（3）修正的余弦相似度。余弦相似度方法没有考虑到不同用户的评价尺度问题，在修正后的方法中改进了这一点，同时将用户 i 与用户 j 的评价项目集合考虑在内，算法为

$$\operatorname{sim}(i, j) = \frac{\sum_{c \in I_{ij}} (r_{ic} - \bar{r}_i)(r_{jc} - \bar{r}_j)}{\sqrt{\sum_{c \in I_i} (r_{ic} - \bar{r}_i)^2} \sqrt{\sum_{c \in I_j} (r_{jc} - \bar{r}_j)^2}} \tag{2-3}$$

式中，r_{ic} 表示用户 i 对项目 c 的评分；$\bar{r}_i$ 与 $\bar{r}_j$ 分别表示用户 i 和用户 j 对项目的平均评分。

运用上述方法产生目标用户的"最近邻居"集后，可以计算目标用户对项目的评价集，根据邻居喜爱的项目进行推荐，可用到 TOP-N 算法等，此处不详述。

这种表示方法简单、直观，不需要任何学习技术就能够从收集的原始数据（显性的用户评价数据）中直接生成。但也正因为如此，使得这种表示方式缺乏对用户兴趣变化的适应能力，难以被调整来反映用户最新的兴趣。

3）基于神经网络的用户模型

神经网络稳定后，经过特征化网络连接权重，用户模型利用网络状态进行表示。其中网络状态由网络输入状态、网络输出状态以及输入与输出之间的连接状态组成。网络输入状态表示系统对用户偏好的假设，如用户偏好的新闻项目或文本中的关键词；网络输出状态表示神经网络从输入假设中抽取或识别的适合于具体用户的模式类。这些模式类有时直接表现输入假设与用户兴趣的关联，被标记成感兴趣/不感兴趣类；有时仅表示对输入假设的普通分类，需要将这些类与其他判别准则如用户规定的兴趣因子关联起来判别每个类与用户兴趣的关联。网络输入到输出之间的连接状态由此时的网络连接权重来刻画。

4）基于案例的用户模型

基于案例的表示将用户检索过的案例或者与案例相关的一组属性值来表示用户模型。

例如在 CASPER 工作推荐系统中，用户模型被表示成用户检索过的工作列表的形式，表中的每一行包含了一个工作的 ID 号以及用户对该项工作的导航信息，如点击次数、浏览时间长度、保存及申请等。相比之下，Entrée 系统将用户在当前会话中对餐馆烹调风格、价格、类别、氛围和适用场合五种属性的描述表示成用户模型。显然，基于案例的表示仅基于用户的单次查询，反映的是用户的短期需求。其表示的用户模型仅在本次会话中有效，而不能被下次会话所重用。

5) 基于本体论的用户模型

基于本体论的表示方法用一个本体来表示用户感兴趣的领域，如 Quickstep 系统使用一个学术研究主题本体表示用户感兴趣的研究领域，OBIWAN 系统使用用户浏览页面的主题本体来描述用户访问过的网页内容。这些本体通常采用层次概念树的形式，树的每个节点表示用户的一个兴趣类。高层类与低层类之间可存在各种关系，如 is-a 关系，part-of 关系等。

引入本体来表示用户模型的最大好处在于能够实现知识的重用和共享，包括用户间本体类样本的共享以及与其他外部本体的知识交流与共享。但是这种表示方法同样遭遇了所有基于本体论的系统所具有的问题，即本体的设计问题。本体的设计在很大程度上依赖于研究人员的知识和经验，特别是当定义域很大时，本体设计的有效性更加难以保证。

3. 用户模型挖掘

上述几种用户模型都是基于用户的相对静态的数据，刻画的是用户在较长一段时期内的稳定的偏好。除此之外，结合收集到的动态数据，运用相关数据分析挖掘技术，可从用户自动分类及聚类角度实现用户模型的构建。几种常见的技术包括 TF-IDF、贝叶斯分类器、决策树归纳、神经网络和聚类方法。具体表述如下。

1) 基于 TF-IDF 的用户分类

前面已经提到基于用户或产品相似性的协同过滤是推荐系统中广泛使用的方法。但是随着用户数量的增加，计算量呈线性增长，那么系统的性能势必会降低。特别是对于像 Del.icio.us 这样的社会化标签系统，随着产品数量的不断增加响应速度会受到影响，而这恰恰是用户体验最为关注的问题。那么，作为协同推荐技术的延展，基于内容的推荐可以分别对用户和产品建立配置文件，通过分析已经购买（浏览、创建、评论等）过的内容，完成对配置文件的更新。其中文本信息的获取与分析至关重要。

在信息获取过程中，表征文本最常用的方法是 TF-IDF（term frequency-inverse document frequency）（Salton，1989）。作为统计方法的一种，该方法通过评估一字词对于一个文件集或一个语料库中的其中一份文件的重要程度，主要用于信息检索与数据挖掘。字词的重要性随着它在文件中出现的次数成正比增加，但同时会随着它在语料库中出现的频率成反比下降。TF-IDF 加权的各种形式常被搜寻引擎应用，作为文件与用户查询之间相关程度的度量或评级。

2) 基于贝叶斯分类器的用户分类

贝叶斯分类器是一种用于分类的概率方法。使用这种技术的系统。计算用户浏览或购买过的项目属于某个类的概率，然后依据概率将项目分类来建立用户对这些项目的偏好模型。其中，对一个给定的项目 I，如果其属性在概率上彼此独立且属值已知，则其属于类 c_j 的概率采用下列贝叶斯规则来计算：

$$P(c_j \mid I) = \frac{P(c_j)}{P(I)} \prod_i P(a_i \mid c_j) \tag{2-4}$$

式中，a_i 是项目 I 的第 i 个属性；$P(c_j)$ 和 $P(a_i \mid c_j)$ 可以从训练数据中被估计出来。并且由于对任何给定的项目 I 先验概率 $P(I)$ 是一个常数，因此如果目的不是概率估计而仅是排序，则这个因子可以被忽略。为确定醒目 I 最可能归属的类，每个类的概率依据上式进行计算，然后项目 I 被指定到具有最大概率值的类。

3) 基于决策树的用户分类

决策树归纳是使用最广泛的一种预测技术，它通过建立决策树来标记或者将实例分类到一个已知类集中。决策树的建立通过将实例递归地划分成子组来完成，每次划分都依据了对实例某种属性的检验，即使用一些条件来决定数据集应该如何被分割。这种划分直到每个子组所包含的实例都属于单一类为止。在每个被归纳的决策树中，每个非叶节点表示了对一个属性的检验点，每个分枝对应于一个检验结果，每个叶节点表示了对一个类的预测。使用决策树归纳作为用户模型学习技术的系统如 Syskill & Webert 和 WEBSELL 将用户偏好的获取过程表达成一棵决策树，用户从根节点开始，被引导来回答一系列问题。树的每个节点表示了决策点，所采取的方向取决于对问题的回答或者对可用数据的计算。一旦叶节点被达到，则可得到对用户偏好的完整描述。

4) 基于神经网络的用户分类

神经网络是一类具有很强的自学习、自组织和自适应能力的信息处理系统，由一个网络输入层节点集、一个网络输出层节点集、一种学习算法及网络连接方式所特征化。采用这类学习技术的系统将用户建模过程看成是一个模式分类过程。该过程运用神经网络学习算法，如胜者为王学习规则、delta 学习规则、BP 算法等，依据系统对用户偏好的输入假设进行学习并调整网络连接权重，直到网络中的所有节点达到稳定激活状态。此时输出层中被激活的节点所对应的模式类，如感兴趣/不感兴趣类，即表示系统识别的用户偏好。

5) 用户聚类

聚类（CluStering）是一个对物理或者抽象的样本集合进行分组的过程。聚类和分类相比，样本没有标记，属于无监督学习，需要由聚类算法自动确定。聚类分析的任务是研究在没有训练的条件下如何将样本划分成若干类或簇。聚类分析的目标是将一个样本集合划分成若干类或簇，使得类内或者簇内的样本具有高相似性，类间或者簇间的样本具有最大相异性。相似性和相异性的衡量指标是相异度，相异度越小，则表示相似性越高；反

第 2 章 UGC 的用户分析

之,则表示相异性越高。而相异度可以根据所描述的样本的属性值计算,通常相异度等于样本属性距离。

为建立具有相似特征的用户组,基于聚类的系统采用了不同的处理对象。例如,LOGSOM 系统依据用户事务进行聚类（Smith & Ng, 2003）,WebPersonalizer（Mobasher et al., 2000）系统考察用户会话和页面请求,其中每个聚类提取了一个用户子集行为的综合特征,而这些特征恰恰构成了该组用户的综合模型。

社会标签系统（Golder & Huberman, 2006）是 Web 2.0 的核心概念之一。在此系统环境中,用户可以自主标记兴趣网页,自主管理,并提供共享,用户、标签和网页构成了社会标签系统。其关系如图 2-3 所示。

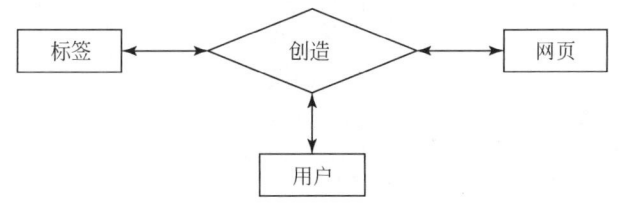

图 2-3 用户、标签和网页关系图

作为一种表达网络民意的新型资源,社会标签的产生与管理主体均为用户,充分体现了"人人做、为人人"的新理念,而且,基于标签与用户之间的联系,用户的兴趣及意愿隐含其中。其联系如图 2-4 所示。

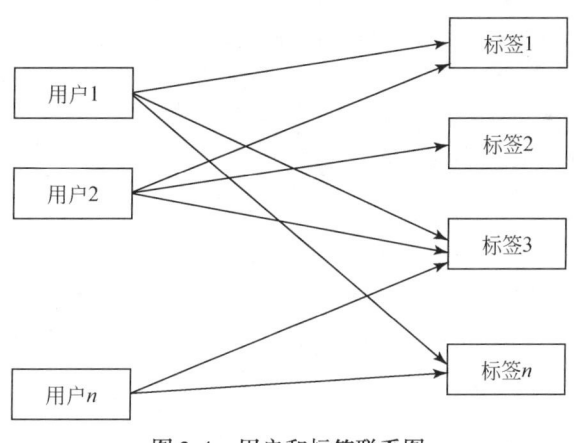

图 2-4 用户和标签联系图

从图 2-4 可以看出,标签和用户之间是多对多的关系,这些标签可以作为用户档案数据加以保存,而且,标签本质上是用户对信息资源的评价,所以,它们也可视为资源的数据,那么,通过对标签的聚类分析,事实上可以形成用户与资源之间的桥梁,以便分析用户与资源之间的关联关系,从而获得用户的兴趣模型。用户、资源以及标签聚类三者之间的关系如图 2-5 所示（Shepitsen et al., 2008）。

如图 2-5 所示,用户和资源都可以用一组标签和这组标签的权值（被使用的频率）来标志,那么通过一个或者多个标签聚簇就可以将特定的用户和某些信息资源联系起来。这

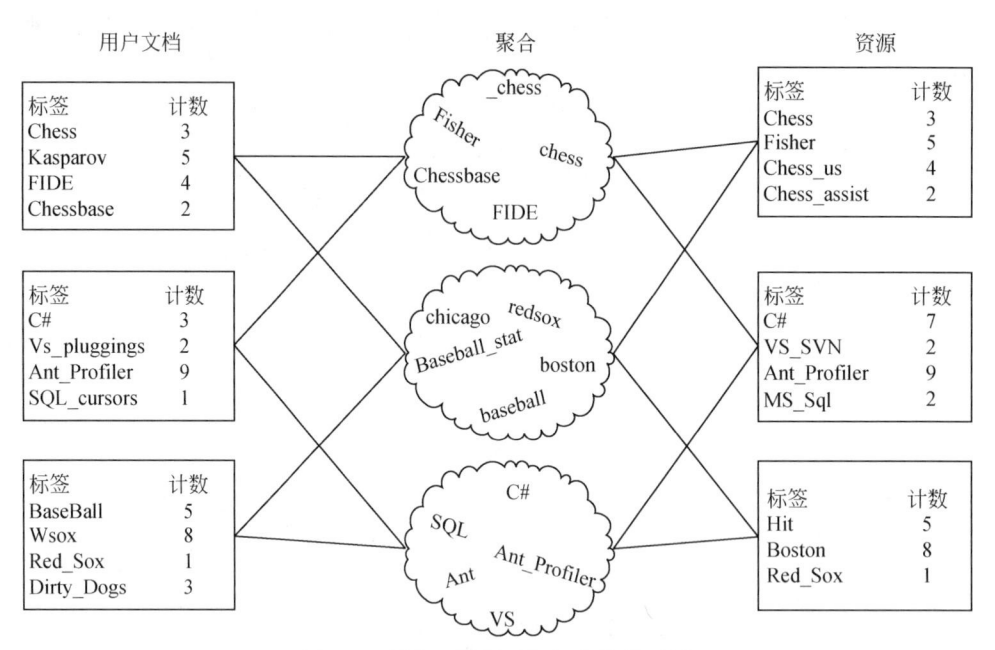

```
用户文档                    聚合                     资源

标签      计数                                   标签        计数
Chess      3         _chess                    Chess        3
Kasparov   5      Fisher    chess              Fisher       5
FIDE       4      Chessbase                    Chess_us     4
Chessbase  2           FIDE                    Chess_assist 2


标签       计数                                  标签         计数
C#         3      chicago  redsox               C#           7
Vs_pluggings 2    Baseball_stat                 VS_SVN       2
Ant_Profiler 9              boston              Ant_Profiler 9
SQL_cursors  1         baseball                 MS_Sql       2


标签       计数          C#                      标签         计数
BaseBall   5        SQL                         Hit          5
Wsox       8             Ant_Profiler           Boston       8
Red_Sox    1        Ant                         Red_Sox      1
Dirty_Dogs 3             VS
```

图 2-5 用户、资源及标签聚类关系图

资料来源：Shepitsen A, Gemmell J, Mobasher B, et al. 2008. Personalized recommendation in social tagging systems using hierarchical clustering. Proceedings of the 2008 ACM conference on Recommender systems. New York：ACM

种用户与资源之间的隐性关系其实代表着用户对资源的感兴趣程度。综合考虑不同组别用户的差异性，标签聚类的结果可以对原有的用户模型进行修正。从个性化推荐的角度来看，用户请求得到的资源会更加符合用户的需求。其流程图如图 2-6 所示。

在此框架下，定义社会化标签系统为一个四元组：$D=(U, R, T, A)$，其中，U 为用户（user）集合；R 为资源（resource）集合；T 为标签（tag）集合；A 为注释（annotation）集合。所谓注释，代表一个用户，资源和标签之间的三元关系。即：

$$A \subseteq \{u, r, t: u \in U, r \in R, t \in T\} \tag{2-5}$$

基于此定义，基于标签聚类对用户模型的改进的算法流程如下。

步骤一：基于向量空间的用户模型，可将每一个用户 u 看成一个定义在标签上的向量，向量的每一维对应着相应标签对于此用户的权值，即

$$\bar{u} = <w(t_1), w(t_2), \cdots, w_{|T|}> \tag{2-6}$$

步骤二：资源 r 也可定义为标签上的向量，为表示方便，引入变量 tf，表示标签频率（即某个资源被某一标签注释的次数）：

$$tf(t, r) = |\{a = <u, r, t> \in A: u \in U\}| \tag{2-7}$$

那么资源向量中的每一维就对应一个 tf。

步骤三：计算用户对标签聚簇的兴趣程度。对于每一个聚簇 c，用户对它的感兴趣程度计算方法为，用户在这个聚簇中关联的标签数除以用户关联的所有标签数，即

$$uc\_w(u, c) = \frac{|\{a = <u, r, t> \in A: r \in R, t \in c\}|}{|\{a = <u, r, t> \in A: r \in R, t \in T\}|} \tag{2-8}$$

步骤四：计算与资源 r 最邻近的标签聚簇，即

$$rc\_w(r, c) = \frac{|\{a = <u, r, t> \in A: u \in U, t \in c\}|}{|\{a = <u, r, t> \in A: u \in U, t \in T\}|} \quad (2-9)$$

步骤五：计算用户 u 对资源 r 的兴趣程度，即

$$I(u, r) = \sum_{c \in C} uc\_w(u, c) * rc\_w(r, c) \quad (2-10)$$

至此，获得的兴趣程度就是对用户的刻画，该模型可进一步用于推荐系统之中。

从本质上讲，聚类方法关注的不再是用户个体的特征，而是侧重于一组或者一群用户模型的刻画。这也是用户模型构建的另一个不可或缺的方面。

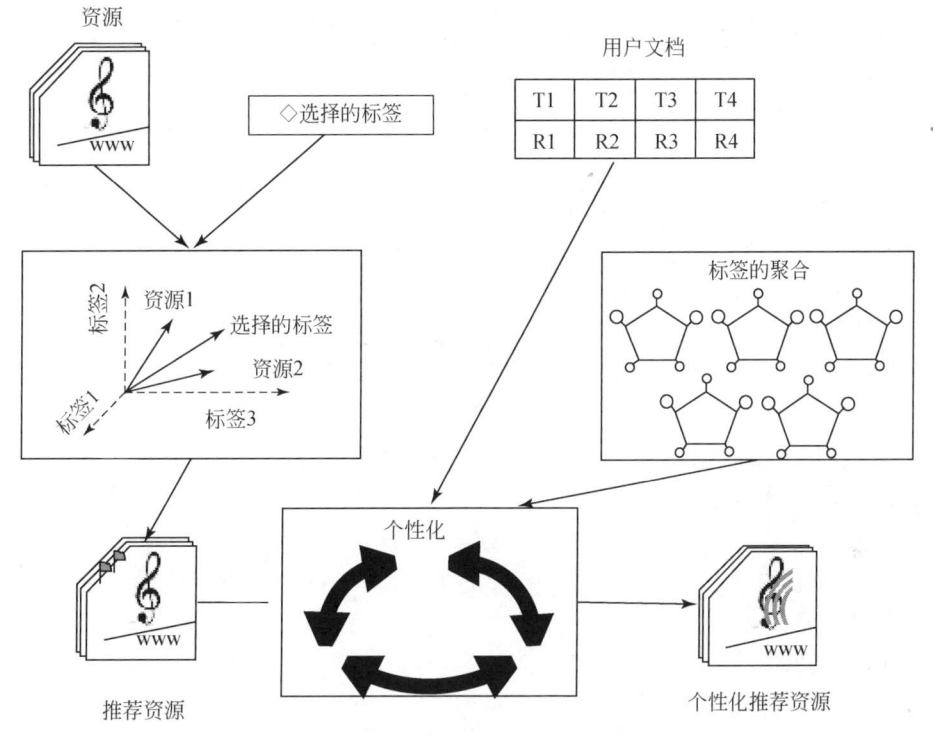

图 2-6　个性化推荐过程中标签聚类对用户模型的增强示意图

资料来源：Shepitsen A, Gemmell J, Mobasher B, et al. 2008. Personalized recommendation in social tagging systems using hierarchical clustering. Proceedings of the 2008 ACM conference on Recommender systems. New York：ACM

2.3.2　用户社群层面的建模

如前所述，诸如社会化媒体、论坛、Wiki、在线社区及社交网络等 UGC 环境事实上形成了虚拟的网络社会。在这种典型的 Web 2.0 环境中，用户无论扮演如我们前面提及的何种角色，基于创作、评论、参加、观察等一系列参与以及协作行为，与其他角色用户发生关联，进而自然而然形成一定结构的关系网络，并且带有社会性。譬如，图 2-7 表示在某个以老年人为主要用户的在线社区中，基于对讨论内容的梳理，从深度支持（a）、医疗

相关（b）和轻度支持（c）三个方面，通过算法分析得到的社交图（Pfeil & Zaphiris, 2009）。

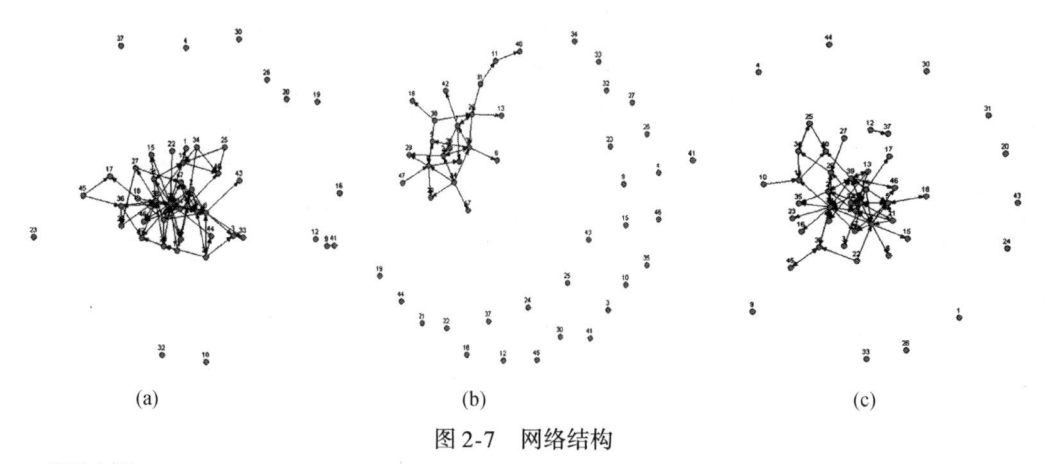

图 2-7　网络结构

资料来源：Pfeil U, Zaphiris P. 2009. Investigating social network patterns within an empathic online community for older people. Computers in Human Behavior, 25（5）：1139-1155

显然，仅从视觉形象角度观察，这些网络结构已经呈现出不同的形态，不同的节点在网络中的角色不尽相同，凝聚子群的数量、规模、关联等有的很明显，有的难以区分，无疑这种蕴涵复杂性的网络是由用户之间的交互形成的。如何理解它们？如何认识这种社会关系？这是需要回答的问题。

在传统的社会学研究领域里，社会网络是人类关系特征的突出表现形式，指人与人之间、组织与组织之间为了达到特定的目的进行信息交流的关系网。其主要构成要素包括两大类：一类是行动者，这里行动者可以指具体的个人，也可指某个群体、公司或其他社会单位；一类是关系纽带，指行动者之间相互的关联，在不同的背景下，这种关系形式多种多样，譬如亲友关系、合作关系、冲突关系等。若用节点和联系分别对行动者和关系两部分进行刻画，则着重体现了社会关系网络的结构属性。针对社会网络，在社会学研究领域发展了诸如二级传播理论、结构洞理论、嵌入理论、社会资本理论等，很好地论述了社会网络关系及其网络节点行为。尤其值得引起注意的是就结构分析方面，近一二十年在理论及应用领域都得到长足发展的方法是社会化网络分析（林聚任，2009）。Borgatti 等（2009）在 Science 杂志发表的关于社会网络分析的综述文章，详细论述了社会网络分析的研究对象是社会关系结构及其属性。遵照社会网络分析的思想，参与者在社会单位中的任何行为都不是孤立的，而是相互关联的，由此形成的社会关系网络结构不仅是信息及资源传递的渠道，而且决定着参与者的行为动机及结果。同时，社会网络分析既能够分析微观的个体互动网络层面的现象，也可用于分析组织结构、社区关系等宏观的社会现象，在社会支持、社区、群体等问题的研究中大有用武之地。

考虑到 UGC 环境中用户的社会化关系网络的涌现，在研究 UGC 用户群体模型的过程中，社会网络分析的相关概念、理论及方法都值得借鉴。目前，已经有如下研究成果。在社会网络中，利用用户生成的信息，例如评价、注释或标签等，融合各种不同的信息源研究网络的中心性，从而识别网络中重要的、影响力大的节点（Agarwal et al., 2008）；从网络密度、网络可达性、程度中心度等众多方面分析样本博客的网络结构特征（Warmbrodt et al.，2008）。而且，因为基于 Web 的社会网络中数据规模空前巨大，面对海量数据，Web 社区发现方法也得到了发展。此外，由于目前的网络环境中包括多种不同类型的实体，特别是 UGC 环境中，用户、内容（如评论、视频、标签等）、行为等交互形成异质网络，如何识别这样的社区也是研究的重点。进一步，社区的演化及行为分类也是关于 UGC 用户研究的问题。

本小节在表明了与 UGC 用户群体模型构建相关的社会网络分析的基本概念的基础上，着重讨论 UGC 用户网络节点评价、强弱联系分析、节点相关性测试以及社区发现等问题。

1. UGC 社会网络关系的特点

UGC 社会网络关系首先具备社会网络关系的一般特征，具体而言包括：①社会网络在静态上体现的是一种组织结构；而在动态上，社会网络不是静止不变的，而是在互动中不断演进、扩展甚至重构的。②社会网络由具有一定特征的社会关系连接而成，没有固定方向。③社会网络中的节点在哪个位置并不重要，重要的是这个位置在网络整体中的处境和地位。④社会网络中，节点之间的连接没有时间要求，人与人之间关系网是为了达到信息交流的目的而形成的，这种为了某种工作的需要而建立的关系网络与"虚拟企业"类似，其形成不受时间的限制。⑤社会网络中，节点间的关系体现的是利益集中，由于节点之间的关系包含着重要的资源与信息，可以通过关系所代表的特定社会关系的行为，为节点所代表的利益方创造价值。

除了上述特点，UGC 环境中用户之间形成的社会关系网络是大规模的复杂网络，还具有如下特性及要求（Tang & Liu，2012）。

1）可扩展性

UGC 环境中的用户数以百万计，通过参与与交互，形成规模巨大的连接网络。由于传统社会网络分析适于处理的只是由相对少数节点组成的小规模网络，所以在网络建模方需要进行扩展。

2）混杂性

由于 UGC 环境的多样性，以社会化标签和内容共享等为代表的环境来说，用户往往与标签、内容相互交织在一起，从而形成混杂的网络。进行用户分析时，需要充分考虑这种混杂性。

3）演化

在 UGC 环境中，用户的参与与交互并不是一成不变的。以微博为例，用户之间的关注可以是单向的，也可以是双向的。而且，关注可以添加也可自主取消。同时，用户在环境中扮演的角色也是可能变化的，有的用户积极参与可能成为其中活跃的核心成员，有的可能由于某种原因逐渐沉寂，甚至退出，这些投射到社会关系网络结构上就表现出不断演化的趋势。

针对上述这些特性，围绕用户分析，以个体用户作为社会网络的节点，基于网络节点的度量，譬如节点中间性（betweenness）、接近度（closeness）、节点中间度（centrality）、节点的度（degree）、权威度（prestige）等，诸多指标都可用来表示单个用户在社会网络中与其他用户的关联情况。

2. UGC 用户社会网络节点评价

由于行为、角色、关系的不同，社交网络中的用户在网络中的地位和作用并不是均等的。如图 2-8 所示，有的用户成为意见领袖或权威，这样的用户映射到网络结构中，当然就是重要的节点。作为社会网络分析的重点之一，中心性分析用于分析个人或组织在其社会网络中具有怎样的权力，或者说居于怎样的中心地位。所以，对于节点的评判，依据中心性分析可以给出节点的重要性测度。从计算的不同角度而言，其中几种经典的方法包括：点度中心性、接近中心性、中间中心性和特征向量中心性（Wasserman & Faust, 1994）。

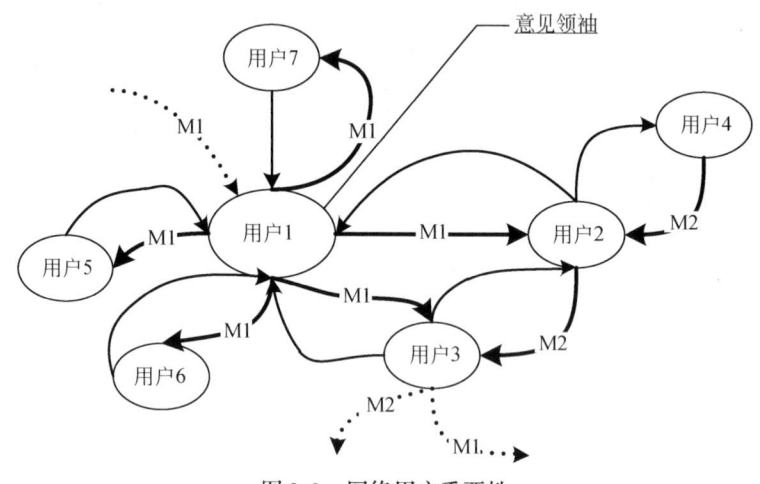

图 2-8 网络用户重要性

1) 点度中心性

在一个社会网络中，如果一个个体与其他个体之间存在大量的直接联系，那么该个体就居于中心地位，在该网络中拥有较大的"权力"。在这种思想的指导下，网络中一个点的点度中心性（degree centrality）就可以用网络中与该点之间有联系的点的数目（在无向图中是点的度数，在有向图中是点入度和点出度）来衡量，这就是点度中心度。

中心度是来描述图中任何一点在网络中占据的核心性，基于此定义，进一步用中心势来刻画网络中点的集中趋势。其计算依据如下步骤：首先找到图中的最大点度中心度的数值，然后计算该值与任何其他点的中心度的差值，再计算这些"差值"的总和，最后用这个总和除以各个"差值"总和的最大可能值。公式表达为

$$C = \frac{\sum_{i=1}^{n}(C_{\max} - C_i)}{\max\left[\sum_{i=1}^{n}(C_{\max} - C_i)\right]} \tag{2-11}$$

2) 接近中心性或紧密中心性

接近中心性（closeness centrality）用来描述网络中的个体不受他人"控制"的能力。在计算接近中心度的时候，我们关注的是捷径，而不是直接关系。如果一个点通过比较短的路径与许多其他点相连，我们就说该点具有较高的接近中心性。其测量方法分为绝对接近中心度和相对接近中心度。分别表示为

$$C_{AP_i}^{-1} = \sum_{j=1}^{n} d_{ij}, \quad C_{RP_i}^{-1} = \frac{C_{AP_i}^{-1}}{n-1} \tag{2-12}$$

式中，d_{ij} 为点 i 和点 j 之间的测地线（最短途径）距离；n 为网络的规模。

3) 中间中心性或介数中心性

在网络中，如果一个个体位于许多其他两个个体之间的路径上，可以认为该个体居于重要地位，因为其具有控制其他两个个体之间的交往能力，这种特性用中间中心度描述，它测量的是个体对资源控制的程度。一个个体在网络中占据这样的位置越多，代表其具有很高的中间中心性（betweenness centrality），就有越多的个体需要通过它才能发生联系。具体地说，假设点 j 和 k 之间存在的测地线数目用 g_{jk} 来表示。第三个点 i 能够控制此两点的交往的能力用 $b_{jk}(i)$ 来表示，即 i 处于点 j 和 k 之间的测地线上的概率。点 j 和 k 之间存在的经过点 i 的测地线数目用 $g_{jk}(i)$ 来表示。那么，$b_{jk}(i) = g_{jk}(i)/g_{jk}$。计算点 i 的中心度，需要把其相应于图中所有的点对的中间度加在一起，所以点 i 的绝对中间中心度计算公式为

$$\sum_{j}^{n}\sum_{k}^{n} b_{jk}(i), \quad j \neq k \neq i, \quad j < k \tag{2-13}$$

进一步，中间中心势定义为网络中中间中心性最高的节点的中间中心性与其他节点的中间中心性的差距，用于分析网络整体结构。中间中心势越高，表示该网络中的节点可能分为多个小团体，而且过于依赖某一个节点传递关系，说明该节点在网络中处于极其重要的地位。其计算公式如下：

$$C_B = \frac{\sum_{i=1}^{n}(C_{AB_{\max}} - C_{AB_i})}{n^3 - 4n^2 + 5n - 2} = \frac{\sum_{i=1}^{n}(C_{BB_{\max}} - C_{RB_i})}{n-1} \tag{2-14}$$

式中，$C_{AB_{\max}}$ 是点的绝对中间中心度；$C_{RB_{\max}}$ 是点的相对中间中心度。

4) 特征向量中心性

特征向量中心性（eigenvector centrality）是网络中一个结点重要性的度量。网络中每个结点都有一个相对指数值，这个值基于的原则是：高指数结点的连接对一个结点的贡献度比低指数结点的贡献度高。Google 的 PageRank 是特征向量中心度量的一个变种。

具体而言，令 x_i 为第 i 个结点的（指数）值，$A_{i,j}$ 为网络的邻接矩阵。这样当第 i 结点是第 j 个结点的邻接点时，$A_{i,j} = 1$，否则，$A_{i,j} = 0$。一般来说，正如同随机矩阵，A 的每一项可以是表示连接强度的实数。对于第 i 结点，中心性指数与所有连接它的结点的指数和成比例。从而，

$$x_i = \frac{1}{\lambda} \sum_{j \in M(i)} x_j = \frac{1}{\lambda} \sum_{j=1}^{N} A_{i,j} x_j \tag{2-15}$$

式中，$M(i)$ 是连接到 i 结点的结点集合；N 是总结点；λ 是常数。矩阵形式表示为 $X = \frac{1}{\lambda} AX$，或者特征方程 $AX = \lambda X$。

3. UGC 用户社会网络强弱联系分析

以微博为例，平台上的传播能量以及影响力与个体的社会网络的某些指标以及整个平台上的相应机制相关。一般而言，信息发布者自身的社会网络越大，强联系链条越多，联系越频繁，联系对象的传播能量越强，那么他发布的信息的传播面就可能越广。每一个社会网络上的个体，都是一个"节点"，理论上来说，正如 Milgram 的"六度分隔"理论所揭示的那样，任何节点之间都有可能通过某个路径连接起来。但是，节点之间的关系有"强关系"和"弱关系"两种。如果从社会网络分析图上看，有直接的线连接起来的节点之间是强关系，而其他节点之间的关系是弱关系。强关系的形成往往与以下几个因素相关：现实中的关系（如朋友、同事、同学等）和互动频率（通常频繁的互动更容易带来牢固的关系）。斯坦福大学教授格兰诺维特在 20 世纪 70 年代提出，一个人往往只与那些在各方面与自己具有较强相似性的人建立比较紧密的关系，但这些人掌握的信息与他（她）掌握的信息差别不大；相反，与此人关系较疏远的那些人则由于与此人具有较显著的差异性，也就更有可能掌握此人没有机会得到的、对他（她）有帮助的信息。因此，人与人之间的弱联系是个体融入社会或社区的必不可少的因素，它能给人们带来意外的信息和机会，它的又是来自具备联系不同社交圈子的能力，并且具有较低的可传递性。作为对这个观点的响应，有学者提出了"强联系"的观点。他们认为，强联系特别适用于不确定性的情境，在面临危机或者需要承担风险时，强联系是可以依赖的对象。总之，弱联系具有信息传递的优势，而强联系则有传递情感、信任和影响力的优势。

4. UGC 社区发现

当网络中某些个体之间的关系特别紧密，以至于结合成一个次级团体时，这样的团体在社会网络分析中被称为凝聚子群。如图 2-7 中就存在若干这样的小团体。分析网络中存在多少个这样的子群，子群内部成员之间关系的特点，子群之间关系特点，一个子群的成员与另一个子群成员之间的关系特点等就是凝聚子群分析。由于凝聚子群成员之间的关系十分紧密，因此有的学者也将凝聚子群分析形象地称为"小团体分析"或"社区现象"。

社区现象是复杂网络中普遍存在的现象，各社区由具有共同特性的个体组成。迄今，社区发现技术从发现层次角度来看，包括以结点、群组和网络等为中心的社区发现。从算法发展的角度来看，从最初的图分割方法、W-H 算法、层次聚类法、GN 算法等基本算

法，逐渐形成包括改进 GN 算法、派系过滤算法、局部社区算法等在内的更具有可操作性的方法。

对于 UGC 环境而言，由于用户之间的交互不再是单一联系，而是具有不同类型的联系，以微博为例，用户之间可能是相互关注也可能是单向关注。同时，在 UGC 环境所形成的异质网络中，用户还会与其他实体发生关联。譬如，用户与他所创作的、传播的内容之间，不同用户对于同一个内容的评论、标注等。所以，除了传统的复杂网络范畴内的社区发现，面对 UGC 用户社区发现，还需要研究包含不同类型的联系或不同类型的节点的异质网络。就此，可以将之分为多维网络和多模网络分别进行分析和处理（Tang & Liu，2012）。

1) 多维网络

多维度网络指一个网络结点间存在多种不同类型的联系，网络的每一维度表示结点间的一种联系。基于此网络可以刻画用户在 UGC 环境中多样化的交互行为。针对多维网络，可以遵循网络、效用矩阵、软社区指标和结点划分的一般路径进行分析。并且，已有研究成果表明，效用集成和特征集成比网络集成和划分集成的性能要好。

2) 多模网络

多模网络指一个网络中存在属于不同类别的结点，每一个模式对应一种类型的结点。以视频共享网站为例，基于此网络，网站中贡献、观看或评论视频内容的用户、视频、标签等不同的实体对象得以刻画。针对多模网络，由于一个模中的社区形成往往由于其结点共同与另一个模中的相同或相似结点相连接，所以，不同模的社区之间具有关联关系。目前，已有的研究成果是针对内容共享网站的用户-标签双模网络的联合聚类研究。由于在用户-标签双模网络中，兴趣相近的用户倾向于使用同类的标签。反之，语义相似的标签更有可能被兴趣相近的用户使用。所以，运用联合聚类算法不仅挖掘出网络用户实体形成的社区，同时也可以输出标签实体形成的社区。目前，有多种实现联合聚类的算法（Madeira & Oliveira，2004），对于这些算法在多模网络领域的应用是值得进一步探索的方向。

2.4 本章小结

用户是 UGC 过程中具有能动性、创造性的主体，是 UGC 研究中重要的研究对象。无论是对于 UGC 环境的改进，还是提升用户的参与交互体验，以用户为核心的研究都具有理论意义和现实的应用价值。本章在阐述 UGC 用户作为特殊的网络用户具有的特性的基础上，系统论述了从用户个人特征信息、社会、经济、社会研究、人机交互及社区研究等不同视角的 UGC 用户分类问题。进一步，为刻画用户的个体行为模型和 UGC 用户的群体模型，介绍几种主流的网络用户分析模型，包括：基于向量空间的、基于用户-项目评价矩阵的、基于神经网络的、基于案例表示的、基于本体的和基于社会网络分析的用户模型。总体而言，本章结合定性和定量的方法，概述了 UGC 用户研究的相关问题，由于 UGC 环境的复杂性、异质性和演化性，关于 UGC 用户的分析还有待进一步发展。

第 3 章　UGC 的动因与激励策略分析

3.1　概　　述

3.1.1　背景

近几年，用户生成内容（UGC）的魅力在其不断演化和发展中愈发得到彰显，UGC 的应用正如火如荼地延伸至社会的各个角落。一些学者在其研究中指出 UGC 在医疗健康、经济发展、科研教育、突发事件、休闲娱乐等领域发挥了重要的作用（Ye & Fischer, 2007；Shneiderman & Plaisant, 2009）。同时，网络经济和电子商务都在一定程度上得益于庞大的用户基数带来的利好，UGC 正积极推动着注意力经济向创造力经济发展，从而演化成新一代的社会化商务。然而，UGC 也面临着一系列亟待解决的难题。对于社会化媒体运营商、管理者、设计者以及政策制定者而言，较低的行业进入壁垒、日益缩短的技术复制周期、雷同的商业模式以及竞争白热化的信息内容产业等都是不容忽视的问题。其中最为现实的问题是，如何吸引更多的用户参与到社会化媒体中并创作分享更多的内容。有学者指出在 UGC 中存在着极大的不均衡性，如 90-9-1 法则（Nielsen, 2006），即 90% 的用户仅贡献了 1% 的内容，9% 的用户贡献了 9% 的内容，而 1% 的用户则贡献了 90% 的内容；也有学者验证了 UGC 中帕累托（80/20 法则）的存在（赵宇翔等，2011），即少量用户创作了大量的内容，而大量的用户只创作了很少一部分，甚至存在大量的看客和"搭便车"（free-riding）现象。这一点从各大社会化媒体的用户贡献排行榜中也可窥见一二。要解决这一问题，首先要了解用户参与创作共享的主要动因，并在此基础上有的放矢地设计相关的激励机制。因此，本章主要探索 UGC 的内在特征机理、用户参与动因以及针对不同用户群体的激励策略。

3.1.2　研究现状

尽管目前直接从字面上匹配到的关于 UGC 动因和激励策略的研究还不多，但它实际上并非是一个全新的研究领域。UGC 是一个整合的概念，它折射出众多社会化媒体、软件和平台的显著特性。因此，许多已有的研究成果，如针对虚拟社区、在线学习社区、维基百科、博客、视频、开源软件以及社会化标注等不同类型平台的动因研究，都与我们的研究主题有所关联。

Wang 和 Fesenmaier（2003）研究了虚拟旅游社区的参与和贡献动机，结果表明虚拟旅游社区的参与主要受社会利益和娱乐利益的影响，贡献水平可以由三个方面的动机来解释,分别是工具相关的、效能相关的和期望相关的动机。Chiu 等(2006)整合社会认知理论和社会资本理论,通过对台湾某个 IT 专业虚拟社区 BlueShop 的调查,研究虚拟社区的知识分享。Cheng 和 Vassileva(2005)针对在线学习社区中 UGC 的数量和质量问题,构建了基于用户-社区两个模块的自适应激励机制,并通过个案研究的方法进行了有效性验证,以提高用户的共享积极性并控制 UGC 的质量问题。Hummel 等(2005)采用建构原则和社会交换理论设计相关的激励机制,针对在线学习社区中用户主动参与程度,通过虚拟货币、奖励系统等进行实验研究。Gerard(2004)等提倡将社会心理学的方法融入在线学习社区共享动机的研究中去,通过调研和仿真等方法,提炼出影响 UGC 的相关动因,并初步分析其激励机制和框架。Okoli 等(2007)调查了 465 个维基百科中的活跃参与者,研究结果显示,直接或间接的网络关联性和结构洞对参与者的社会资本的形成有重要的影响,从而影响到参与者的贡献能力。梁朝云(2008)等以中文维基百科的管理员为研究对象,探讨其参与动机与工作形态。

在一些其他领域,Nardi 等(2004)对 23 位博客发布者进行研究后发现,记录生活、发表个人观点、情感宣泄、与他人建立关系是用户创作博客的主要原因。Lenhart 和 Fox(2006)的研究表明,影响博客创作的主要因素包括自我表达、个人经历记录与分享、社会关系的维系、与他人分享知识和技能以及鼓励他人行动。赵宇翔和朱庆华(2009)的实证研究结果显示,博客的易用性、新鲜感、信任以及利他性对于博客创作与共享有正向影响。同时,用户体验、互动程度及社会身份认知对于持续的博客创作与共享有显著作用。Hsu 和 Lin(2008)对 212 位博客作者进行了研究,结果显示博客的易用性、趣味性、利他主义以及个人声誉对于博客创作与知识共享有积极影响;同时,主观规范和映像、社区归属感对于持续的博客更新有正向作用。Milliken 等(2008)以 YouTube 为实证对象,从地域的角度探讨视频类 UGC 对于社会公共话题的关注度。Molyneaux 等(2008)也以 YouTube 为实证对象,从性别的角度探讨男性和女性在创作和接受在线视频作品中的差异。Nov(2007)采用调研等方法考察开源软件项目中用户参与创作的动机,发现在线声誉积累、自我实现意识以及用户的人生观对于用户行为的影响力。Ames 和 Naaman(2007)通过对动机进行科学分类的思想,采用内容分析法针对 Flickr 上的用户标注进行分析,探讨用户创作、引用标注的主要动机。

3.2 UGC 的特征与机理研究

3.2.1 研究背景

马费成(1996)曾前瞻性地提出在 21 世纪,情报学要取得突破,必须在微观上解决两个关键问题:一是知识信息的表达和组织必须从物理层次的文献单元向认识层次的知识单元或情报单元转换;二是知识信息的计量必须从语法层次向语义和语用层次发展。随后,马费成(2000)在其主持的国家自然科学基金课题"科学信息离散分布的机理与模型"研究中,以科学信息作为研究对象,通过对大型数据库中关键词和主题词的采集和分析,探索其微观层次上的离散分布规律,并建立相关模型,为国内该领域的研究开创了先河。随着数字化和网络化技术手段的不断进步,情报学研究已从传统的"文献信息世界"进入了现代化的"知识内容世界",研究的内涵和外延都得到了极大的拓展和提升。UGC是 Web 2.0 环境下一种新兴的网络信息资源创作与组织模式,其研究从原先的纸本载体延伸到网络信息空间,从原先的文献层面拓宽到如今的内容层面,是一个跨学科、多角度的研究领域,针对其生成模式特征、规律和机理的研究具有很强的理论意义和现实意义。同时,近几年层出不穷的各类社会化媒体也为相关研究提供了良好的实证平台和数据来源。

3.2.2 研究理论

文献计量学中三大基本定律:布拉德福定律、齐普夫定律以及洛特卡定律在相同的时期以不同的表达形式描述相似的分布规律,即某一具体对象在其主体来源中的集中与离散分布特征,如布拉德福定律中论文之于科学期刊的分布规律,齐普夫定律中词之于文本的分布规律以及洛特卡定律中论文之于作者的分布规律。邱均平(2001)针对文献信息的集中与离散分布特征从三个角度进行剖析:生产能力、生产资源和传播能力,并就布-齐-洛定律的一致性进行了研究,发现其计量单元和计量方法具有很强的共性,分布函数的本质特征也极为相似。比利时著名情报学家 Egghe(1990)从信息计量学的角度,将传统的经验定律及其推论进行归纳总结,在 1990 年发表的一篇论文中首次提出了 IPP(information production process)的概念,随后就该领域进行了深入且大量的研究工作,并在 2005 年出版了著作 *Power Laws in the Information Production Process: Lotkaian Informetrics*。IPP 视角试图将传统分散的经验定律进行逻辑单元和体系结构上的整合,讨论其适用环境和约束条件,超越传统文献计量学研究的层面,将触角延伸至经济学、社会学、管理科学等领域,具有更为广泛的研究意义和价值。

IPP 是一个三元组 (S, I, V),其中 S(sources)是源元素的集合:$S = [0, T]$,I(Items)是项元素的集合:$I = [0, A]$,$V: S \rightarrow I$ 是一个严格递增可微函数,且 $V(0) = 0$,$V(T) = A$。对于每一个 $r \in s \setminus \{0\}$,$V(r)$ 为所有源 $s \in [T-r, T]$ 中的累积项数。

从数理表征上看,IPP 具有对偶性,令 $(S, I, V) = \{[0, T], [0, A], V\}$ 为一任意 IPP 函数集,其对偶 IPP 可定义为

$$(I, S, U) = [[0, A], [0, T], U] \tag{3-1}$$

式中,$U(i) = T - V^{-1}(A - i)$;V^{-1} 表示 V 的逆函数。由此可见以上两式互为对偶 IPP。同时定义对于每一个 $i \in I$,$\sigma(i) = U'(i)$,且对于每一个 $i \in r$,$\rho(i) = V'(r)$(式中 U' 和 V' 分别为 U 和 V 的导数)。当把 $\rho(r)$ 表示为 IPP (S, I, V) 中 i 的函数时,即 $i = V(r)$,$\rho(r)$ 相应变为

$$\rho(i) = V'(V^{-1}(i)) \tag{3-2}$$

由此我们可以推出:对于每一个 $i \in I$,

$$i \in I, \sigma(i) = \frac{1}{\rho(A - i)} \tag{3-3}$$

如上所述,在 IPP 中,当 $A - i \in I$,$\rho(i)$ 是项(相对于源)的密度函数;当 $i \in I$,$\sigma(i)$ 是源(相对于项)的密度函数,并且根据定义中强调的严格递增可微函数,可知 IPP

中 $\rho > 0$, $\sigma > 0$, 且 ρ 在 (S, I, V) 中与 σ 在 (I, S, U) 中起着同样的作用。如果令 (S, I, V) 为具有对偶函数 σ 和 ρ 的任意 IPP, 引入下列函数

$$f: [\rho(0), \rho(A)] \to R^+ （正实数）$$
$$j \to f(j) \tag{3-4}$$

式中 $f(j)$ 作为 j 的函数定义为源的密度函数（相对于 IPP (S, I, V)); 对于每一个 $i \in I$, 我们有源关系 $\int_{\rho(0)}^{\rho(i)} f(j)dj = \int_0^i \sigma(A - i')di'$ 与项关系 $\int_{\rho(0)}^{\rho(i)} f(j)jdj = i$ 相对应, 一般而言 $\rho(0) = 1$ 总是成立的。因此, 对于每一个 $i \in I = [0, A]$, 对偶方程组如下式

$$\begin{cases} \rho(i) = \dfrac{1}{\sigma(A-i)} \\ \int_1^{\rho(i)} f(j)jdj = i \end{cases} \tag{3-5}$$

由此可知，IPP 并不是某一个具体的函数形态，而是一系列具有相似特征的函数形态的集合，从数理逻辑上这些函数形态存在内部一致性，因此可以在 IPP 框架或者视角范畴下进行整合研究。

在 Web 2.0 环境下，用户被赋予了内容生产者这一角色，UGC 的生成模式是一个"态度—行为意图—实际行动—反馈"的连续、迭代的过程，用户和内容之间存在着天然且明确的生产关系，因此可以将 UGC 的生成模式抽象为信息内容生产过程的研究。用户可以被看做源元素，内容可以被看做项元素，生成模式则被理解成两者之间的映射关系，对于离散型或连续型的生成过程，可以用分布率或分布函数予以揭示。

从理论角度看，我们认为 IPP 视角的理论基础可主要归纳为：马太效应、最省力法则以及最大信息熵原理。马太效应强调在先赋条件和后赋条件的共同作用下，"成功产生成功"的累积优势特征，这也是促进资源离散分布与集中趋势的重要原因。在 UGC 中，马太效应得到了充分体现，即少部分用户创造了大量的内容，而大部分用户只创造了少量的内容。这一现象很容易从各类社会化媒体平台或网站的用户贡献排行榜上直观发现。最省力法则从社会科学的角度强调人为控制因素对于选择和决策起着重要的作用。在这种选择作用下，当一系列同类对象被选择时，选中的频度各不相同，体现出被选对象之间个性方面的差异，其自身又可以作为后阶段选择的依据。在 UGC 中，用户会出于不同的动机选择相关的社会化媒体平台和网站进行内容创作和分享，如可用性和易用性、用户体验、网站知名度、网站流量以及社会资本累积度等因素，这些都折射出最省力法则在 UGC 决策和行为中的参考价值。最大信息熵原理把所研究的不确定性问题当做信息源，利用信息熵描述研究对象（张九龙等，2000）。在其所有相容的分布中，挑选在满足某些约束条件下（通常是给定的某些随机变量的平均值）能使信息熵达到极大值的分布作为系统的分布，即在满足约束条件下，熵值最大的分布就是最符合实际情况的分布。在 UGC 中，用不同的分布函数去描述 UGC 的生成规律和映射模式会获得不同的信息熵，而在相关约束条件下，信息熵最大的分布函数与实际的分布情况最为接近，即该分布函数在描述 UGC 的映射模式时会获得与真实分布最吻合的曲线。综上所述，IPP 的理论基础与 UGC 的直观表现、数理特征以及内在动机具有很强的逻辑相关性，IPP 视角在理论上应用于 UGC 研究是可行的。

从模拟实证角度看，IPP 通过大小-频次图或者等级-频次图直观描述 UGC 中用户和

内容之间特定的函数关系。直方图的横轴表示内容的数量或者依据数量多少转换而来的等级排序，纵轴表示生成相关内容的用户的数量或者比率。在 UGC 特征与机理的研究中，我们认为采用大小-频次图描述更为简便和直观，且更忠于原始数据。数轴的设计可以是线性的，也可以转化成对数型（log-log）的，但考虑到实际数据采集过程中用户数和内容数较多，因此采用对数型数轴更能清晰展现幂率分布、长尾等一系列特征。就数据拟合而言，IPP 视角的整合性为 UGC 的特征与机理研究提供了众多可供参考的函数分布类型。鉴于此，IPP 视角在技术和方法上应用于 UGC 研究也是可行的。

3.2.3 研究方法

由于 UGC 类型的多样性和粒度的差异性，因此在数据采集的过程中要充分考虑其微结构和微内容的特征。本节在 IPP 的视角下，将采集对象主要锁定为用户 ID 以及用户创作的内容数量。采集的原则主要包括：①UGC 形式的多元化，即根据研究目标，尽可能收集不同类型的 UGC，如文学创作、图片、视频等。同时，基于国内外 UGC 程度对比的考虑，根据主要用户群体进行选择。当然，UGC 粒度以及用户创作的难度也是筛选过程中考虑的重要因素。②数据的可获得性，虽然目前诸多社会化平台均具有开放式应用程序接口（API，Mashups），但是使用这些 API 具有一定的局限性。例如单次请求的返回数据量有一定的限制、重复访问时需要设置间隔时间、API 可获得的元数据类型受限以及 API 接口不稳定等。因此，我们认为开放式应用程序接口并不能满足研究需要，自行编制开发爬虫程序能在数据量、数据组织等方面给予一定的保障和控制，自定义性也更强，可以提高后期数据分析处理的效率。最终将 Flickr、Delicious、优酷、YouTube、Amazon、FanFiction、CiteULike、Yahoo! 知识堂 8 个 UGC 平台作为实证对象。

研究使用 JAVA 语言自行编制数据采集系统"unified UGC crawler system"，该系统具有如下两个特点：①普适性数据采集接口，针对不同采集目标中数据表现形式的差异性，可以在该接口下扩展多种采集规则和数据过滤规则。②组件化设计，不同系统的数据采集相互独立、互不干扰、便于控制、扩展性较好，可随时加入新的采集目标或采集策略。针对上述 8 个 UGC 实证平台，数据采集的具体规则如表 3-1 所示。

表 3-1 IPP 视角下 UGC 数据采集类型与具体规则

实证系统	UGC 类型	目标元数据	采集策略
Flickr http://www.flickr.com/	图片分享	用户 ID 及上传图片数	系统不直接提供用户列表，只能通过系统中标签、照片和用户三者的关联性设计采集规则。本节对 Flickr 中热门标签进行抓取，考察每个标签关联的照片列表，得到照片分享用户群，然后再逐一考察每个用户的详细照片分享列表并获得分享数目
Delicious http://delicious.com/	网站分享	用户 ID 及用户收藏网站量	系统不直接提供用户列表，只能通过标签、网站资源和用户三者的关联性设计采集规则。由于 Delicious 中"最新标注列表"更新速度极快，约每 60 秒更新 50 条，本节对该列表实行定期采集策略，获得该时间段内有标注行为的所有用户，逐个考察用户标注历史获得每个用户的标注数

续表

实证系统	UGC 类型	目标元数据	采集策略
Youku http://www.youku.com/	视频分享	用户 ID 及原创型用户上传视频量	Youku 不直接提供用户列表,且 Youku 中的资源分原创视频和二次视频两种,本节只研究原创视频,对优酷网站内"原创"板块内所有视频资源进行采集,获得对应视频资源贡献用户群,逐个考察用户资源从而获得每个用户的视频资源贡献数
YouTube http://www.youtube.com/	视频分享	用户 ID 及用户上传视频量	YouTube 不直接提供用户列表,本节抓取时首先设定起始搜集用户,获取该用户"空间"内所有相关用户,如好友、订阅者、最近来访者等,使用深度优先算法沿用户关系链进行采集
Amazon Reviews http://www.amazon.com/	购物评价	用户 ID 及用户购物评价量(非评级)	Amazon Reviews 提供活跃用户列表,本节直接对该列表进行采集,进而通过考察用户资料获得每个用户的购物评价数目(非评级)
Fan Fiction http://www.fanfiction.net/	文学创作	用户 ID 及用户原创作品数	FanFiction 按 9 个文学作品分类直接提供所有用户列表,列表中同时包含每个用户的原创作品数。本节直接使用该列表的数据
CiteUlike http://www.citeulike.org/	论文分享	用户 ID 及用户收藏论文数	CiteUlike 中不直接提供用户列表,本节首先对系统中热门标签进行抓取,考察每个标签关联的论文列表,得到对应的用户群,然后再逐一考察每个用户的论文详细收藏历史,从而得到用户收藏论文数目
Yahoo! 知识堂 http://ks.cn.yahoo.com/	用户提问与回答	用户 ID 及用户提问与回答数量	雅虎知识堂只提供贡献数排名前 1000 的用户列表,不能满足研究需要。本节对雅虎知识堂 13 个主题分类下的"已解决问题"按时间倒序收集,进而得到该问题集中提问或回答的所有用户,通过逐个考察用户的个人资料,得到每个用户的提问数与回答数

3.2.4 数据分析与讨论

本部分研究主要针对 8 个不同 UGC 平台采集到的数据,借助 SPSS 13.0 和 MATALAB 2009a 数据分析软件,从数据的直观表征和数理形式两个角度揭示 UGC 生成模式、规律特征与机理。

1. 描述性统计

描述性统计的意义主要是为了从直观上说明 UGC 的分布形式及其离散分布与集中趋势程度。我们选择四分位数、平均数、最小值、最大值以及标准差来直观表现这一特征。具体如表 3-2 所示。

表 3-2 基于 IPP 视角的 UGC 采集数据描述性统计结果

UGC 平台	源元素（用户数）	项元素（内容数）	下四分位数	中位数	上四分位数	UGC 最小值	UGC 最大值	UGC 平均数	标准差
Flickr	7133	11 109 497	154	482	1551	5	264 099	1557.48	4993.742
Delicious	33 725	35 913 367	218	560	1256	1	39 033	1064.89	1617.793
优酷	2736	84 656	4	12	27	1	685	30.94	72.743
YouTube	17 017	2 673 257	5	19	91	1	26 125	157.09	568.085
Amazon	9988	1 753 374	49	89	177	2	20 603	175.55	363.088
Fan Fiction	31 295	300 651	3	6	11	1	848	9.61	15.437
CiteUlike	5385	816 935	5	30	124	1	35 810	151.71	719.699
Yahoo! 知识堂	24 720(问) 29 839(答)	1354 558(问) 5 380 690(答)	1(问) 3(答)	4(问) 11(答)	12(问) 50(答)	1(问) 1(答)	33 828(问) 98 101(答)	54.80(问) 180.32(答)	564.062(问) 1209.151(答)

根据 IPP 的视角，我们首先收集了 UGC 中源元素（用户数）和项元素（内容数）。从表 3-2 可知，不同的 UGC 平台存在较大的差异。如国内知名视频分享网站优酷（Youku）的原创频道中的用户数仅为 2736，视频数仅有 84 656 个，但 YouTube 用户数则有 17 017，用户创作内容数更是高达 2 673 257 之多。造成这种差异的原因可能是多样的，如网站的知名度、影响力、用户群体的分布、网站的历史，甚至是文化、主观规范等不易捕捉的隐性因素。但是从研究本身来说，这种差异正是我们所需要的。因为在讨论 UGC 规律和模式的过程中，很有必要从形式和粒度的多元化中抽象出其内在的特征和机理。UGC 的最小值和最大值是为了直观说明用户创作内容中的极端情况。本节中 UGC 的最小值基本都为 1，Amazon Review 和 Flickr 稍微多一些，而最大值的差异则十分明显，间接凸显了不同类型的 UGC 平台用户创作和贡献程度的不同。值得注意的是，在数据采集的过程中发现，Delicious 和 YouTube 都存在零贡献用户，即网络上俗称的"潜水者"（lurker），这类用户注册了 ID 却从未发布过任何内容。Delicious 中潜水者仅有 74 人，对于总体样本数据分析几乎没有什么影响。然而，YouTube 中潜水者竟高达 13 469 人（ID 统计数：30 486，有发布记录 ID：17 017），因此基于 IPP 严格单调递增可微性，我们将 UGC 的最小值设为 1。四分位数和平均数主要用以直观揭示 UGC 的生成模式是否存在正态分布特征。在表 3-2 中可见 UGC 的平均数几乎都远远高于其中位数，甚至有些平均数比其上四分位数都高得多，这从一定程度上验证了 UGC 的生成规律具有强烈的离散分布与集中趋势特征，即少数用户创造了大量的内容，而大量用户的创作只占总数的一小部分。标准差越大也说明这种平均贡献率的可靠性越低。本节中的偏度（skewness）均为正数，数值在 15 至 35 之间，说明数据分布图具有右长尾表现形式。另外，在 Yahoo! 知识堂的数据采集中，鉴于用户的提问和回答都属于 UGC，我们同时进行了统计并绘制出分布图，如图 3-1 所示。发现两者只存在数量上的差异而在分布形式上具有很高的相似性，因此在后文的研究中我们主要针对 Yahoo! 知识堂中的回答进行分析。

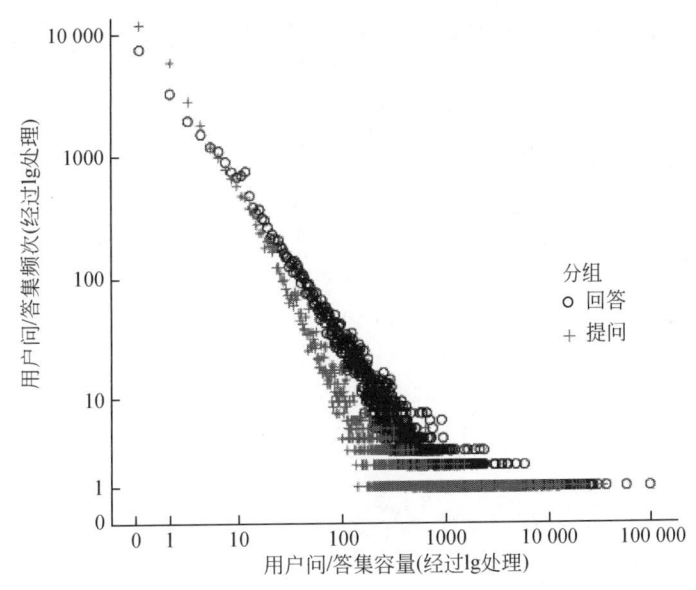

图 3-1　Yahoo! 知识堂提问与回答的数据集分布

2. 累积贡献率

将 UGC 中的用户贡献内容数按照大小–频次进行排序，贡献数最多的用户排在第一位，对应的是其贡献量占总量的百分比，按倒序依次排列并计算累积的用户贡献率和用户人数的累积百分比。这样做的目的是为观测不同用户贡献程度的差异，从而进行用户细分，从直观上划分出用户群体的层次分类，为设计 UGC 激励机制提供参考依据。鉴于此，我们选出 0.1%、1%、10%、20%、50% 和 80% 几个用户累积群体进行累积贡献率的统计分析。其中，0.1% 代表最为高产的用户群体，在传统的文献计量学中，由于样本量未必足够大，因此这一取值可能并不显著。然而在用户生成的海量信息资源中，该值揭示的用户累积贡献率有可能较为可观。1% 和 10% 代表了顶端用户和核心用户，20% 代表了活跃用户，与之相对应的是著名的 80/20 法则，即经济学和社会学中的帕累托最优理论。50% 和 80% 主要为了验证半数用户和大多数用户的累积贡献情况。具体如表 3-3 所示。

表 3-3　UGC 用户累积贡献率

UGC（平台）	0.1%	1%	10%	20%	40%	80%
Flickr	6.99%	20.18%	56.50%	73.55%	88.37%	99.30%
Delicious	2.02%	10.78%	44.01%	61.32%	75.82%	98.57%
优酷	1.80%	12.31%	49.98%	58.02%	72.34%	96.15%
YouTube	9.10%	24.35%	69.51%	84.89%	89.56%	100%
Amazon	3.66%	14.10%	46.86%	63.60%	73.95%	96.82%
Fan Fiction	2.82%	10.45%	40.01%	57.60%	69.89%	95.89%
CiteUlike	11.26%	26.38%	65.60%	81.92%	92.28%	100%
Yahoo! 知识堂	14.66%	47.40%	86.51%	93.78%	94.45%	100%

从表3-3中可以发现，不同类型的UGC平台的用户累积贡献率还是存在较为显著的差异，但是某些平台的统计结果也显示了一定的相似性。通过简单的聚类可以将这八个UGC平台分为如下四类：①Yahoo!知识堂，其中前0.1%的用户贡献了14.66%的内容，前20%的用户贡献了93.78%的内容，远远超过了80/20法则，而前50%的用户的贡献已高达98.88%，这说明剩余50%的用户的贡献几乎可以忽略不计。②CiteUlike和YouTube，这两个UGC平台同样也显现出"一边倒"的现象，前0.1%的用户贡献了11.26%和9.10%的内容，前20%的用户贡献了81.92%和84.89%的内容，这与80/20法则非常接近。同样，前50%的用户的贡献率也接近100%，然而与Yahoo!知识堂相比，CiteUlike和YouTube在前0.1%~1%这一区间中的用户贡献率明显要低得多，这说明Yahoo!知识堂的高产用户的创作共享能力要远远大于CiteUlike和YouTube。③Flickr，前1%的用户贡献了20%出头的内容，前20%的用户的贡献率略低于80%，而前40%的用户也贡献了接近90%的内容。④优酷、Amazon、Fan Fiction和Delicious，这四个UGC平台在各个阶段的用户累积贡献率都非常相似。其中，前20%的用户的累积贡献率都只有60%左右，和80/20法则尚有一定差距，然而前80%的用户累积贡献都超过了95%，这意味着后20%的用户贡献非常小。

3. UGC群体分类

通过对表3-3中不同UGC类型的用户群体的在线累积贡献率的观察发现，虽然不同平台用户累积贡献率有一定差别，但从整体上看也具有一定的共性。前10%的用户群体至少贡献了40%以上的内容。甚至在部分UGC平台中，前0.1%和前1%的用户群体都有卓越的贡献度，但为了研究的普适性和推广性，我们将前10%的用户群体定义为核心贡献者。前40%的用户群体至少贡献了70%的内容，我们剔除其中前10%的用户的贡献值，发现这一区间内，即30%的用户贡献了至少20%的内容，充分说明10%~40%的用户群体也是在线UGC的积极参与者，本书将其定义为活跃参与者。40%~80%的用户贡献情况波动很大，从5%到25%不等，说明这一用户群体的贡献具有较强的随机性，且用户贡献的数量也一般，我们将这个群体定义为普通参与者。本研究中前80%的用户至少都贡献了95%以上的内容，说明后20%的用户群体贡献度微乎其微，我们将其定义为潜水者。值得注意的是，由于我们数据采集算法的局限性，我们仅对有注册ID的用户和其贡献的内容进行了抓取，且由于目前大多数UGC平台或社会化媒体都无须注册即可浏览或部分使用，因此，实际的潜水者数量要远远大于20%用户群体的概念，但为了后文研究的方便，我们暂定这20%的用户群体作为显性潜水者[①]。

基于此，我们尝试基于用户贡献率将社会化媒体中UGC用户群体分为四大类：潜水者（lurker）、普通参与者（peripheral participant）、活跃参与者（active participant）以及核

---

① 显性潜水者指那些有注册记录、浏览记录以及少量微内容创作（如标注、评价、评级等）的用户。他们/她们的ID基数庞大，扩充了UGC中用户的分母指标。相对于显性潜水者而言，隐性潜水者的数量更难以捕捉。他们/她们并没有在User Profile中留下过多的信息，阅读和使用UGC也都是匿名的，因此唯一能够推断其存在的指标也就是访问量和点击率。然而在实际研究中，隐性潜水者很难和非用户从计量的角度区分开来，因此本节的数据分析暂时无法对其进行研究讨论

心贡献者（core contributor），具体如图 3-2 所示。

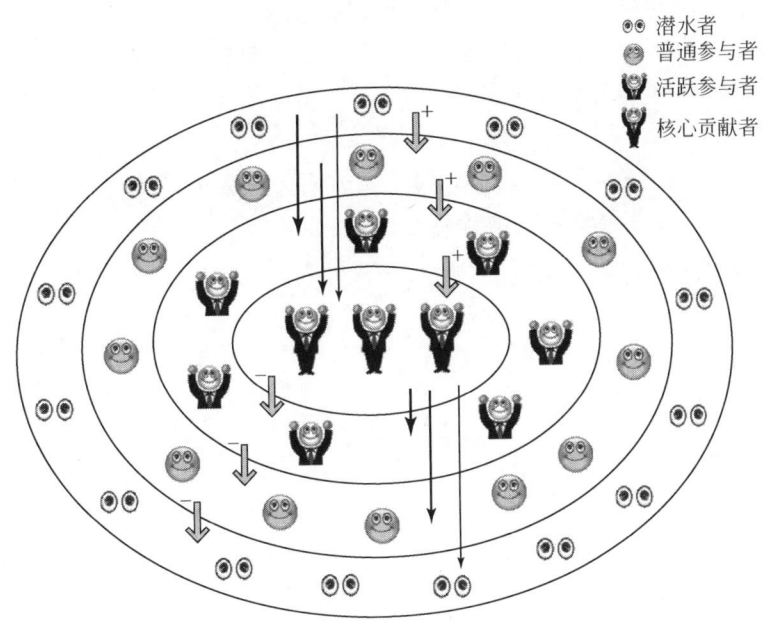

图 3-2　基于用户贡献度的 UGC 群体用户分类框架

由于这个分类框架是通过对不同类型和粒度的 UGC 平台上的数据采集分析而提炼所得，因此具有一定的可行性。另外，本框架加入了时间维度作为参考依据，即随着时间的推移，用户可能在潜水者、普通参与者、活跃参与者以及核心贡献者四个群体正向或反向演变，在图中用"+"号表示用户的参与度递增的趋势，用"-"号表示用户的参与积极性递减，甚至退出 UGC 阵营的反向趋势。这种趋势演变可能是渐进式的，即用户在四个层次中逐级转变，也可能是跳跃式的，如用户由于某种原因突然从普通参与者跃身为核心贡献者，或者核心贡献者突然减少其 UGC 行为，变成普通的潜水者。在这一过程中，基于不同用户群体的动因研究和激励机制设计便凸显其重要性。当然，这个框架的设计还很宽泛，如果深入到 UGC 行为模式和用户具体角色，相关的模型框架会复杂得多。

4. 分布函数拟合分析

由最大信息熵原理可知，用不同的分布函数去描述 UGC 生成规律会获得不同的信息熵，在相应的约束条件下，信息熵最大的分布函数与实际分布最接近，即此时的拟合曲线也和实际情况最为吻合。本节借鉴了 Clauset 等（1998）关于实证数据中幂率分布的研究成果，选取该文中列出的几种较为常用的分布函数：对数正态型、韦伯型、Lotka 型、指数型、Lotka 指数削减型，针对 8 个 UGC 网站的内容分布情况，为数据集选择最为合适的分布函数，并进行拟合分析。

按照 Clauset 等学者的观点，我们将通过三个步骤来分析分布函数的拟合情况。首先，用极大似然估计法针对每一个 UGC 网站各种可能的分布函数形式，计算其理论上的参数及置信区间。然后，通过似然比检验选出和原始数据集最为匹配的分布函数，通常我们采

用备选方案的 P 值比较进行选择。最后我们采用 K-S 检验计算最优匹配度。K-S 检验是一种拟合优度检验，研究样本观察值的分布和设定的理论分布间是否吻合，通过对两个分布差异的分析确定是否有理由认为样本的观察结果来自所设定的理论分布总体。设 $S_n(x)$ 是一个 n 次观察的随机样本观察值的累积概率分布函数，即经验分布函数；$F_0(x)$ 是一个特定的累积概率分布函数，即理论分布函数，定义 $D = |S_n(x) - F_0(x)|$，若对每一个 x 值来说，$S_n(x)$ 与 $F_0(x)$ 十分接近，则差异很小，表明经验分布函数与特定分布函数的拟合程度很高，K-S 检验主要考察的是绝对差数 $D_{max} = \max|S_n(x) - F_0(x)|$ 的值和临界值之间的比较。具体拟合度检验情况如表 3-4 所示。根据表 3-4 的拟合结果显示，8 个 UGC 平台的实证数据集有 7 个通过了 K-S 拟合检验，最优分布函数主要有四种类型：指数型、韦伯型、Lotka 指数削减型以及 Lotka 型。

表 3-4　UGC 分布函数拟合检验

UGC 平台	备选分布函数（极大似然估计后）	最优分布函数（似然比检验后）	K-S 检验结果 D 值	拟合结果
Flickr	韦伯型、Lotka 型、对数正态型	韦伯型	0.031	通过
Delicious	韦伯型、Lotka 型、Lotka 指数削减	韦伯型	0.0053	通过
Youku	Lotka 型、Lotka 指数削减型、对数正态型	Lotka 指数削减型	0.036	通过
YouTube	Lotka 指数削减型、Lotka 型、对数正态型	Lotka 指数削减型	0.0045	通过
Amazon	Lotka 型、Lotka 指数削减型	Lotka 型	0.22	不通过
Fan Fiction	Lotka 型、Lotka 指数削减型、对数正态型	Lotka 型	0.079	通过
CiteUlike	Lotka 指数削减型、Lotka 型、对数正态型	Lotka 指数削减型	0.0058	通过
Yahoo! 知识堂	指数型、Lotka 型、Lotka 指数削减型	指数型	0.012	通过

数据分析结果显示，离散分布与集中趋势特征在 UGC 中得到了很好的体现，这也从一个角度验证了网络信息资源的创作和组织中，马太效应发挥着很大的作用。UGC 随时间推移的演化过程中有两个相互影响、不可分割的趋势，即 UGC 总量的不断增长和用户群体的不断扩张。然而内容生产创作的规律并不符合所谓的"正态分布"，因此在 UGC 中平均贡献率这个指标完全不能反映用户实际的参与和贡献能力。无论是从平均数和中位数的比较，累积贡献率的统计还是分布拟合曲线的描述，都彰显了 UGC"少数集中，其余离散"的特征。帕累托最优理论在 UGC 中得到了体现，但实际情况要复杂得多。通过分布拟合发现，传统的经验型定律并不能适用于所有的 UGC 类型，因此 80/20 法则仅是对事物特征的一个概括性描述，在实际研究中还需要进行深入的定量分析。在最大信息熵原理的指导下，本研究为不同的 UGC 类型匹配了相对最优的分布拟合函数，结果显示 UGC 的分布形态并不单一，具有复杂系统的部分特征，其内在机理呈现出一定的自组织和自适应性。

3.3 UGC的用户动因研究

3.3.1 理论基础

动因研究尝试解决两类问题：什么导致了行为且行为的强度为何有所差异？本节针对UGC中用户参与、协作、交互和贡献等行为归纳出一些可被用于UGC动因探讨的相关理论，其中包括动因理论本身，也同时涉及一些认知科学理论、社会心理学理论和信息系统理论。

1. 动因理论

传统的动因理论（motivation theory）多用于解释个体行为的动机和意图，并致力于揭示动因形成和作用的复杂过程。然而，很多动因理论都将动因简单地作为一个一元或者二元的构念看待，而没有根据动因的程度和种类进行深入分析（Meyer et al., 2004）。这种局限性往往在一些复杂动因的挖掘过程中暴露出来。Porter和Lawler（1968）首次提出内在动因和外在动因模型。内在动因主要指通过完成某个行为而满足个体的即时需求（immediate personal need），因此这种行为自身具有一定内在价值和持久性能力。比如，内在动因可能是在完成一项工作中获得的参与感、体验感、满足感和兴趣等因素。外在动因主要指行为自身以外，或行为和一些可分离的结果之间的手段，如在完成某项工作中获得的外部奖励以及他人的认可等因素，这些因素并非直接从行为中得到而是间接来源于其他途径。Leonard等（1999）结合自我概念的形成过程将动因分为五类：① 内在动因过程，因为内在的兴趣和乐趣而去做某事，能减少交易成本，以最小成本增加社会资本。② 实用性动因，当人们认为他们的行动会产生一定的其所关心的结果时，他们被外部动机所驱动，即人们参与某项活动是为了寻找外部的回报。③ 基于自我概念的外部动因，受到基于自我概念的外部动机驱动的人试图以参考群体满意的行为方式满足他人的期望，从而获得接受和地位。④ 基于自我概念的内部动因，受到基于自我概念的内部动机驱动的人追求提高自身的能力，对这些人来说，提高其自我感知身份的特性、能力和价值促使其完成某项任务。⑤ 目标内在化，受到目标内在化驱动的个人的行为与其价值系统保持一致，他们会从集体的角度出发做出某些行动，而不仅仅是个人利益。Deci和Ryan（2000）认为外在动因的程度会因外部规范（externally regulated）和内化程度（internalized）的不同而有所差异，因此他们将外在动因进而分为四类：外部表象动因、投射动因、鉴定动因和融合动因。外部表象动因更倾向于经济上和物质上的刺激，如从事一项任务所获得的报酬等，这类动因几乎没有内化程度且缺乏相关的外部规范和约束。投射动因具有一定的外部规范但内化程度还不够，即还未得到行为体的充分认可。鉴定动因具有较强的外部规范性和行为目标内化性，如社会认同感，即行为体会遵循某些主观规范和映像去约束并实践其行为。融合动因具有最强的外部规范性和目标内化性，行为体往往将其实际行动与所在环境的主观规范进行融合，从而具有自我约束和自我实现的效力，如归属感（sense of belonging）。同时，心理学角度的动因理论也与人格理论有较为紧密的联系。Ke和Zhang（2008）在其开源软件参与动因的研究中将自主性、能力和利他性作为主要调节变量引入模型的构建和分析中。吴克文等（2011）在信息系统持续使用的研究中引入"Big Five 人格模型"，这些研究都从类型和程度的视角丰富了动因理论自身的发展。在探索 UGC 的动因过程中，动因理论通常能在宏观上提出框架性指导，如将 UGC 动因分为外在和内在两大类，或者构建相关的概念模型，或者将某一类的动因进一步细化。

2. 沉浸理论

沉浸理论（flow theory）由美国芝加哥大学心理学博士 Csikszentmihalyi 于 1975 年首次提出，解释人们在进行某些活动时为何会完全投入其中，注意力高度集中并自动过滤掉所有无关的知觉，进入一种沉浸的状态。早期的沉浸理论包括挑战和技巧两大构念，若挑战太高，使用者对环境会缺少控制能力而产生焦虑或挫折感；反之，如果挑战太低，使用者会觉得无聊而失去兴趣，沉浸状态主要发生在两者平衡的情况下。Csikszentimhalyi 从挑战与技巧出发，提出了沉浸的"三渠道模式"，如图 3-3 所示。Massimini 和 Carli（1988）针对挑战与技巧所进行的研究发现，当挑战与技巧这两个程度都很低时，并不会产生沉浸体验，只有当挑战与技巧都达到一定程度时，用户的沉浸体验才会出现。因此提出了四渠道的沉浸体验概念模型，如图 3-4 所示。Novak 等（2000）通过进行有关因特网环境沉浸状态的实证研究，对其作了补充和修改，将网络环境下沉浸状态的构念扩充到了十个方面，包括：鼓舞、挑战、控制、聚焦、互动、涉入、趣味性、技能、身临其境感以及时间扭曲。

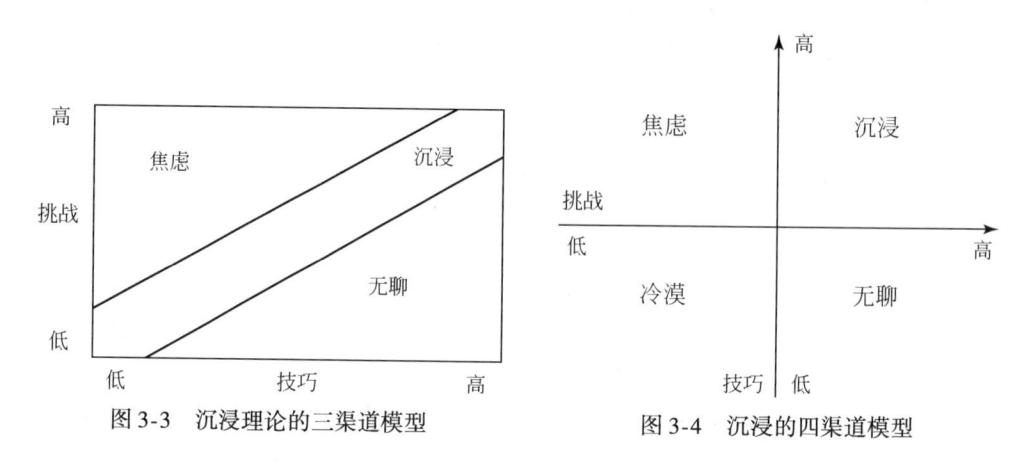

图 3-3 沉浸理论的三渠道模型

图 3-4 沉浸的四渠道模型

笔者认为，社会化媒体一方面可以看做一些实体的 IT 构件，如 Facebook、YouTube、Twitter、Google+ 等实体网站、平台或系统，另一方面可以看做一个互动的虚拟环境或在线社区，使用者如果沉浸在这个虚拟环境中，很容易忽略周围的人或事物，并且忘记时间，产生沉浸舒适的感觉，因此沉浸理论可以用于解释用户接受、采纳、参与等行为，对研究社会化媒体中 UGC 动因有一定的帮助。

3. 社会交换理论

社会交换理论（social exchange theory）源于经济学、社会学和心理学的交叉领域，最初由 Hormans（1958）提出，旨在强调经济活动中人类的社会行为。该理论认为，人与人之间除了发生经济交换关系，还有社会交换关系（Blau，1964）。在社会交换活动中，人们预期的利益包括六种类型的社会报酬：个人吸引力、社会赞同、尊敬和声望、社会承认、工具性服务以及服从和权利。UGC 中的内容贡献以及知识共享属于人际间的一种互动过程，本质上可以理解为一种资源的交易，这种交易的方式和报酬形式较为多样化。现代的社会交换理论从其发展看大致可分为：交换行为主义、交换结构主义和交换网络理论（Kankanhalli et al., 2005）。其中，交换行为主义强调引导行为的增强模式以及报酬的代价的过程，知识共享的过程其实就是交换报酬的过程，这些报酬除了经济上的，还可能是互利主义、声誉与利他主义；交换结构主义强调信任这一概念，信任是社会交换过程的一个关键成功因素，若双方在交换过程中得到互惠，彼此之间便会建立起信任，这种良好的关系会促进更多的知识共享和内容贡献；交换网络理论认为交换关系中的中心概念是依赖、权力以及社交关系。权力来自于一方掌握对方所需要的资源，交换关系中双方会以彼此间的相互依赖来决定他们的相对权力，而经过某一阶段的平衡操作过程，交换活动显示出的权力差异将随时间而趋于平衡。

社会交换理论有较强的资源依赖性特点，这与 UGC 的资源观视角有着天然的映射。该理论可以作为一个概念框架解释各种资源流动过程中的不对称性和平衡性。用户创作、上传、共享等行为可以理解为内容资源在虚拟环境或者社会化媒体中交换传播的过程，因此社会交换理论的一些构念，如信任、利他性、互惠性以及声誉等对于 UGC 动因研究有所裨益。

4. 社会资本理论

社会资本理论（social capital theory）源于社会学和政治学。Nahapiet 和 Ghoshal（1998）通过对社会网的研究提出社会资源的概念，并在此基础上构建了社会资本理论。社会资本提供了信息和知识共享的可能性。其中三个因素非常重要：主观规范、信任和社会身份认同。Putnam（1995）将社会资本定义为一种类似于道德的经济资源，是社会组织的特征，如信任、规范和网络，它们能够推动协调的团队行动来提高社会的效率。Hazleton 和 Kennan（2000）将社会资本分为三个维度：结构、关系和交流。其中结构维度包括三个因素：渠道、获得点和时机。关系维度也由三个部分组成：义务、信任以及人与人之间的联系程度。交流维度包含了大量的人类通信行为，这个维度所包含的因素会影响社会资本的获得、保持和扩大。Nahapiet 和 Ghoshal（1998）将社会资本分为结构、关系和认知三个维度，前两个维度与 Hazleton 和 Kennan（2000）的分类一致，认知维度是指那些能够在集体中产生可能的共有的解释和意思，如共同语言、共同愿景等。Nahapiet 和 Ghoshal（1998）认为社会资本能够促进智力资本的创造和共享。这对于研究 UGC 中知识创造、交流与共享有一定的指导意义。

5. 社会认知理论

社会认知理论（social cognitive theory）源于心理学和认知科学，最早由 Bandura 提出，该理论认为，人们的认知活动和他们的行为之间存在着因果关系，这些内在的思维活动和外部环境因素一起，决定着人们的行为（Bandura，2001）。人的行为受到社会网络（如社会系统环境）和个人认知（如期望、信念等）的影响。研究提出了两种主要的行为认知动因：结果期望（outcome expectancy）和自我效能（self-efficacy）（Bandura，1977）。结果期望是指个人对自己可能完成这项任务的可能结果的判断，自我效能是指个人对其组织和实施达成特定目标所需行动过程的能力的信念。前者显示人们喜欢从事那些能使其绩效增加或取得良好结果的行为，后者决定了人们选择哪种行为，投入多少精力去克服困难，以及对行为的控制能力有多大。Bandura认为人的行动是主体、行为、环境三种因素交叉互动的结果，三者之间构成动态的交互决定关系，即三元交叉决定论（triadic reciprocal determinism）。其中主体与行为的交互包括主体想法和行动的影响；主体与环境的交互包括在特定环境中主体的信仰和认知能力在社会影响和社会结构的作用下的发展和改变；行为与环境的交互包括两者的互相制约和促进，即主体的行为可以在一定程度上改变环境变量，同时环境也会对主体行为进行规范和调节。Bandura还强调了自我系统的概念，该系统可以用来解释在不同的环境中人的行为的稳定性。社会认知理论是被广泛接受和实证检验的对于个人行为或群体行为研究的理论，它对于理解和预测认知和行为模式的互动有较大的帮助。

6. 技术接受理论

技术接受模型（technology acceptance model，TAM）理论是在借鉴理性行为理论（TRA）和计划行为理论（TPB）的基础上发展而来的（Fishbein & Ajzen，1975；Ajzen，1991）。由美国阿肯色州立大学Fred D. Davis教授于1986年提出，主要用以分析解释个体对信息技术的接受行为（Davis，1989）。该模型从个体对技术的感知有用性和感知易用性两个方面分析影响用户接受信息技术的过程。TAM认为，感知有用性和感知易用性会影响使用者对于信息技术的态度，进而影响使用行为意图，而行为意图则进一步影响使用行为。TAM理论认为，要想让个体使用一项新的IT技术，应当尽量让使用者感觉到该技术能够带来好处，并且这项好处的获得并不需要花费很多的时间和精力。2000年Venkatesh和Davis对TAM进行了扩展，提出了TAM 2模型（Venkatesh & Davis，2000）。在TAM模型基础上，加入了强制性和经验两个调节变量，并对外部变量进行了细化，认为社会影响（social influence）和实质认知（cognitive instrumental）是两个影响使用者感知的主要变量。前者包括主观规范、自愿和公众形象等三个构念；后者则包括工作相关、输出质量、结果展示性和感知易用性等四个构念。2003年Venkatesh等学者提出了技术接受和使用整合理论（the unified theory of acceptance and use of technology）（Venkatesh et al.，2003），该理论整合了八个相关理论或模型，并从中提取了四个主成分因子，包括绩效期望（performance expectancy）、努力期望（effort expectancy）、社会影响（social influence）和便利条件（facilitating conditions）。同时，UTAUT的理论架构里还有四个影响显著的控制变量：性别、年龄、使用经验以及自愿性。

虽然上述理论基础对于UGC的动因研究都有一定的参考意义，但是这些理论也存在一定的层次差异。如动因理论可作为宏观分析框架，对UGC参与动因进行内在和外在的总体分类，并在某一类中深入细化各项子动因；社会交换理论和沉浸理论可以直接用于激励机制的设计；社会资本理论和社会认知理论则需要进行适当的解构，如将社会资本理论分解为主观规范、信任和社会身份认同三个主要因子，将社会认知理论中的认知负荷理论和认知偏差理论作为潜变量设计的依据；而技术接受理论则主要从技术采纳与扩散的角度出发，类似于赫兹伯格双因素理论中的保健因素，对于 UGC 动因研究和激励设计起到了辅助和保障的作用。

3.3.2 UGC 动因分类与整合模型

通过对动因研究相关理论基础的综述，本节试图将社会化媒体中影响 UGC 的因素分成三个维度和一个调节集：社会驱动维度、技术驱动维度、个体驱动维度以及人口统计学因素。这种分类兼顾了动因理论中关于内在动因和外在动因的讨论，同时又融合了心理学、认知科学、社会心理学以及信息系统科学的视角。

1. 社会驱动维度

社会驱动维度主要从社会学和社会心理学角度考察影响用户生成内容的原因，包括社会资本理论、社会认知理论和社会交换理论等。相关子因素如下。

（1）主观规范，指社会系统中一定程度的舆论、规范对行为的调节作用，从而使得该行为与群体或社会的要求或期望相一致。

（2）信任，指认为他人的行为倾向会与我们一致的一种信念。信任信念受到被信任方的能力、正直和善意的影响，并受到信任者的个体信任倾向作用的调节。研究中我们常强调一般性信任的概念，这是一种非个人的信任形式，它不是对某个特定的人的信任，而是对作为一个整体的社会单元的一般性行为的信任。

（3）认同感，指个人的利益与组织的利益合并，从而产生基于该共同利益的统一认同。主要包括三个子因素：价值观相似性、归属感以及组织忠诚度。

（4）共同的语言，既包括正式语言体系，同时也包括各种缩写、隐喻、网络语言以及作为日常交流主体的潜在前提。

（5）共同愿景，指包含了一个特定组织中成员的集体目标和愿望的共同意愿体。

（6）互动性，指信息和资源流动的在线渠道，互动的强度被描述为时间量、情感强度以及亲密性的混合，而互动的特征是互利互惠的服务。

（7）线下活动，指用户由网络上延伸到网络外的交互活动。

（8）感知的响应，指用户感知来自他人的互动程度，更多偏重用户的心理角度。

（9）以往的经验或体验，来自于以往个人行为所产生的结果，包括积极的和消极的。

2. 技术驱动维度

技术驱动维度主要从技术接受、技术任务匹配、可用性工程等角度出发，考察影响用户生成内容的主要原因。在传统的信息系统成功模型的研究中，技术因素被赋予了很高的权重。然而，如今很多社会化媒体平台或网站都处于"永远的测试版"状态，这就意味着可以通过 web service，SOA，AJAX 等手段进行不断地升级和改进，因此从技术角度上说，许多 UGC 平台或网站在设计上都趋于同质化。下面列出一些最基本也是最关键的技术驱动子因素。

（1）感知的易用性，指个体认为使用该技术的容易程度。
（2）感知的有用性，指一个人感知到使用某技术的有用程度。
（3）技术任务适配性，指技术对工作任务的支持能力，反映了技术与任务需求之间的逻辑关系。
（4）技术可靠性，包括连接速度、交易速度、响应时间、普适性、定位性以及屏幕限制等因素。
（5）隐私和安全，指用户在使用过程中感知到的隐私和安全保障因素。

3. 个体驱动维度

个体驱动维度主要从心理学和认知科学角度考察影响用户生成内容的原因，这一部分直接影响用户对 UGC 的态度、行为意图和实际行为。相关子因素如下。

（1）好奇心和兴趣，就内容贡献共享而言，用户会根据各自的好奇心和兴趣做出不同的选择。通常人们愿意参与一些自身有浓厚兴趣，或者正试图了解的主题和活动。
（2）感知的乐趣，指用户在从事某一行动时所获得的满足感和体验感。
（3）利他主义，指通过帮助他人从中获得快乐，且不期望任何回报，是一种纯粹的精神上的享受。
（4）外部奖励，指来自用户个体以外的、对其生成内容的行为的奖励，除了一般的物质和经济上的奖励，还包括一些网络环境下特有的奖励，如虚拟货币、积分、等级提升等形式。
（5）预期互惠性，指用户认为现在所付出的努力会在将来得到一定程度的回报，且这种回报是可以预见的。
（6）编辑的投入，指在进行内容创作与共享时需要投入的时间和精力，与之对应的是机会成本的概念。
（7）自我形象，指通过内容生成行为而感知到的个人形象或名誉的提升。
（8）认可，指来自于他人的认可，包括对身份的认可，专业能力的认可以及一些荣誉的提供。
（9）自我效能，指用户对自己完成某项特定任务的能力的自信程度。自我效能的程度会影响人们选择他们能够完成的行为，同时也会对该行为的持久性产生影响。
（10）归属感，指用户对自己属于某个集体或组织的感知，有时也被认为是与其他成员的相似性和相互依赖感的认知。
（11）责任感和义务，指对组织的目标和价值观强烈信任和接受，愿意尽力为组织付出努力，同时也是对权利的一种回报。

4. 人口统计学因素

除了上述三个维度驱动，我们还需要研究人口统计学特征对于各变量的调节作用。人口统计学特征涉及性别、年龄、人种、地域、教育背景、工作经历、上网时间等个人统计因素，在许多研究中我们都会将其作为调节变量，部分引入到模型中进行考察。这类研究结论的差异性较大，有些显示调节变量具有一定的调节作用，而在另外一些研究中该调节作用并不显著。当然也有一些研究专门针对人口统计学特征展开讨论，如 Milliken 等（2008）以 YouTube 为实证对象，从地域的角度探讨用户生成在线视频对于社会公共话题的关注度。Molyneaux 等（2008）也以 YouTube 为实证对象，从性别的角度探讨男性和女性在创作和接受在线视频作品中的差异。这类研究的结论往往更为细致和具体，但我们还是主张在探讨 UGC 中影响用户生成内容的主要因素时，将其作为调节性变量引入到具体模型。

5. UGC 动因整合模型

以往关于知识共享和用户贡献行为的研究更多偏重于个体驱动因素的讨论。我们认为个体驱动因素只是影响其行为模式的一个驱动维度，因此有必要从更为客观全面的角度开展研究。通过前面几节的论述，我们可以将 UGC 中影响用户生成内容的因素分成三个维度和一个调节集：社会驱动维度、技术驱动维度、个体驱动维度以及人口统计学特征。其中三个维度从社会学、心理学、行为学、技术管理等角度考察影响 UGC 的主要原因；而涉及性别、年龄、地域等人口统计学因素则可作为调节变量部分引入具体模型中。整合模型构建如图 3-5。图中个体驱动因素既作为影响用户生成行为的直接变量，同时也作为技术驱动因素和社会驱动因素的中介变量。这表明技术驱动因素和社会驱动因素也会通过影响个体驱动因素从而间接影响最终的行为动机。

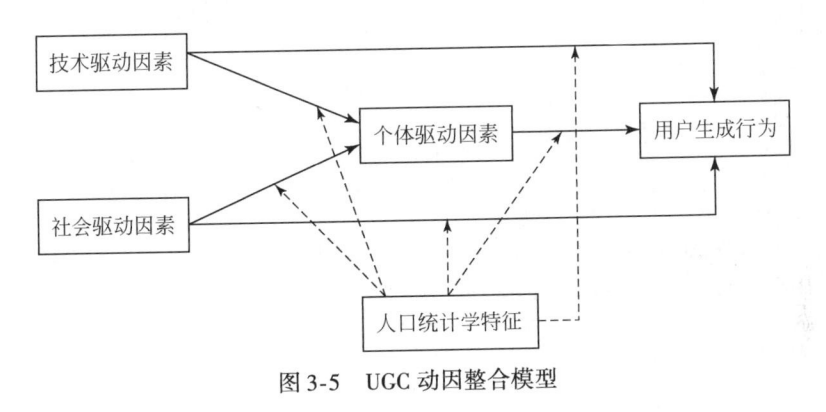

图 3-5 UGC 动因整合模型

3.3.3 UGC 动因研究的主要方法

针对 UGC 的动因研究，其中一个关键问题是如何挖掘 UGC 的行为动机，即哪些因素会影响到 UGC 的意图和实际行动。通过对这些关键成功因素的把握，运营商可以制定相关的激励机制吸引广大用户的参与，从而产生范围效应和规模效应。关于这一部分的研究方法目前还没有系统的归纳和总结，结合已有的相关研究成果，我们提炼出如下几种比较常见的研究方法，如表 3-5 所示。这些方法中，有些从定性的角度研究，如扎根理论方法（grounded theory）；有些从定量的角度研究，如荟萃分析法（meta-analysis，也有学者译作整合分析或元分析）和内容分析法（content analysis）；也有些从定性定量综合的角度研究，如调研法（survey）和个案分析法（case study）。其中前三种研究方法学术界用得较多，后两种研究方法学术界和业界都有广泛应用。

表 3-5 UGC 中动因研究的主要方法介绍

研究方法	方法类型	方法特色	方法局限性	应用范围
扎根理论法	定性研究	▲资料搜集和分析是同时进行且连续循环的 ▲资料分析过程中以主题就近原则，首先分析最直接相关的文献，然后逐渐延伸辐射，按照"原始资料—概念化—范畴化—范畴的性质—性质的维度"这一线索，找出影响用户生成内容的因果性因素、关联性因素以及边缘性因素，遵循着由直接影响扩展到间接影响的分析路线 ▲便于绘制出影响用户生成内容的主范畴典型模型和信息环境映射扫描图	▼需要有一定数量的前期成果作为研究依据 ▼研究结论的主观性强，且对于研究者个人的归纳和分析提炼能力有很高要求 ▼在借鉴已有研究结论的同时容易忽略其产生的客观背景和研究环境的个体差异	学术界
荟萃分析法	定量研究	▲从统计学视角，基于相关性理论将问题转化为相关系数的研究和讨论 ▲就影响用户生成内容的主要动因而言，可以通过扩大样本容量来提高统计的力度，从而描绘出该领域更为完整的"图谱"。和单独的研究相比，它能够产生更具有概括性的结论 ▲可以有效鉴别出针对该主题不同研究者得出的结论之间的矛盾和不一致性，从而提出相关的假设用以验证。重视每个结论产生的客观背景和研究环境的个体差异	▼需要有一定数量的前期定量研究作为分析的基础 ▼前期的定量研究需具有可合并性，否则研究将失去意义 ▼容易受到出版偏倚（publication bias）的影响 ▼纯粹的定量化研究，对于用户生成内容的行为的深层次动因缺乏讨论，容易陷入"数字的陷阱"	学术界
内容分析法	定量研究	▲通过文本挖掘、文本分析等计算机辅助手段，可进行大样本容量的数据采集 ▲客观性较强，直接获取用户生成内容中最原始的数据，不受用户或者分析者的主观成分影响 ▲针对性较强，可具体用于某一类型的社会化媒体站点进行实验研究，也可将不同实验环境的情况进行比较	▼分析过程较为复杂，耗时较多 ▼分析的质量严重依赖于采集的数据集和采集规则 ▼结论往往更容易揭示直观现象而非其本质，研究存在着一定的间接性，对于用户生成内容的行为的深层次动因缺乏讨论	学术界
调研法	定性定量结合	▲通过各种调查手段获得用户生成内容的动因，即"与人打交道的第一手资料" ▲便于操作，实施难度不大 ▲理论与实践结合紧密，构建研究模型，提出假设，并展开实证研究 ▲既有定量的数据分析过程（假设检验），又有定性的讨论	▼对于数据获取的手段（如问卷设计）以及数据的数量和质量有较高的要求 ▼结论受调研环境、调研对象、研究假设的影响较大 ▼主观性较强，微观层面的问题不容易发现	学术界、业界
个案分析法	定性定量结合	▲通过深度访谈、头脑风暴等手段发现微观层面存在的问题 ▲理论与实践结合紧密，构建研究模型，设计研究命题，并展开实证研究，对于用户生成内容的行为的深层次动因展开讨论 ▲可进行多个个案间的比较分析，具体研究粒度较多	▼研究的环境依赖性与路径依赖性较强，推广性较弱 ▼研究耗时较长，操作不易 ▼针对性较强，宏观层面的问题不容易发现	学术界、业界

从表3-5可以看出，这几种研究方法各有其优势和局限性。其中，图书情报领域常用的内容分析法和循证医学领域常用的荟萃分析法是基于内容单元或文献层面的知识发现方法。社会学和心理学领域常用的扎根理论法是一种基于已有资料的迭代分析方法。管理学领域常用的调研发和个案分析法是基于实证考察的研究方法。鉴于社会化媒体中UGC动因研究的跨学科和多领域性，在今后的研究中我们可以将这些研究方法进行有效的结合。例如，用荟萃分析法提炼调研法前期的假设，从而提高研究的信度和效度，对于动因实证模型最终的解释率也有正向影响；将扎根理论法和内容分析法结合使用，既弥补了扎根分析法结论的主观性又同时提高了内容分析法对UGC动因的挖掘深度；将个案分析法和扎根分析法结合使用，可以更有效地对UGC的动因进行分类，并在此基础上通过实证研究予以验证。我们认为，方法论上的融合和拓展有利于我们发现更多影响用户生成内容的因素，并从定性的角度对其进行分类和归纳，然后从定量的角度计算其路径系数和主成分因子的方差，从而提高理论研究的精度和决策依据的实战性。

3.4 UGC的激励策略分析

3.4.1 研究理论

激励理论主要有如下四种：内容型激励理论、过程型激励理论、行为改造型激励理论和综合激励理论，其中包括马斯洛的需求层次论、赫兹伯格的双因素理论、期望理论、归因理论、公平理论、强化理论、内外综合激励理论等（萧鸣政，2008）。本节以赫兹伯格的双因素理论作为理论依据。双因素理论是马斯洛"个体需求层次论"的扩展。马斯洛认为，人的需求主要可以分为五个层次：生理需求、安全需求、情感和归属感需求、受尊重需求以及自我实现需求，且这五种需求自下而上呈金字塔状结构。马斯洛（Maslow，1954）认为只有在满足了下一层需求时，上层需求才会在人的认知和心理中涌现。赫兹伯格的双因素理论通过大量的案例调查发现，影响组织中员工满意度的因素总体上可以分为保健因素和激励因素两类（Herzberg，1966）。前者如果得到改善，只能消除员工的不满，但不能激发其工作的积极性并提高效率；而后者如果得到改善便能够激励员工工作的积极性和热情，从而提高其生产效率。如果处理不当，虽然会引起员工的不满，但影响并不是很大。同时，赫兹伯格认为，满意的对立面不是不满意，而是没有满意。同样，不满意的对立面应该是没有不满意，而不是满意（Herzberg，1968）。他还列举了工作环境中影响员工满意感的相关激励因素和保健因素。其中保健因素包括：满意的工作环境、足够的薪资、认可的地位、工作的安全性和良好的人际关系；激励因素包括：成就感、认同感、责任感、升迁机会和在组织中的成长机会（Herzberg et al., 1959）。

在信息管理与信息系统领域，Zhang和Von Dran（2000）将双因素理论应用到网站设计与评价中。其中，针对网站设计的保健因素主要指网站的功能和服务性因素，这些因素的缺失会造成用户的极大不满；而针对网站设计的激励因素主要指增强用户体验和满足感的相关因素。该研究将影响网站设计的因子分为两大类：特征因子及其种类。第一阶段的研究通过对76位用户的调研提炼出44个主要影响因子，第二阶段的研究又请79位用户对这44个影响因子进行双因素判断。研究结论显示，双因素理论对于网站-用户的人机交互设计具有指导意义，并能有的放矢地发掘相关的影响因子和种类。McLean等（1996）将双因素理论运用于IT从业人员对于薪资的态度及对职业规划的影响上。研究发现，对于不同阶层的IT从业人员，薪资对其职业规划的激励作用有所差异，且随着其职位的上升，薪资将逐渐从激励因素转化为保健因素，同时涌现出一些原本没有提及却愈发重要的激励因素。Cheung和Lee（2004）将双因素理论应用于电子门户网站满意度的调研。研究从信息质量和系统质量的角度切入，分别从可理解性、可信程度、有用性三个指标以及可连通性、可用性和导航程度三个指标进行1-7标度的用户意见收集分析。研究结果证明双因素理论对于电子门户网站设计有一定的辅助作用，且保健因素和激励因素间存在不对称性（asymmetric），即用户对于保健因素和激励因素的态度并不是对等的，保健因素和激励因素相比有更强的影响力。Lee等（2009）将双因素理论应用于移动数据服务的后采纳研究（post-adoption）中。首先通过378份问卷开展相关的探索性调研发掘影响用户接受和退出移动数据服务的主要因素，并将因素归纳为信息质量和系统质量两大类。其中前者被视为激励因素而后者被视为保健因素。在此基础上作者构建了实证模型并提出相关假设，通过验证性因子分析发现，信息质量的提高与移动数据服务的采纳有正向关系，而系统质量的提高与移动数据服务采纳的关系则不显著；同时，系统质量的提高与移动数据服务的退出有反向关系，而信息质量的提高与移动数据服务退出的关系则不显著。这在一定程度上验证了信息质量作为激励因素和系统质量作为保健因素在移动数据服务中的合理性。

综上所述，双因素理论对于揭示不同影响因素的效用程度及方向具有较好的阐释能力。Spool等（1999）在关于用户的信息检索行为和可用性研究中惊讶地发现，用户最多喜欢（users like most）和用户最少不喜欢（users dislike least）往往并不是相同的东西。当用户列举他们不喜欢某个网站的理由时，通常与使用过程中存在的困难相挂钩，而用户喜欢某个网站的理由通常与这个网站带给用户的体验感和信息/服务质量相挂钩。Spool当时并没有对此现象做过多解释，而我们认为双因素理论很好地诠释了这一现象的成因，即喜欢和不喜欢、满意和不满意并不是一个事物的两个维度，而是两个不同的事物。因此，在Spool的研究中，不喜欢可能是由于缺乏保健因素造成的，而"最少不喜欢"可能暗示着用户感知到了足够的保健因素；喜欢可能是由于具备一定的激励因素造成的，而"最多喜欢"可能暗示着用户在使用过程中感受到了足够的激励因素。我们认为，社会化媒体中UGC的影响因子研究也可以归纳进这两大类因素，其中保健因素是UGC网站或平台必须提供的基础保障和服务，如果缺失这一部分，将会极大地降低用户的忠诚度，从而导致大量用户的流失。然而，仅仅依靠保健因素，也无法从长远角度提高用户的可持续使用动力，因此相关的激励因素必须给予充分考虑。同时，以往一些基于整个用户群体抽样调查的方法，可能在结论上无法很好地区分这两类因素的差异，从而导致激励策略和激励机制的专指性不强，因此有必要针对不同的用户群体进行两类因素的调研。

3.4.2 研究框架

以往针对UGC动因和激励因素研究，通常采用调研、个案分析等研究方法，通过提

第 3 章　UGC 的动因与激励策略分析

出假设或命题，广泛收集用户主观数据进行分析，从而挖掘 UGC 关键影响因素。然而在这一过程中，只有少数研究考虑到针对不同用户群体进行动因分析和激励机制的设计，且部分研究的结论还略显宽泛。我们认为，虚拟社区和网络社区中的用户和实体组织中的员工及社会体系中的居民一样，具有不同的分层结构和类属性质。正如马斯洛的需求层次论所揭示的，差异化的个体在对需求的界定和诠释上往往呈现出较大的差异，有些还只是关注安全、温饱等基本因素，而有些则已经上升到自我实现的阶段了。因此，针对用户群体进行分类有助于社会化媒体中 UGC 动因探索，并有的放矢地设计相关的激励机制。比如，虚拟货币和奖励可能对于一个社会化媒体的初级用户的 UGC 行为有着极大的激励作用，但用此法激励高级用户时则发现效果并不显著。反过来说，授权这一激励手段对于一些高级用户而言可能非常有效，但如果开展在一些初级用户身上则没有什么反应。

我们认为双因素理论为管理者和政策制定者提供了一个可供参考的概念框架，即在复杂错综的用户动机中如何权衡轻重并有所取舍。双因素理论本身并不能帮助管理者和政策制定者寻找用户的动机，而是将已经找到的各种层次、角度、来源的动因进行有效分类，分类的结果将有助于挑选并实施最为关键且迫切的激励因素。因此，双因素理论在实践和应用过程中有强烈的情境依赖性，脱离了某个具体情境去谈双因素的开展可能意义并不大。针对 UGC 的激励研究，如上一节所揭示的，用户动因会受到社会、技术以及个体三个维度的驱动，而每一个维度中都包含了大量的驱动因素，这些因素在不同的情境下，针对不同的用户往往发挥了不同的作用。某些场合下用户眼中的保健因素可能在其他场合另一些用户的眼中会成为激励因素。

按照 Allport（1961）的观点，动因研究应该包含时间维度这一概念。大部分激励都是具有一定时效性的，在一个时间点上的激励策略在另一个时间点上可能未必适用。因此，随着时间的推移，现在对于用户有效的激励手段可能在一段时间之后会逐渐失去其效力。认知心理学理论认为，个体对于激励诱因的兴趣和需求都是在一个既定的时间范围内产生作用的，且激励诱因会随着时间和熟悉程度的变化而发生变化（Preece et al.，1994）。我们认为在激励研究中引入时间维度有助于开展相关的历时研究（longitudinal study）和人种志研究（ethnography study），可以考察用户的激励诱因随着时间变化而产生的演化轨迹和潜在的模式。

综上所述，本节从用户分类、双因素和时间三个维度构建了用户激励策略研究的概念框架，如图 3-6 所示。

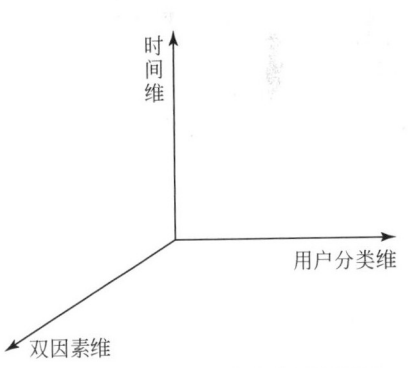

图 3-6　三维用户激励策略研究框架

该框架旨在揭示：从共时研究（cross-sectional study）的角度，不同类型的用户对于激励因素和保健因素的认识和判断；从历时研究的角度，激励因素和保健因素随着时间推移而发生的演变以及用户对于其判断发生的演变。对于具体的实证研究，概念框架需要进一步细化。

3.4.3 研究设计

本节的研究主要采用访谈方法收集用户在优酷网的 UGC 过程中的激励和保健因素。我们在动因研究的基础上设计相关的访谈问卷。本节的访谈主要通过即时通信工具（instant messaging，IM）开展，如 QQ、MSN、Skype 等。访谈用户的选取原则基本采取方便抽样和平衡抽样的方法，即通过在线短信等方式从几种不同用户群体中选择访谈对象并进行沟通，征得其同意后便开展访谈工作。本次研究共访谈 28 名用户，剔除访谈效果不佳的 2 位用户（其中 1 位在访谈过程中因有事中途退出了，还有 1 位只提供了极少的有价值信息），最后得到 26 份访谈记录，分别用 A-Z 进行编码。本研究采用扎根分析（grounded theory）的方法进行解码，将资料记录逐步概念化、范畴化和规范化。首先请两位研究者甲和乙对编码为 A-L 的 12 份访谈记录进行阅读和独立分析。研究者将每份访谈记录中他认为和激励因素相关的内容进行抽取译码，用简短的词组表达用户 UGC 的激励诱因。对于用户原始访谈内容的解码，我们倾向于将其词句拆分成原子论断。如针对"我觉得上传视频内容很好玩，而且上传起来也挺方便的，不麻烦"这一原因，可以细分为"好玩"、"方便"、"不麻烦"三个原子因素。最后，研究者甲和乙分别发掘 81 个和 84 个激励相关的原子因素。

由于采用了开放编码（open coding）的形式，因此在译码的初始阶段随机性和冗余性都很强，很多时候研究者往往会用几种表达上不同的原子因素对应一种激励诱因。因此，有必要对其发掘到的激励因素进行提炼和归纳。本节通过扎根分析得到的 UGC 激励因素如表 3-6 所示。

表 3-6 社会化媒体中 UGC 激励因素

编码	因素	部分解释
F1	UGC 网站的信息构建	信息组织合理清晰、信息标识准确易懂、信息导航形象丰富等
F2	UGC 网站界面设计	网站颜色、整体和局部布局、隐喻使用、亮度、对比度、聚焦能力等
F3	UGC 网站的易用性	注册方便、共享速度快、贡献的时间成本小、上传方式多样、提供断点续传等
F4	UGC 网站的可用性	链接有效性、网站稳定性、支持多浏览器、支持多任务并发、较少的点击次数、存储容量等
F5	信息内容	内容的新颖性、趣味性、实用性、争议性、更新速度、保留时间等
F6	人-机交互性	任务进度告知、权限进度告知、等级进度告知、Q&A、贡献次数告知、明显的咨询入口、有效的站内搜索等
F7	人-人交互性	被浏览次数告知、评级评论可视化、留言、站内消息、收藏、好友管理、兴趣小组或小团体、线上线下互动
F8	个人隐私和信息安全保障	指用户在使用或 UGC 过程中感知到的隐私和安全保障因素，如个人信息验证、不同级别的使用权限、用户行为的安全性等

续表

编码	因素	部分解释
F9	在线信任	用户与用户之间的个体信任、用户对所在在线群体的信任、用户对网站的信任、用户对服务的信任等
F10	利他性	通过帮助他人从中获得快乐,且不期望任何回报
F11	互惠性	用户认为现在所付出的会获得短期或长期的回报,这种回报不局限于经济上的,也有可能是其他各种显性或隐性的回报
F12	责任感和义务	对在线群体的目标和价值观强烈信任和接受,愿意尽力为其付出努力,同时也是对权利的一种回报
F13	归属感	用户对自己属于某个群体的感知,有时也被认为是与群体中其他成员的相似性和相互依赖感的认知
F14	形象维护和认同感	在线声誉、个人形象的维护以及来自于他人的认可,包括身份、能力等
F15	兴趣和感知乐趣	用户对网络内容创作、分享等行为的兴趣以及从中可能获得的乐趣
F16	外部奖励	来自用户个体以外的、对其生成内容的行为的奖励,除了一般的物质奖励,还包括一些网络环境下特有的,如网络货币、积分、等级提升等
F17	授权	指授予相关用户一定的权限,使其能够参与到在线社区的管理、组织、运作等诸多日常事务中来
F18	挑战性	指用户感知到的任务的难度从而激发出的完成任务的动力

在激励因素列表的基础上,本节通过调研法来获得用户对诸多社会化媒体中 UGC 激励和保障因素的态度。根据上文的用户分类框架,我们从普通参与者、活跃参与者以及核心贡献者三个用户群体抽取相关的用户进行网络调研,即用户累积贡献率列表中前 10%、10%~40%、40%~80%的部分用户。本节没有将潜水者群体纳入调研工作主要是因为他们中的大部分可能并没有或者仅有 1~2 次创作共享视频内容的经验和经历,因此很难通过问卷去测度其真实感受。我们在表 3-6 的基础上进行了一定的修改,主要增加了各个测试因素的解释性文字,并适当举例说明。我们将列表上的因素作为调研问卷的主干部分,和传统的问卷设计不同的是,本研究的问卷测度项没有以 Likert5 级或 7 级量表形式出现,而是用-1,0,1 三个值分别表示保健因素、不确定和激励因素,同时我们在问卷中也提醒参与者尽可能地在保健因素和激励因素中选出他们认为最相关的那一个。值得注意的是,由于网络调研的特性,所以很难像现场调研那样为每一位参与者详细解释赫兹伯格的双因素理论,也无法简单测试其是否理解。因此,除了在问卷中给出双因素理论的具体解释说明和几个实例,考虑到部分参与者可能仍存在一些理解偏差,问卷同时还提供了另一种询问方式,即"您认为下面哪些因素是您在视频类 UGC 创作或共享中所必需的,如果无法满足的话,您可能会停止使用。请在这些因素旁边标上-1";"您认为下面哪些因素会提高您创作或共享视频类 UGC 的积极性和热情,但如果暂时还没有的话,也不会对您的使用造成太大的影响。请在这些因素旁边标上 1";"如果您无法就该项因素做出有把握的判断,请在这项因素旁边标上 0"。

3.4.4 分析与讨论

通过调研和后续访谈，我们针对社会化媒体中 UGC 分类框架中四类用户群体，提出相关的激励策略和建议。

1. 针对普通参与者的激励策略

在对普通参与者的调研和访谈中，我们发现他们虽然有过在线 UGC 的经历，但是整体的积极性都不高。不少用户觉得自己没有多大的必要进行在线创作和分享，也有一些用户反映，他们觉得自己似乎游离在所有的虚拟团队之外，无法融入某个"圈子"。还有一些用户觉得以往的创作和共享经历并没有给他们带来关注度，这种感觉或多或少使他们产生了受挫感。同时，有一部分用户也对优酷网页的设计和平台的使用不甚满意，主要包括网页布局过于紧凑、对比度不高、查询的功能性不强、网络硬盘空间较小等问题，还有用户指出，希望可以过滤那些粗俗且含有人身攻击的留言，并请求相关管理人员对恶意破坏者进行"制裁"。我们发现这一群体中的不少用户其实是有较为强烈的参与欲望的，尤其是在他们刚接触 UGC 的时候。因此，针对这类用户群体我们提出如下激励策略和建议。

（1）建立推荐机制，将这类已有过创作或共享经历的用户推荐给该作品所属领域的其他用户，鼓励其他用户对其创作进行浏览、评价、评分等互动性活动，并关注用户的登录、浏览、评分评价等情况，为其推荐有相同兴趣的用户添加为好友，初步建立社会网络并增加其虚拟资本。

（2）强化外部奖励，对初期的内容创作和共享者，应为其建立个人虚拟货币账户和信誉账户，并明确等级提升、虚拟货币作用、兑换规定、信誉增长等具体内容，但要注意言简意赅，以防用户产生阅读负担。同时，应注重奖励的实用性，定期观察用户对于这些奖励的态度，如果发现边际效用递减很大，则应考虑更新奖励形式或出台新的激励产品。

（3）实时告知用户其好友或关注的人的动态，为其推荐可能感兴趣的"小团队"，以虚拟货币、积分等形式鼓励其参与，允许各种兴趣小组定期策划相关主题性活动，以增强用户的归属感。对长时间未登录的用户进行邮件邀请，并鼓励其好友在其未登录期间向他发送相关趣闻或其他消息。

（4）增强 UGC 平台的可用性并改善界面设计，定期调研用户对于平台和界面的意见或建议，加强内部设计维护团队和推广运营团队之间的沟通和协作。

2. 针对活跃参与者的激励策略

在对活跃参与者的调研和访谈中，我们发现他们对于在线群体中人与人之间的交互十分看重，有些用户甚至会因此产生竞争心态，如发现另一个和其各方面情况相仿的用户获得了更多的好评，则会激励其创作并分享作品的欲望。有些用户希望他们所在的小团体有机会进行线下活动。有个用户在访谈中提到，"10 年前当我们刚从现实生活步入虚拟社区时，我们希望穿个马甲把自己隐藏起来；而 10 年后当我们已经厌倦了网络中的隐姓埋名，我们希望借着 UGC 的大旗把自己秀出来。"因此，不少用户对于自己的形象和他人的认同感非常重视，也希望通过帮助别人来树立其在网站上的知名度。还有些用户强调他们希望自己的作品能够有所超越，这在一定程度上激发了他们的创造力，也从另一个角度提高了任务的难度和挑战性。因此，针对这类用户群体我们提出如下激励策略和建议：

（1）提供线上线下互动的支持，增强网站的用户黏性和耦合性。在相关活动中给他们授权并赋予更多的决策机会和行动自由，并为他们的优秀表现提供相应的奖励。

（2）提供更多平台间的互动和互操作功能，通过 Ajax 和 Mashup 技术开放接口使其视频作品能够更方便地与其他社会化媒体或网站进行联结，如开心网、人人网等，进一步在用户层面增强其对优酷网和所在群体的归属感。

（3）在线宣传用户的创作或共享可能给其他用户带来的好处，特别是对新手或者一些特殊群体，培养用户的利他意识，并为其提供帮助他人的途径或建议，及时对其的利他行为进行表彰和奖励，并将其行为在群体上广而告之，从而帮助其增加认同感并树立良好的形象。

（4）定期征集优秀作品，通过主题征集的方式，举办相关的在线 UGC 比赛，设置具有一定难度和挑战性的任务，鼓励优秀作品的产出并对其进行奖励。对获奖的用户进行封面宣传，并把其以往创作的作品再次集中展现，从而提升其知名度。对于那些虽未获奖，但长期保质保量创作贡献的用户，也进行各种表彰以鼓励其继续创作。

3. 针对核心贡献者的激励策略

在对核心贡献者的调研和访谈中，我们发现虽然这类用户对于网站的黏性和忠诚度较高，但针对其开展激励活动却并不容易。因为许多对其他层次用户有用的激励机制，在他们看来可能只是保健因素。核心贡献者在优酷网上具有旗帜和风向标的作用，他们通常在某个或某几个小团队或兴趣小组中担任领袖的职位。有些用户希望获得更多的权限以管理团队、制定议题、分配资源等。有些用户希望 UGC 运营商尊重其所做决定和选择，并有参与到网站的日常管理和运作的意向。还有些用户提出建立"优酷终生成就奖"，以表彰那些曾经为网站发展做出过卓越贡献而现在由于某些特殊原因无法继续的用户。因此，针对这类用户群体我们提出如下激励策略和建议。

（1）灵活的授权模式，开通相关的绿色通道以便于核心贡献者能够及时地向网站运营商和管理者表达自己的想法，同时对其组织参与的活动给予最大的支持和鼓励。

（2）给予其网站功能最高的能见度，对其创作经历和贡献提供长期保留的介绍和表彰，并让其自己维护该 VIP 页面，定期更新其最新动态和作品。

（3）资源外推，鼓励其参加优酷网以外的相关数字作品比赛并对其提供经济赞助和人气支持，同时为其提供相关且必要的技术支持。

（4）让其参与网站日常事务管理的部分活动，尊重其建议，尤其在网站开发、网页设计以及广告选择和布局上充分考虑其意见和观点。

（5）强化其利他意识和责任感，在征得其同意的前提下定期为其推荐相关的帮助对象，跟踪后续情况并和其同类用户的情况进行比较，奖励在这一过程中尽职尽责的核心贡献者。

4. 针对潜水者的激励策略

通过对潜水者群体进行在线访谈,我们发现用户潜水的原因并不如我们原先想象的复杂,主要包括:没有时间创作;没有创作的兴趣和热情;没有创作的动力和必要;没有相关设备,也不具备相应的技术;觉得 UGC 是一件很麻烦的事,更愿意做个简单的看客。当被问起如果优酷网实行注册制浏览权限或者积分制浏览权限,大部分访谈用户表示会退出使用,转向那些没有浏览权限的视频 UGC 网站。当被问起如果优酷网采取相应激励措施,今后是否可能参与在线 UGC 时,部分用户表示可能会尝试一下,但更多用户仍然持否定态度。因此关于潜水者的激励策略,单从本节的研究似乎无法提供有建设性的意见。我们认为这个问题可能超出了本研究的范畴,而是需要从更多行为学和心理学的角度去进一步深入探讨广泛的社会参与现象以及隐藏其后的动机和意图。

3.5 本章小结

本章首先基于 IPP 视角进行数据采集与分析,发掘出 UGC 的一些特征和规律。然后,基于不同学科领域的相关理论基础,如心理学、认知科学、社会学、社会心理学以及信息系统科学等,提炼出影响 UGC 的各类因素和构念。通过理论梳理与推演,将社会化媒体中 UGC 动因归纳为社会驱动因素、技术驱动因素和个体驱动因素三大类,同时将人口统计学因素作为主要的调节变量,并构建了 UGC 动因的整合概念模型。同时,在已有相关研究基础上,总结了目前 UGC 动因研究的五种主要研究方法,包括扎根理论法、荟萃分析法、内容分析法、调研法和个案分析法,并介绍了各自的特点和局限性。在 UGC 的激励机制方面,研究发现,不同用户群体对影响在线 UGC 行为的激励因素和保健因素的感知存在一定的差异。因此,对于不同用户群体的 UGC 激励策略也必须有针对性地设计。对于普通参与者而言,加强外部激励、改进社会化媒体平台的界面设计及可用性、完善推荐机制等会较大地促进用户生成内容行为。对于活跃参与者而言,提供更多线上线下互动空间、增强各平台间的互操作性、强化挑战性概念以及适度授权可能会产生一定的激励效果。对于核心贡献者而言,UGC 管理者应给予其更多的权限,包括参与到一些日常的事务管理及发展规划等讨论中,充分肯定其贡献并彰显其社会认同和价值,并同时对其贡献进行物质上的奖励和支持。

第4章 UGC内容的可信评价

4.1 概　　述

4.1.1 问题的提出

对网络信息内容质量与可信度的关注源自互联网和数字技术使得信息生产与传播的成本降低。在数字环境下，几乎任何人都可以成为内容生产者，而权威性不再成为互联网上内容提供的预设条件。因此，开放网络环境下的内容质量与可信度问题就凸显出来。

与用户生成内容在数量上的激增相比，其内容质量与可信度一直受到各种质疑。例如在线百科的开放性和协作生产的模式很容易导致它的不精确性、编辑战以及恶意破坏。2005年，一位匿名维基用户编造了关于《今日美国》前编辑部主任卷入刺杀肯尼迪事件的错误信息，这个事件损害了维基百科的可信度，并且这还不是唯一的诽谤事件。学术评论家认为，插话式的捣乱和质量不平衡破坏了维基百科作为学术资源的权威性（泰普斯科特和威廉姆斯，2007）。虽然维基百科聚集了很多专家，但是专家的身份在这里并不受重视。大学教授们规劝学生不要以这个免费的百科全书作为参考工具，甚至禁止学生在论文和考试中引用开源百科内容（Read，2007）。目前国内的开放式协作网站虽然从内容数量上看发展很快，但也伴随着信息质量低下、重复泛滥、版权意识缺失等诸多问题。例如"城管"曾被百度百科解释成"黑社会组织"和"打砸抢"，恶意攻击政府机构及其工作人员，带来不良社会影响（新华网，2008）。

因此在社会化媒体日益盛行的互联网环境下，用户生成内容的质量评估问题成为网络信息质量研究领域的重要命题。然而传统的信息资源质量评价需要建立庞大的指标体系，例如Stvilia等（2008）提出的信息质量评估框架，将各个评估指标分成内生型、关系型、声誉型三大类型，并据此建立了一个包含41个计量指标的评估框架。并且传统信息质量评估建立在中心辐射、权威生成内容、同行评议的模式上，是一个自上而下、专家参与的评价过程，不适合以自下而上、用户参与和大规模协作为特点的开放网络环境。以往由专业人员承担的可信度评估和质量控制重任，如今转移到了个体信息查寻用户的身上，这就使得信息质量评估比以往任何时候都更为紧迫和重要。提高对Web信息的评价技能对网络用户至关重要。但是有证据表明，很多人还没有准备好承担起评估网络信息可信度的责任，在评估中也遇到很多困难。目前有一些政府公益机构、民间组织也在努力帮助用户建立评估网络信息可信度的技能，例如美国图书馆协会、国家文化普及所的"数字文化普及"项目等，以教育和培训信息用户为主旨，帮助用户建立评估网络信息质量所需要的技能。这些培训计划通常会开发出一套评估用的检查列表，指导用户进行质量评估过程。但事实上，有研究已经表明用户很少努力地去检查网上获取的信息的准确性，并且很少使用专业人员所开发的信息质量检查标准（Metzger，2007）。

4.1.2 可信的相关概念

UGC 内容可信问题源自网络信息可信度或 Web 信息可信度研究，而后者源自更广泛的媒介可信度和信息可信度研究。可信方面的研究最早起源于大众传播学领域，研究兴趣从信源可信度到媒介可信度，最近集中在网络媒介，而有关可信度的操作化与测量问题备受关注。李晓静（2005）在其博士论文中展开了对中国"媒介可信度"的理论与实证研究，以调查数据为基础，得出中国"媒介可信度"指标的构成。邓发云（2006）也从用户信息需求的角度，建立了信息服务领域的信息可信度评价指标，包括客观性、准确性、权威性、可证实性。

现有研究中与可信相关的常用概念有：可信度、可信性、信任度、声誉等。"可信"一词通常搭配其他语词共同使用，如可信评估、可信需求、可信证据、可信研究、行为可信、身份可信、能力可信、软件可信等，在具体文献中有其特定的含义。可信性和可信度含义等同（credibility 或 trustworthiness），包含有量化评估的特点。而信任（trust）表明个体的一种主观信念状态，还可以表示一种二元关系。在某些文献中，信任和可信混同使用，有时不加区分。

信任是一个复杂的主观概念，有关信任的定义以及构成信任管理的要素在文献中仍然没有统一意见，但是普遍认为可信度是对消息或信源值得相信的程度（Metzger，2007）。也有人认为信任是一个取决于实体行为的动态值，有特定的时间，应用于特定的情境（Azzedin & Maheswaran，2002）。在可信计算领域的研究中，以下对信任的定义被广泛采用：基于过去的证据预测一个实体将来的行为（Dondio & Barrett，2007）。信任还可以被定义为某代理对另一代理的可靠性、诚实度、能力等属性的信念，可信度是一个实体对另一个实体信任程度的量化值，是可以根据交互经验数据进行计算的主观量（Mui et al.，2002）。

目前对于信任相关概念虽然还没有一个很统一、明晰的定义，但是信任和声誉系统却早已广泛应用于电子商务、分布式计算、推荐系统等领域。我们从现有文献研究中总结出两大类对于信任概念的定义：①描述性定义，如传播学、情报学领域对可信度的描述（Mui et al.，2002；Hilligoss & Rieh，2008；Flanagin & Metzger，2007a），具有普适性，但可计算性、可操作性不足，通常采用自我报告式方法进行测度；②操作性定义，主要是工程计算、计算机研究领域，具有很强的可操作性和可计算性，但普适性较弱，只能针对特定领域和特定情境，如资源调度（邓晓衡等，2007）、可信软件（蔡斯博等，2010）等。

4.1.3 内容可信评价的影响因素

这一领域的多数研究都认为，可信度应定义为一个感知变量，而不是一个对信息或信源质量的客观测量（Metzger，2007）。换句话说，可信度不是信息或信源的特性，而是一个由信息接收者做出判断的特性。然而重要的是，可信判断会受到信息或信源客观特性的影响。很多研究鉴别出用户在评估网络信息可信度时,经常采用的五个标准:准确性、权威性、客观性、时效性、完整性(Metzger,2007)。这一可信评估是基于网络信息资源的内容特征,基本等同于内容质量评估。可信度感知因信源类型以及评估发生的背景不同而不同。例如从 Web 获取的新闻和参考类信息被认为要比娱乐或商业信息可信(Flanagin & Metzger,2007b;张明新,2005)。类似研究也表明网络用户对政府、媒体信息的可信度评价显著高于普通网民发布的信息,且网络新闻之可信度要显著高于论坛信息和即时消息(汤志伟等,2010)。

关于可信度的影响因素是网络信息可信度评估研究的重要内容。例如 Flanagin 和 Metzger(2007b)等研究认为 Web 信息可信度是以下变量的函数:①网站及其主办方(包括网站类型、设计、信源属性);②消息或内容因素(信息卷入度、说服意图);③用户特征(怀疑倾向、查证行为、网络经验和网络依赖)。Fogg(2003)和 Rieh(2002)的研究有着相似的结论,即信息本身(例如信息组织、详细程度等)和来源(如商业倾向)共同作用于网络用户的可信度评估。消费者对网上信息的可信度评价会影响消费者对网络信息的使用(孙曙迎,2008)。例如在交易型社区中,信息详尽度、发帖者级别和社区透明度三个因素会影响消费者对网络评论信息的可信度感知(包敦安和董大海,2009)。研究发现消费者和信息发布者的关系强度、消费者对于网络口碑传播平台的依赖程度、消费者感知的网站有用性、消费者感知的风险程度和消费者的信任倾向都显著正向影响消费者的网络口碑可信度(徐琳,2007)。也有文献研究了信息结构对网络口碑可信度的影响,结果表明口碑数量及类型对信息可信度进而对用户购买意图具有显著正向作用(孙春华和刘业政,2009)。

4.1.4 UGC 用户行为的可信评估

维基等新工具的出现让内容发布变得容易和大众化,但是如何在 Web 上识别有用和可信赖的信息,这个问题却变得越来越尖锐(Dondio & Barrett,2007)。目前有一些关于 Web 信息可信度的研究努力在帮助网络用户获得在网上查找可信信息的技能,也建立了一些理论模型以及基于用户的可信度评估策略。目前国内学术界鲜有针对网络用户内容生产行为的可信评估研究。而像维基百科、百度百科这样的开放百科都有着巨大的网络流量以及庞大的用户群,其对网络信息质量有着不可低估的影响。当这些开放式协作生产的内容日益成为网络用户信息查寻与知识分享的重要来源时,对开放式协作内容生产活动及其产出结果的可信评估就显得十分必要。并且开放内容的大规模协作生产特征,使其可信评估问题又区别于其他网络信息可信度问题。

在当前的开放网络环境下,网络资源共享的可信问题变得越来越重要。开放网络环境下的信任问题不同于现实社会背景下的人际信任问题,传统的信任可以基于社会性认知和情感(Weth & von der Bohm,2006),如人际关系、亲缘关系等,而这些信任来源在虚拟的网络环境中需要有新的诠释。微软公司于 2002 年提出可信计算(trustworthy computing)的概念,同时发布了可信计算白皮书(Mundie 等,2002)。国内研究也表明互联网正向着可信网络方向发展(林闯和彭雪海,2005),并且以用户行为可信研究为核心,用户的行为及其结果可评估、可控制（林闯等，2008）。因此，基于用户行为的网络信任管理和可信评估是今后切实可行的研究和发展方向。而网络用户内容生产行为的可信评估研究主要基于内容驱动的方法，即通过用户生成内容的可信评估间接评价用户内容生产行为的可信度。

4.2 协作式 UGC 的可信评价

4.2.1 开放式协作内容生产活动及其产出内容的概念界定

开放式协作内容生产活动（collaborative content creation）是在社会化媒体以及大规模协作蓬勃发展的背景下产生的一种新型的用户协作信息行为（collaborative information behavior，简称 CIB），是虚拟社群为共同完成一项开放共享的内容生产项目而实施的一系列信息行为，是集聚群体智慧的新型内容生产方式。而开放式协作生产的内容（collaborative created content，以下简称开放内容）属于社会化网络媒体中用户生成内容的一部分，其含义基本等同于西方学者提出的开放内容（open content）（Cheliotis, 2009；Okoli, 2009）。开放内容有别于其他类型的 UGC，譬如博客文章、评论、上传的视频、图片等，虽然贡献者会授权所在网站传播其贡献的内容，但通常不赋予任何人以修改权。而这里所指的开放内容强调是在自由文档许可协议下的开放式协作，允许任何内容贡献者对作品的修改、演绎和传播。

由于开放内容的类型多样，其协作生产的方式也呈现多样性，因此面向所有开放式协作内容生产方式展开可信评估研究是不切实际的。本文将在以上所述开放式协作内容生产和开放内容的范畴下，针对 Okoli 提出的事实型作品，尤其是指建立在外部参考源基础上的文本型协作内容，譬如维基百科、百度百科等开放百科项目。以维基百科为代表的非软件类开放内容也是近年来信息系统与信息科学领域的研究热点。本研究中的开放式协作，其开放性特征主要体现在两点：一是协作内容的开放性，用户可以参与内容生产的全部过程（包括编辑、发布、修改、添加、删除等操作）；二是协作社群的开放性，参与协作的虚拟社群成员没有用户身份、数量的限制，也不需要对资格进行审查，甚至匿名用户也可以在一定权限范围内参与协作。

网络用户协作内容生产是一种生产产品和服务的方式，它完全依赖于个体自发组织的平等社区，由大众自愿的聚集以生产出一个共同分享的成果（泰普斯科特和威廉姆斯，2007）。基于群体协作形成的协作社区则是一个开放、对等、共享、连接松散的虚拟组织。如同企业组织的核心职能是生产产品或提供服务一样，开放式协作社区的核心目标也是生产产品、提供服务，所不同的是产品类型和生产模式。传统生产模式建立在公司层级制基础上，而开放式协作社区的生产模式建立在对等生产基础上。并且社区提供的是无形的文化产品，如百科全书、字典、教科书、新闻，甚至于音乐、电视、视频游戏等多种形式的信息和娱乐。此外，开放式协作社区提供的是公共物品，对用户完全免费，任何人通过网络都可以自由获取。

4.2.2 开放式协作内容生产可信评估研究的意义

开放式协作内容生产活动及其产出内容是目前三个信息科学热点研究领域：协作信息行为（CIB）、计算机支持的协同工作（computer-supported collaborative work，CSCW）和用户生成内容（UGC）的交集（图4-1），是开放网络中最有代表性的新型内容生产与共享方式，因而需要加强对该领域的理论与实证研究。现有 CIB 研究主要针对协作信息查寻与检索行为，很少有面向信息生产过程的协作信息行为研究。即使已有关于协作内容生产的研究也较为分散，不能将社群协作涉及的各个要素及其关联性阐释清楚。因而我们需要借鉴有效的理论来对现有的研究进行整合，以便能为今后类似的研究提供一个统一的描述性框架。用户多样性、内容更新快、系统开放性、非中心控制，这些都对协作成员的可信评估、协作内容的可信评估等提出更高要求，对其研究也带来更多挑战。本课题的研究将有助于完善现有协作理论和信任理论，丰富 Web 信息可信度、用户信息行为等领域的研究成果，并为协作社区的管理提供理论参考。

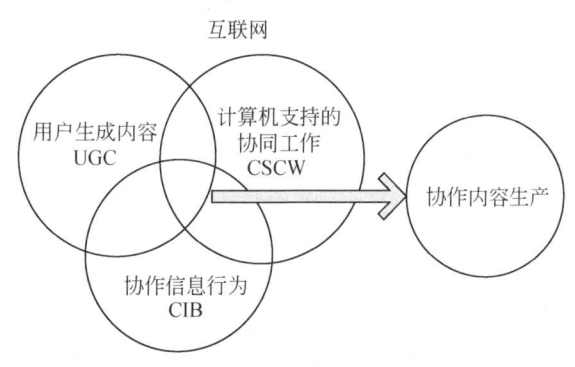

图4-1 几个信息科学热点研究领域的交叉关系

开放式协作生产是一种新型的内容生产和知识共享方式，其创作过程、用户反馈和质量评价是同步进行的，而传统的内容质量评估需要构建指标体系进行，并且是建立在中心辐射、权威生成内容、同行评议的模式上，是一个自上而下、专家参与的评价过程，并且从内容生产到质量评价和反馈整个周期较长，更新较慢。因而并不完全适合去中心化、社群协作、集体参与质量控制、周期短、更新快的开放网络环境。故此传统信息质量评价方法在这种新的创作模式下应有新的途径，来保障社群协作生产内容的质量和可信度。而动态的网络信任管理机制可以为开放环境下社群协作内容的质量控制带来新的研究途径。此外，传统对网络信息资源的可信度研究是建立在 Web 1.0 中心辐射的内容生产方式上，而对 Web 2.0 用户生成内容，尤其是针对开放式协作生产社区的信任管理以及协作内容的可信评估研究很不足。社群协同创作过程体现的用户多样性、内容更新快、系统开放性的特点，使得用户协作内容生产活动以及可信评估活动变得更为复杂，因此需要有针对性和情境适应性的信任模型、信任管理和可信评估模型方面的深入研究。

基于虚拟社群协作生产的内容共享网站，虽然从数量上看发展很快，但其内容质量和可信度一直备受质疑。以开放百科为代表的开放式协作内容虽然受到社会化媒体、学术界和互联网用户的热烈追捧,但与其快速激增的数量相比,开放内容的质量和可信度一直是权威界诟病的对象。目前国内的开放式协作网站虽然从内容数量上看发展很快,但也伴随着信息质量低下、重复泛滥、版权意识缺失等诸多问题。而传统基于指标体系的信息质量评估方法,需要专家参与且是静态的评估,不能适应用户生成内容、缺乏权威控制的动态网络环境。而网络信任机制建立在大量的用户交互基础之上,可以适应自下而上的动态质量控制要求。此外,开放式协作内容生产过程对用户是透明的,因而建立面向内容生产过程的网络信任管理和可信评估机制,可以从源头对内容质量进行控制,以增强用户对开放式协作内容的可信度感知。

通过在新型的协作内容生产模式中引入有效的可信评估机制,可以提高互联网知识共享的效率、促进开放式协作社区以及开放存取资源的可持续发展。开放式协作内容生产不同于以往传统的内容生产方式,因为前者的信息生产过程对用户是透明的,并且生产过程不是基于个体行为而是基于协作社群共同的努力,因而对其展开研究可为目前开放网络环境下内容生产模式的创新提供重要的参考。通过基于内容生产视角的协作主体可信评估和基于内容消费视角的协作客体可信评估研究以及用户可信评估活动效果的改善研究,不仅可以提高开放式协作生产内容的质量和可信度,也可以提高网络知识共享的效率,促进开放存取资源的可持续发展。同时营造一个安全可信的知识创作和共享平台,降低由于对协作信息行为缺乏控制而带来的无序状态,从而有利于开放式协作社区和"公共产品"的繁荣和发展。这也符合当前开放、共享和可信网络的发展要求。

4.2.3 UGC 协作活动的理论研究

1. 协作理论

目前用户协作信息行为(CIB)研究中关于协作的解释大都建立在 CSCW 研究的基础上(Hansen & Jarvelin, 2005),且散见于各研究文献的回顾中,少有研究专门针对用户信息行为的协作理论。普遍从用户协作的时间顺序、地域关系、媒介形式以及相互关联的紧密程度等方面,衡量和比较各种协作活动。这里主要从 CIB 研究领域出发,对协作的内涵、类型、成本及形成条件加以阐释。

1)协作的内涵

协作最简单的解释就是"一起工作"(London, 2012)。在社群成员利用自身的见识、能力无法解决一个问题时,社群协作过程使得看到同一个问题不同方面的成员能建设性的探索差异和寻找解决方案(Gray, 1989)。协作也是多个成员的互惠关系,他们有共同的目标,在实现结果的过程中共同承担责任,同时分享结果带来的声誉和影响力(Chrislip & Larson, 1994)。劳动分工和知识共享是 CSCW 协作理论中的两个核心要素(Foley & Smeaton, 2010)。Cole 等建议从 8 个方面去理解小组的同地协作行为(Cole & Nast-Cole, 1992)。Gutwin 和 Greenberg(2000)提出了 7 种需要组件或协作系统支持的主要协作活动。

2) 协作的类型

"协作"一词在媒介形式、交流形式和协调形式上各有不同（Golovchinsky et al., 2009）。一种网络信息查寻的协作分类法（Golovchinsky et al., 2008）被研究人员广泛使用。该分类法将计算机支持的协作信息活动按意向、深度、并发性、地域四个维度进行划分，以表示协作的不同程度和形式。①意向：根据用户对社群信息需求的认知情况，可分为显性协作与隐性协作（Halvey et al., 2010）。如果社群共享信息需求，则协作意向为显性。显性协作往往与基于信息任务的协作活动有关（Morris & Teevan, 2008）。如果系统需要推断出每个用户的信息需求、任务的共性以及联合信息需求的程度，则协作意向为隐性。协作过滤属于隐性意向，而 Google 的 PageRank 也可归属此类（Wilson & Schraefel, 2009）。②媒介：Hansen 和 Jarvelin（2005）等按照交流媒介不同将专利审查员的协作活动分为"与人关联的协作"和"与文献关联的协作"两种。前一种是传统人际交流方式，后一种是人—文献—人的间接交流方式，尤其是在计算机支持的社群环境下，后一种演变为 CMC 方式。计算机协作媒介的深度可从算法到界面，调节层次不同。③时序：也称并发性，反映了社群成员之间发生相互影响的时间次序关系，分为同步协作和异步协作。④地域：最后根据社群成员所处的地域分布情况，可将协作分为同地协作（或分布式协作）和异地协作。

3) 协作的成本与形成条件

对协作信息活动的社群用户而言，协作成本主要来自额外的认知负担（Fidel et al., 2004）。因为 CIB 成员不但要关注自己的历史记录，还要关注其他成员的历史信息记录（Shah, 2009）。有效的协作要基于以下条件：①有共同的目标或相互的利益，这是协作的基础。②要完成复杂的任务，这是协作的必要条件。③较高的利益/负荷比，因为协作会导致额外的认知负担，只有当协作的负担在给定的情境中可以被接受时协作才有效。④个体知识或技能的不足，这是协作的普遍成因。

2. UGC 协作活动系统

现有研究大都把 UGC 协作活动看成一个群体的行为过程，并从成员参与动机、角色分配、生产模式与协作策略等角度展开研究。

在成员参与动机的研究方面，Wagner 和 Prasarnphanich（2007）发现，对协作的兴趣是维基百科社群的主导动机。这不同于其他网络虚拟社群的激励研究。例如在一个专业社群的讨论版中，研究人员发现用户贡献知识的主要激励因素是声誉，而不是帮助他人的愉悦感（Wasko & Faraj, 2005）。根据调查结果，维基社群成员大部分是务实的利他主义者。因为维基百科的贡献者同时也是维基百科的用户，因而这种务实的利他性表现为一种普遍性的互惠关系，但不是直接的互惠。此外，自我实现也是志愿行动中比真正的利他主义更为重要的动机。只要虚拟社群提供条件以吸引务实的利他主义者贡献知识，就能保证社群的持续性。

在成员角色研究方面，有人认为角色是成员在小组中正式或非正式的职责，它会随着协作写作活动的变化而变动。角色与劳动分工相关联，有效的角色分配或劳动分工可以提高产出，会促使成员更好的贡献内容（Stratton，1989）。用户贡献的累积效应和劳动分工是维基百科相比其他虚拟社群的独一无二的特征。协作写作的角色大体上有作者、咨询人员、编辑、审查者、小组领导、服务人员等（Lowry et al.，2004）。维基百科内容创建过程中可以识别出四种角色：编辑、信息质量保障代理、恶意代理、环境代理（Stvilia et al.，2008）。维基百科允许用户根据自己的兴趣、专业经验、特长等自行决定要贡献的内容、过程以及要扮演的角色。

在协作内容生产模式方面，也就是对协作文档的管理控制方法有中心化控制、接替控制、独立控制和共享控制（Posner & Baecker，1992）。协作内容生产的工作模式按照协作成员的地域关系、时序关系两个维度可以划分为四种类型：同步同地（即面对面）、同步异地、异步同地、异步异地。这与前文所论述的协作类型划分相一致。这四种工作模式会直接影响用户的小组认知水平，小组认知又会影响活动的协调，而这两者都会影响产出的成功与否（Sharples，1993）。一般认为，同步同地的协作内容生产中用户最容易了解到其他成员的活动。而异步异地的协作内容生产需要有相应的协作技术和系统予以支持，尤其是提高用户对其他成员活动的认知水平（Noël & Robert，2003）。

在协作策略方面，Sharples（1993）提出协同写作的三种基本策略：①平行策略。相应的工作被分解为若干子任务，由协作成员同时进行工作。②顺序策略。相应的任务被划分为若干阶段，前一个阶段的输出成为下一个阶段用户要处理的输入。③互惠策略。小组成员一起工作，相互协调各自的活动。也可称之为实时反馈策略（Lowry et al.，2004），用户可以对其他成员已经完成的部分进行评阅，并随时添加新的部分。当然这种实时的反馈也可能会导致冲突。第三种策略没有明显的预先计划和协调工作，它支持创造性或创作能力的自由表达与发展，因此非常适合网络虚拟社群的开放性和自组织特征。

总体而言，现有针对 UGC 协作活动的理论研究非常少，且已有的研究也较为分散，不能将协作内容生产活动涉及的各个要素及其关联性阐释清楚。因而我们需要借鉴有效的理论来对现有的研究进行整合，以便能为今后类似的研究提供一个统一的描述性框架。而活动理论能够帮助我们开发出一个系统思考的概念模型（Stvilia & Gasser，2008）。

Wilson（2006）认为活动理论的关键要素，如动机、目标、工具、客体、产出、规则、社群和劳动分工等，都可直接应用于指导信息行为研究。Lazinger 等（1997）对信息行为的定义"信息行为是在动机支配下，用户为了达到某一特定的目标的行动过程"，包含了动机、目标、行动三个活动理论的要素。Lowry 等（2004）提出的协作内容生产要素基本都被包含在活动理论的研究框架内。Cole 和 Nast-Cole（1992）曾建议从八个方面去理解小组的同地协作行为，包括目的、交流、内容和过程、任务和维持活动、角色、规范、领导力、阶段。除了领导力，其余 Cole 和 Nast-Cole 建议的每个方面也都在该研究框架内。Jonassen 和 Murphy（1999）提出六步过程法，旨在将活动理论应用于建构主义学习环境的设计。本章将采用 Engeström 的活动理论模型和研究框架，以及 Jonassen 建议的分析方法和步骤，构建互联网用户协作内容生产与共享的活动系统模型，并对协作内容生产活动流程展开动态研究。

采用活动理论作为分析框架，首先须澄清活动系统的目标（Jonassen & Murphy，

1999)。互联网用户参与协作内容生产活动的目的和动机是什么？他们所期待的产出是什么？

1) 目标与产出分析

社群活动的目的是活动系统存在的根本。根据活动理论面向客体的原理，目的指向活动客体，活动完成后，客体转化为一定的结果（吕巾娇等，2007）。从客体到产出或结果是一个需要经过反复努力的转化过程。我们所研究的这一类社群协作内容生产活动，有着极为相似的目的，即利用互联网用户的群体智慧协作完成一项开放共享的知识工程项目。该信息生产任务最初可能是由个人或某个小组发起的，但是项目开放存取的特征使该信息生产任务逐渐成为一个互联网用户群体通过协作共同努力完成的信息活动目标。例如，维基百科是一个社群项目，其产出是一部百科全书。而对于创建某词条内容的协作社群而言，阶段性的目标是达到优秀词条的标准。Aache 开源软件社群的目的是开发出高质量的软件，具体目标由各个开源社群独立确定和完成（The Apache Software Foundation，2010）。我们认为互联网协作内容生产社群的总体目标是实现高质量的信息产品和充分实现知识共享。

2) 动机分析

动机研究是网络社群和用户信息行为研究的重要方面，而影响动机的因素兼有内在（认知）和外在（社会）。也有研究将用户生成内容的动因分为个体驱动、技术驱动和社会驱动三个维度（赵宇翔和朱庆华，2009）。同样是协作内容生产社群，开源软件和开源百科，其参与者的动机有很大不同。

开源软件参与者的动机更多是个人主义或利己主义的外在因素占主导。如声誉、同行认可、自我营销、未来的职业机遇，甚至是经济回报（Hars & Ou，2001）。纯粹依靠利他性不可能维持开源软件。此外，学习也是吸引用户参与开源社群的主要驱动力之一。学习能产生内在满足，是用户参与开源创作的内在动机，而探索性和实践性学习是开源软件发起者的主要动机（Ye & Kishida，2003）。

开源百科参与者的动机则以内在因素为主导。如 Liang 等（2008）的研究结论显示，自我成长、使命感和相似性是中文维基百科管理员的主要参与动机。而 Wagner 和 Prasarnphanich（2007）的研究表明，普遍的互惠性、对协作的兴趣、自我实现是维基百科社群成员的主导动机。百科社群成员的动机虽然不是真正的利他性，但他们大部分是务实的利他主义者，这种务实表现为一种普遍性的互惠关系，而非直接的互惠。

3) 要素分析

传统活动理论认为活动是一个系统，包含六个要素和四个子系统。以前人研究为基础，尤其是 Engeström 的活动理论"三角模型"和 Bedny 的系统-结构活动理论，以及 Wilson 关于活动理论指导信息行为研究的建议（Wilson，2006），本章提出了互联网用户协同创作与内容共享的活动系统模型（图4-2），并对该模型中的各个要素和子系统进行逐一定义和描述。该活动系统模型中包含六个要素，其中三个核心要素（主体、客体、社群）和三个媒介要素（工具、规则、角色），以及四个子系统（生产、消费、交流、协作）。图4-2中用实心圆点表示核心要素，分别位于三角形三条边的中部；用空心圆点表示媒介要素，分别位于三角形的三个顶点。根据Wilson建议，动机与目标是活动的先决条件（Wilson，2006）。主体由于受到动机的驱使，并在目标导引下，对客体实施一系列行为和操作，并最终将客体转化为产出结果。同时活动系统将产出结果的反馈信息返回给社群中的各个主体。

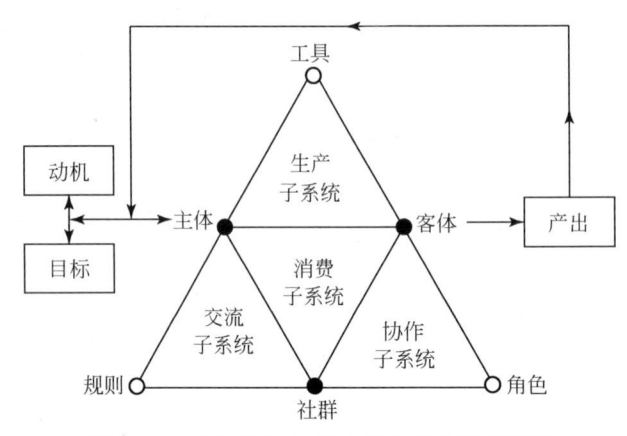

图4-2 互联网用户协作内容生产的活动系统

主体：完成活动目标的实际行动者。主体是一个活动系统中最基本的要素，驱动系统完成其目标。这里特指参与内容生产与共享的单个互联网用户，可以是内容生产者，也可以是内容消费者。

客体：是主体活动的对象，这里指用户协作生产的内容。例如开放百科全书的词条，开放源软件的代码等。客体通常是未完成的初始或中间产品，经过社群共同努力，逐渐转化为结果。结果又会有反馈信息给主体和社群，以判断是否满足社群目标，否则继续进行生产和协作活动。

社群：是活动主体构成的集合，也称为共同体。社群是活动的发起方和完成者，这里指参与内容生产与共享的互联网用户群体。在活动系统的三角模型中特指除了活动主体之外社群中其他成员的集合。

工具：指生产和协作过程中使用的物质工具或心理工具，这里特指帮助用户进行内容生产的技术性工具，以及心理认知工具、智力工具。例如开放百科系统采用的Wiki技术，使用户参与创作和发布网页内容的工作变得异常快捷和轻松。工具媒介物的存在对于人类实践活动有着非比寻常的作用，而活动理论强调人类活动是通过工具媒介的。它广泛存在于活动系统的核心要素之间。主体与其他社群成员通过交流工具进行交互，主体与客体通过生产工具交互，而社群与客体之间通过协作工具进行交互。

规则：属于人造媒介之一，指活动系统中的社会性规范、原则、指南、文化等，由参与活动的社群制定或被其认可，并共同遵守。规则可以调节社群成员之间的关系，是社群成员和睦相处的基本保障，也是解决争议、冲突的依据。同时，社群规则对产出的影响也很大。例如维基百科的前身Nupedia.com项目，原本也是致力于创建一部自由获取的在线百科全书。但创始人采用了传统严格的评审规则，对参与者的资质有所要求，并且每个志愿者需要先写好词条，然后提交给 Nupedia 评审，如此冗长的过程导致内容贡献量非常少，运行了 18 个月才有 20 篇文章（Neus，2001）。

角色：传统活动理论采用"劳动分工"来表示这一要素，分工是社群成员横向的任务分配和纵向的权利与地位的分配。这里我们使用虚拟社群研究中常用的"角色"概念。因为在互联网开放社群中不存在严格的劳动分工和层级结构，用户在一个社群中所扮演的角色是由其自主选择的，社群结构和成员角色分工以自组织为主。尽管如此，但是其社群结构也并非完全扁平化。成员对社群和活动系统的影响力，依据其所扮演的角色而呈现差异化。近年来，已有一些研究对各种互联网开放社群的结构进行了剖析，得出一些有益的结论。例如，Nakakoji 等（2002）依据对四个开源项目的研究，发现开源软件社群存在八种类型的角色，但是并非所有开源社群都存在这八种类型的角色，且每种角色所占的比例也各不相同。Ye 和 Kishida（2003）描绘了开源社群中普遍存在的层级结构和角色分化现象，每个社群均有其独一无二的结构，这种结构性差异表现在社群中每一角色的百分比不同。

4）子系统

生产子系统：在协作内容生产活动系统中也可称为创作子系统，位于图 4-2 的顶部小三角，包含用户主体、客体和工具媒介物三个要素。在传统活动理论中是最基本的子系统，活动的产出和目标主要在这里完成和实现。该子系统包含以下活动要素：活动主体——内容贡献者，活动客体——创作内容，媒介物——创作工具，以及影响产出的一系列行动和操作。

消费子系统：在内容共享系统中也可称为共享子系统。位于图 4-2 中间的小三角，涉及用户主体、社群和客体三个核心要素，是互联网群体协作模式的基础。有别于传统的物质消费观念，这里针对社群协作生产的内容，是信息共享，而非物质消耗。在产出内容即时共享的前提下，社群成员才能对其他用户贡献的内容作出及时的反馈，才会有进一步的协作内容生产。社群成员共享客体成果，同时也共同维护和发展客体成果。互联网开放社群协作内容生产并实现充分的内容共享，这是 Web 2.0 用户生成内容模式最显著的特征。

交流子系统：位于图 4-2 的左下角，包含个体、社群和规则媒介三个要素。用户成员与社群之间在社区规则、社会性规范、道德法律等抽象媒介物的调节和约束下，通过相互交流，发表个体思想、见解等，调节社群成员之间的相互关系。开放社群的规则是由整个社群共同创建、维护和发展的，可以通过成员间的协商形成、改进和完善。社群规则促使社群逐渐演化形成自身系统的有序结构。好的规则既可以约束和规范社群成员的行为，也会促进社群的良性发展。需要注意的是，互联网开放社群成员间的交流不是直接的，而是以计算机为媒介的交流。

协作子系统：位于图 4-2 的右下角，包含社群、客体、角色要素。传统活动理论称之为分配子系统。互联网社群通过成员角色的自我选择和群体协作来共同完成活动系统的目标。然而这种群体协作不是建立在传统劳动分工的基础上，而是依靠社群自组织的协作方式。自组织意味着自我适应、自我选择、自我管理和自我实现（Wagner & Prasarnphanich，2007）。用户要扮演何种角色以及任务如何分配，这些都由用户自己做决定。社群成员可以根据自身的兴趣爱好、知识技能和所占有的资源,自我识别出在协同工作环境中自身的工作内容和角色定位(Stvilia et al.,2008)。

5)活动结构分析

分析活动结构,包括分析活动阶段及其转变,各阶段的具体目标、活动分解等。活动是有层次的,依次可将活动分解为行动,并将行动最终分解为操作。活动是客体导向,由主体的动机驱动;行动是目标导向,由目标驱动;操作依赖于一定的条件(吕巾娇等,2007)。从活动理论的视角审视社群用户参与协作内容生产与共享活动的动态过程。动机和目标是活动开始的前提,将各活动阶段的结构特点按照具体目标、完成者、活动分解、主导子系统、涉及要素和内化/分化若干方面整理成表4-1。

表4-1 活动阶段的结构分析

项目	消费阶段	生产阶段	反馈与协作阶段	冲突与协调阶段
具体目标	满足信息需求、学习	贡献内容	高质量产出	解决争议、达成一致意见
目标完成者	用户个体	用户个体	社群	社群
活动分解(行为)	信息查寻行为、信息利用行为	信息生产行为、信息发布行为	信息生产行为、信息交流行为	信息交流行为
主导子系统	消费子系统	生产子系统	协作子系统	交流子系统
涉及要素	主体、客体、社群、共享媒介	主体、客体、创作工具	主体、社群、客体、协作和反馈工具	主体、社群、规则、交流工具
内化/外化	内化	外化	外化	外化

消费阶段:

这一阶段的活动主要发生在共享子系统内,以用户个体信息行为为主,社群将弱化为主体的环境。主体利用心理工具、系统检索工具等媒介,实现对共享内容的消费和学习过程。同时这是一个活动的内化过程,即主体将外部活动转为内部活动,通过与客体的交互来思考问题、解决问题以及进行智力操作。

一个刚进入协作内容生产与共享活动系统的新用户,首先由系统赋予其一个默认的角色——纯粹的信息消费者,在一些研究中也称之为被动用户。开放社群协作生产的内容对任何互联网用户都是免费开放的,但是这里我们不把那些潜在的信息用户纳入社群成员中,而只考虑实际使用系统的用户。用户以信息消费者身份进入系统的目的和动机主要来自两方面:一是满足某种信息需求;二是出于学习的需要。新用户刚进入一个系统,需要学习该系统的工具、规则和社群环境、结构和文化。用户学习过程本身就伴随着信息消费。学习不仅是用户参与社群活动、完成社群目标的前提,也是其掌握系统功能、了解社群文化并融入社群的必要认知过程。在信息消费和学习的过程中,用户还可以对其在社群中将要扮演的角色进行自我选择,并且自主决定其将在社群中承担的任务。

生产阶段:

这一阶段的活动主要发生在活动系统的顶部小三角内,即生产子系统。这一阶段仍以用户个体信息行为为主,具体可分解为信息生产和信息发布行为。主要利用心理工具、认知工具、系统创作工具等媒介,实现对客体内容的生产过程。同时这是一个活动的外化过程,即将内部活动转为外部活动,而转化的重要媒介就是工具。当个体的智力过程以工具形式外化(也叫客体化),那么主体的智力活动对他人而言更有可近性,因而对于社会性交互也更有用(Fjeld et al., 2002)。

新用户在经历消费和学习阶段后,自我选择角色定位。可能会继续扮演被动用户的角色,即做纯粹的内容消费者;也可能会被社群文化和目标所吸引,引发内在贡献内容的动机,加之有适合的外部刺激,促使其进入下一个阶段,即生产阶段。用户的信息生产行为可以分解为多种行动序列和进一步的操作序列,如创建、编辑、修改、删除、添加、修复等。其行为方式和行为结果取决于该用户的内在动机,并受到社群目标的导向。外在表现则是用户在社群社会性结构中的角色选择和角色演变。例如很多协作系统根据用户贡献程度和影响力,普遍具有层级分布的社群用户结构,并且从数量分布来说呈现显著的长尾现象,即核心层用户较少,而被动用户占到大多数(Ye & Kishida, 2003)。同时无论开源软件社群还是开放百科社群都普遍存在少量用户贡献了绝大多数内容的特征(Stvilia et al., 2008)。随着用户内容贡献的增长和对社群影响力的扩大,用户的社会性角色也在逐渐进化,由社群结构的外层逐渐向内层演变。

反馈与协作阶段:

这一阶段以用户协作信息行为为主,具体可分解为多用户的信息生产、信息交流行为。目标是实现高质量的产出,完成者为社群。协作是一个活动的外化过程,包括用户的智力和心理过程以生产工具外化和以反馈工具外化。

一旦用户生成的内容被发布,就进入了社群协作阶段,此阶段会涉及多个子系统。但主要活动发生在协作子系统,社群通过自组织形式的角色分工,直接对客体内容进行创作活动,共同完成信息生产任务。从活动层面看,是社群共同作用于客体,角色是重要媒介物;从行为层面看,社群对客体的作用最终还是表现为用户个体对内容的创作,因而实际发生在创作子系统,区别只在于活动主体不断发生变化,工具是主要媒介物。共享(消费)子系统是社群其他成员能够对用户贡献的内容作出反馈的前提。其他成员的反馈可以表现为成员间的讨论,也可以表现为对客体对象的直接作用。前者需要反馈或交流工具,后者需要协作工具。基于 Wiki 的用户协作内容生产系统,会提供给社群便利的协作工具,使得其他成员不用通过原始内容生产者,就可以直接对创作内容进行编辑和修改。

冲突与协调阶段:

这一阶段的活动主要发生在交流子系统内,包含用户主体、社群与规则三个要素以及交流媒介。具体目标是解决争议并达成一致意见,由社群共同完成。活动分解为多用户的信息交流行为。

经过消费或者协作阶段后,社群内部可能会出现矛盾和冲突,表现在信息生产者和信息消费者、信息生产者和信息生产者之间的矛盾。矛盾和冲突未必就是激烈的,思想的碰撞、观点的相异也是冲突。此时需要借助社群规则和交流工具。互联网开放社群应有一套比较完备的冲突协调和解决机制,以便社群最终能达成一致,继续返回协作阶段或生产阶段,完成对客体对象的生产活动,以实现社群的目标。如维基百科采用 NPOV 中立性观点作为维基社群的基本原则和维基百科的基石，采用讨论页面、历史页面、监视列表、更新描述等方式有效促进社群成员直接或间接的信息交流。交流媒介的存在，尤其是讨论页，对于解决冲突和争端起到了非常重要的作用。社群成员间的讨论和协商对于有效促进协作、平息争议、提高产出质量具有显著的效果。例如百科词条被编辑次数与其讨论页的长度成正比（Viégas et al., 2007）。而词条编辑次数越多，则词条质量越高（Braendle, 2005）。相信大众智慧和促进信息流通的机制正是维基百科成功的关键（马费成和夏永红，2008）。

4.3 基于内容生产视角的 UGC 主体可信评价

面向协作内容生产主体的可信评估研究有助于从内容生产的源头提高协作活动的透明度以及协作内容的可信度。开放式协作活动系统的核心要素是主体、社群和内容，虽然内容可信度评估活动主要涉及个体行为，然而内容客体却是虚拟社群共同创作的结果。基于内容生产视角的协作主体可信度评估在提高内容可信度方面能发挥至关重要的作用（Javanmardi & Lopes, 2007），现有 Wiki 系统虽然支持协作内容生产，但不关注个体贡献（Arazy et al., 2010）。百度自主开发的百科系统虽然给出了每个编辑者的贡献度、版本通过率，然而其贡献度是以通过审查的词条数来衡量的，并且其内容审查是以人工方式为主。因此，如何基于协作系统的要素间关系和活动流程，构建面向开放内容协作生产的虚拟社群信任关系、模式和可信评估模型，是本文研究的重点。

4.3.1 协作生产社群信任关系的构建方法

1) 虚拟社群的可信评估

虚拟社群环境下的信任问题不同于现实社会背景下的人际信任问题。①首先，传统上我们依赖物理环境用来观察和使用信任的线索在网络环境下不存在，因此必须要有电子替代物（Jøsang et al., 2007）。传统的信任可以基于社会性认知和情感，如人际关系、亲缘关系等。然而在开放网络中，用户面对的是虚拟社群成员，其网络信息行为由于受到虚拟身份的掩护，原有基于社会性认知和情感的信任关系在网络上不复存在。②其次，在物理环境下由于社群的地域限制，交流并共享与信任、声誉有关的信息比较困难，而结合互联网技术的虚拟社群系统却可以在全局范围内，设计高效的信任管理机制来交换和收集与信任有关的信息。基于这样的共识，有关虚拟社群信任管理机制的研究应当要努力挖掘相应的网络替代物，以替代现实世界中我们用以构建信任和声誉的线索，并针对特定网络应用构建新的信息要素，用以推演出对信任和声誉的测量。

不同系统环境下的可信评估机制有很大不同，主要分为中心化系统和去中心化系统（Wang & Vassileva, 2003）。前者的可信评估机制较为简单，而后者较为复杂。目前基于维基模式的协作系统是典型的去中心化、对等生产系统，采用自组织模式。因而其潜在的信任管理机制相比中心化控制的电子商务系统更为复杂。在虚拟社会网络中，建立信任关系的方法有基于威慑的信任、基于制度的信任和基于特定知识的信任（Weth & von der

Bohm，2006）。①基于威慑的信任不符合开放内容协作生产模式的平等、民主精神和自组织原则。②目前开放式协作普遍缺乏显性的信任管理机制和有效的制度保障，因而基于制度的信任也不适用。③虚拟协作社群中，个人信息往往由于隐私权、匿名性而不可获得，因而只能借助与主体特定行为有关的知识来衍生信任关系。而基于网络交互的反馈信息正是主体特定行为知识的来源。反馈也是建立社群信任关系、衍生社群成员声誉和成员间推荐的基础数据来源。

2）基于协作与反馈的信任关系来源

反馈信息的获取途径：

基于交互经验的反馈信息可分为两类：①直接反馈，主体 A 对 B 行为结果的直接评价。如电子商务网站中普遍采用的评级制度，每一次交易后均会产生双方的评级数据。如淘宝网买卖双方在一次交易后的互评，分为差评、中评、好评三个等级。直接反馈的结果显而易见，并且可以直接加以利用，例如用来计算某个卖主的总体声誉或在整个社群中的等级，并具有向社群其他成员推荐的功能。②间接反馈，主体 A 对 B 行为结果的间接评价。如维基百科中的间接评议模式，社群成员可对其他成员编辑内容直接进行修改。保持原状代表一种认可，进行编辑等同于认为文章有不足、需要改进（田莹颖等，2010）。间接反馈的结果并不显而易见，尽管它隐含的蕴意对于构建社群可信环境具有十分重要的价值，但如果缺乏有效的开发途径和适当的模型构建，则这些有价值的经验数据就只能是无法利用的数据而已，不能提供更多有价值的信息。

在协作内容生产系统中，同时存在直接反馈和间接反馈两种情形。直接反馈建立在显性的社群信息交流基础上，成员直接发表对某处内容的看法，并就内容生产中的问题和不同见解展开讨论、辨析，必要时还会采取投票形式，以达成一致意见。而间接反馈是直接作用在内容上的反馈，如删除、插入、恢复等，是基于客体内容变更的间接或隐性信息交流。成员通过内容被编辑修改后的反馈形式间接了解其他成员对自己创作内容的意见。

内容生产协作社群信任关系的数据来源：

那么直接反馈与间接反馈是否都能作为构建协作社群信任关系的数据来源呢？首先，直接反馈可以作为协作过程尤其是冲突与协调阶段一种重要的信息活动，但是基于直接反馈的信任模式不能适用于大规模协作。Dondio 和 Barrett（2007）就认为基于人工反馈的信任工具不适合维基百科，因为它更新速度太快。其次，现有对维基百科词条或作者可信度的研究基本都建立在内容驱动，也就是基于间接反馈的可信计算模型上。例如 Zeng 等（2006）基于内容片段构建信任模型，Adler 和 de Alfaro（2006）采用内容编辑生存期来预测作者声誉，并基于作者声誉计算贡献内容的可信度（Adler et al.，2008）。

间接通信是群体智能系统的底层机制之一，个体之间通过作用于环境并对环境的变化作出反应来进行合作，环境是个体之间交流的媒介（王玫等，2005）。由于群体智能可以通过非直接通信的方式进行信息的传递与合作，因而随着个体数目的增加，通信开销的增幅较小。这种间接通信方式就是本研究中所指的间接反馈。从群体智能到大众智慧，大规模协作遵循同样的原理。协作社群在共同的生产目标指引下，以直接改变客体的方式进行间接交流，而协作系统应当能够为这种间接交流提供特定行为知识和相应的信任管理机制，以促进社群交流与协作。

　　基于现有研究和理论推演，大规模开放式协作社群的信任关系应当建立在基于间接反馈的信任模型上。间接反馈体现在对开放内容的协作编辑过程。一旦用户生成的内容被发布，就进入了社群协作阶段，社群通过自组织形式的角色分工，直接对客体内容进行编辑修改活动，共同完成信息生产任务。因而协作社群的交互经验主要由基于修订史的反馈信息构成。在维基模式中，完整的内容编辑历史记录为社群协作的反馈信息提供了原始交互经验数据。

4.3.2　基于维基社区的用户可信评估模式探析

　　Wiki 维基不仅是一种能使任何人编辑网页内容的软件，也是对协作和参与的新一代网络的隐喻。维基模式的成功，显示了群体智慧和大规模协作生产的强大力量。然而，Wiki 系统虽然支持协作内容生产，却不关注个体贡献，并且缺乏显性的可信评估机制和模式。当维基技术越来越多地被应用于商业、政府和教育背景中时，协作生产者很大程度受职业目标的驱动，这就有必要修改 Wiki 系统（Arazy et al., 2010），以使得每个协作者的贡献以及同行评审的结果能清楚的展示出来。而信任是虚拟社区协作、资源获取和知识分享的重要前提（Ridings et al., 2002），强信任能激励人们更愿意参与社会交换和协作式交互（Chang & Chuang, 2011），更容易表现出忠诚、可靠，并且贡献出更可信的内容（Adler & de Alfaro, 2006）。本文致力于探讨维基社区有效的可信评估模式以及相应的可信评估系统结构。

　　维基社区是一个典型的协作活动系统。内容生产是维基社区的主要活动，发生在生产子系统和协作子系统，而生产子系统又是协作子系统的基础；社群交往是维基社区的次要活动，发生在交流子系统。主要活动是实现社区目标的基础，而次要活动为主要活动提供支持和保障，两者密不可分。内容共享是维基社区提供的服务，面向所有的互联网用户，并且是完全免费的知识共享服务。维基百科社区的总体产出是一部百科全书，其目标是使互联网用户聚集在一起建立资源让世界上所有的人都可以免费获得。而对于创建某词条内容的协作社群而言，阶段性的目标是达到优秀词条的标准。Wiki 技术是主要的工具媒介物，使用户参与创作和发布网页内容的工作变得异常快捷和轻松。规则由参与活动的社群共同制定和认可，并共同遵守。规则可以调节社群成员之间的关系，是成员"和睦相处"的基本保障，也是解决争议、冲突的依据。如中立原则（NPOV）是维基百科社群共同遵守的核心规则。维基社区虽然不存在自上而下的角色分配和劳动分工，但是通过自我选择和社区自治的管理原则，成员也会逐渐形成不同的角色分工。已有研究证明了开源社群中普遍存在层级结构和角色分化现象（Ye & Kishida, 2003）。

　　反馈信息对于协调活动主体间的信息行为，以及客体产出质量具有重要的影响。反馈信息可以表现为成员间的讨论，也可以表现为主体对客体对象的作用。前者需要直接信息交流工具，如中文维基百科的互助客栈和讨论页；后者需要间接信息交流工具，如 Wiki 系统提供了任何人都可以参与内容修订的协作编辑工具。我们将前者称为直接反馈，将后者称为间接反馈。在维基社区中同时存在直接反馈和间接反馈两种情形。直接反馈建立在显性的社群信息交流基础上，成员直接发表对某处内容的看法，并就内容生产中的问题和不同见解展开讨论、辨析，必要时还会采取投票形式，以达成一致意见。而间接反馈是直接作用在客体（内容）上的反馈（如删除、插入、恢复等），是基于客体内容变更的间接或隐性信息交流。成员通过内容被编辑修改后的反馈形式间接了解其他成员对自己创作内容的意见。如维基百科中的间接评议模式，社群成员可对其他成员编辑内容直接进行修改。保持原状代表一种认可，进行编辑等同于认为文章有不足、需要改进（田莹颖，2010）。实际上，当编辑修改其他成员的贡献内容时，它隐含或确切的涉及了对这些贡献内容质量的评价（Stvilia et al., 2008）。间接反馈的结果并不显而易见，尽管它隐含的蕴意对于构建社群可信环境具有十分重要的价值，但如果缺乏有效的开发途径和适当的模型构建，则这些数据并不能提供更多有价值的信息。

1）建立中心制的用户可信评估模式

不同系统环境下的可信评估机制有很大不同，主要分为中心化系统和去中心化系统。Resnick 等（2000）认为基于交互的声誉系统必须满足以下条件，才能形成有效的可信评估模式：①实体生存期必须足够长，以使每一次交互后总会产生一个对未来交互的预期。②能够获取和分配当前交互的评级数据。③对过去交互的评级必须能指导当前交互的决策。对于中心控制的声誉系统实现以上条件是比较容易的，例如 eBay、淘宝网等电子商务声誉系统基本遵循着这些原则。而对于去中心化的系统，要实现以上条件就比较困难（Jøsang et al., 2007）。

维基社区从其规则看是一个非中心控制的对等生产系统，但同时它也是一个不断演化和自组织的系统，经过较长时间的内容演化和用户角色演化过程，维基社区已经逐渐形成自身的管理团队。用户生成内容的长尾现象证实了维基社区经过时间推演会逐渐形成分层的用户群体，其中包括了一个负责管理社区事务的核心成员组。例如中文维基百科的行政员、管理员等。维基社区的去中心化并不表示没有中心，仅表示这种中心制的形成并非自上而下，而是由自下而上的自组织和自演化形成。尽管有庞大数量的用户，但维基百科的创始人威尔士先生估计超过 50% 的编辑是由少于 1% 的用户来完成的（泰普斯科特和威廉姆斯，2007）。即用户群表面的混乱中其实有着少数但很忠实的正式用户群。泰普斯科特甚至认为维基百科将可能倾向于由一个代表维基百科的编辑部来授权文章和审校文献的管理模式，以使词条内容更可靠和获得人们更多信任。也就是说，原本非中心控制的维基社区随着时间演化，会逐渐倾向于形成中心制的组织模式。

本文探讨维基社区的中心制可信评估模式和系统结构。这里所称的中心制可信评估模式，指协作主体反馈信息的抽取以及信任关系的评估、获取等功能由维基系统平台统一提供，而非各个用户节点独立形成。以下先从信任形成、信任度量、信任获取几个角度探讨维基社区有效的可信评估模式。

2）信任形成模式

具体指社群成员间信任关系的来源与形成模式。在虚拟社会网络中，与主体特定行为有关的知识是衍生信任关系的主要来源（Weth & von der Bohm, 2006）。在 Wiki 系统中，该行为知识可以概括为社群成员参与创作、编辑词条以及参加讨论和投票的行为。反馈是虚拟社群信任关系的基础数据来源，目前电子商务网站的声誉系统都是建立在直接反馈，也就是互相评级的基础上。根据前文所述，在维基社区中同时存在直接反馈和间接反馈两种情形。直接反馈主要表现为社群讨论和投票，间接反馈则集中体现于社区提供的内容修订史（图4-3）。

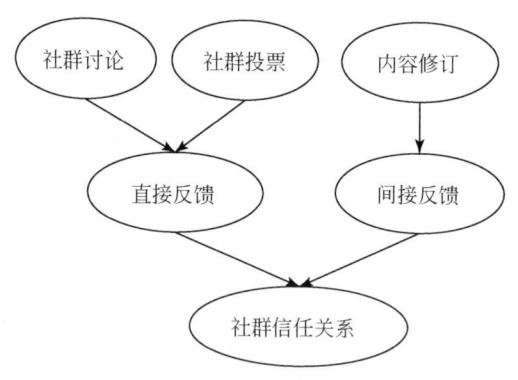

图4-3 维基社群信任关系来源

在用户不断参与协作活动的过程中，主体的社群意识逐渐增强，对参与协作编辑的其他主体更为关注。同时协作主体通过频繁的交互，包括讨论、投票、内容修订等信息行为，逐渐形成了主体间的信任关系。不同的协作强度和频次，以及不同的交互结果，都会导致信任关系的差异。在维基社区的虚拟环境下，主体间的信任关系主要取决于信息交互结果。

3) 信任度量模式

具体指对协作主体间信任程度的评估模式。维基社群信任关系，与其他网络信任关系一样，可以从反馈、推荐、声誉不同途径及其组合对主体可信度进行评估（Hilligoss & Rieh，2008）。其中，反馈是主体间直接交互的结果，其他方式均是在反馈数据的基础上推演出来的。评估主体间信任关系的依据有：①根据主体之间直接协作的经验或先验知识，称为直接信任。②依据社群其他成员的推荐可信度。③依据主体在社群中的声誉，即社群成员推荐的平均结果。此外还可以是以上各种评估依据的组合。至于如何选择，则取决于主体的信任策略（Weth & von der Bohm，2006）。根据前文对维基社区活动系统的分析，内容生产是维基社区的主要活动，社群交往是维基社区的次要活动。而信任关系具有情境依赖性，即主体 a_2 信任 a_1 对内容的编辑，但未必信任 a_1 对社区事务的管理。因此主体间信任关系按照活动的划分，可以分为协作编辑信任和社区建设信任。

协作编辑可信度：

主体 a_2 对 a_1 的编辑能力、内容可靠性的评估。内容编辑与质量评审过程在维基社区中是同步交叉进行的，即编辑—评审—编辑—评审—……。因而评审者对内容贡献者的反馈周期非常短，几乎是内容一发布就进入社群评审，并且反馈结果也很快就能体现在内容的再编辑上。主体对于其他成员的编辑异议，包括任何问题、疑虑、参考文献，以及有关内容的评论，都可以在讨论页提出来。维基百科中的讨论页扮演辅助词条主页面的角色，协助社群生成更好的内容。讨论页也是协作主体间直接信息交流的正式渠道，其中的讨论内容可以作为社区决策的重要依据。

维基社区的内容修订史保留了大量有用的信息，是社群成员交互的一手资料。这些数据主要为文本形式，包含大量修订过程的元数据。一个百科词条的编辑历史就是一个 Wiki 对象。因此内容修订史是高度结构化的数据，其元数据以及修订内容本身就是可供二次开发的原始资源库。目前针对维基百科的定量研究大都基于内容修订史提供的信息。并且针对修订史展开深度挖掘，不需要主体的显性参与，也就是说社群成员并不需要提供额外的评价信息。如此会减轻社区参与者的负担，激发成员将更多精力专注于内容质量本身，而不是社群成员间的评议。当然，该评价信息的挖掘需要由专门的可信评估系统来完成。

社区建设可信度：

主体 a_2 对 a_1 参与社区事务的能力、可靠性的评估。主要交互行为体现于社区讨论、投票活动中。社区讨论内容也是文本形式，分析难度较大，不易建模，但可以尝试采用内容分析法。投票是决策的一种途径，群体经过讨论或辩论，最后以特定方式标示出投票者的立场，然后由专门的组织管理人员点算并公布结果。社群投票活动最能集中体现主体的综合反馈意见，且投票数据易于处理和定量分析。因而可以考虑采用投票数据来对协作主体可信度进行评估，讨论内容可以用作定性辅助分析。

以上两类信任关系是可以迁移的，但在维基社区中主要是从协作编辑信任向社区建设信任迁移。维基百科中的管理员、行政员基本都是因为以往对百科词条大量的贡献，尤其是对优质词条的贡献，而受到维基社群的信任，因此才被社区批准进入核心管理团队。

4）信任获取模式

具体指信任信息的获取、表示和利用模式。这一阶段主要面向社区用户，是 Wiki 可信评估系统与用户间的接口。如何将原始的、衍生的、或推演的社群信任信息，以恰当的方式、路径和表达形式提供给用户，并协助用户作出决策以实现有效的协作生产，是这一模式所要研究的主要问题。

信任信息的获取是用户如何获得信任信息的渠道。对用户而言，可以主动请求信任系统的服务，也可以系统自动推送。例如用户需要查询过去曾与其他成员协作编辑内容的反馈信息，这些反馈信息是用户在现有的维基社区中查询不到的，因为这些信息需要从过去频繁的编辑中加以提炼和概括。通过这些信息的展示，可以帮助用户更好地了解社群间的信任关系，增强用户的社群意识以及对社区的信赖感和忠诚度。

信任信息的表示需要借助于人机交互领域的知识。系统形成和提炼的行为知识和信任信息，未必是用户所能接受的。因而对交互界面进行设计以及对用户认知和信息行为展开研究是必要的。在人机交互界面设计中，隐喻方法被广泛使用，因为隐喻是人类重要的认知思维方式，人机交互的过程其实就是人们认知的过程（张薇薇，2009）。使用隐喻来设计各种模型，可以使得人机交互更加便利，同时配合可视化技术一起，可以为用户创造一个从认知角度来说非常友好的可视环境。

信任信息的利用则更加体现用户个性化特征。现有的声誉系统或分布式可信计算大都没有将主体的信任策略考虑在内。在现实世界的社会网络中，人们无法也无需将自己的信任策略显性表达出来。而在虚拟社群网络中，用户借助计算机软件、硬件这样的人造物来彼此交互，工具媒介物的存在为信任策略的外化创造了条件，提供了便利。要让虚拟社区为用户提供更有价值的服务，主体信任策略的外化就显得很有必要。因而网络信任系统应该给予用户有效的信任策略显性表达和选择的途径。

4.3.3 基于内容反馈与协作的生产主体可信度评估

本研究将部分采用 Weth 和 von der Bohm（2006）提出的基于行为知识的信任模型统一框架，以间接反馈为基础，推演主体声誉、推荐和信任关系等衍生物。在开放内容的协作生产环境下，对反馈、推荐、声誉等这些信任模型中的核心概念解释如下（反馈、声誉、推荐与信任间的关系见图 4-4）。

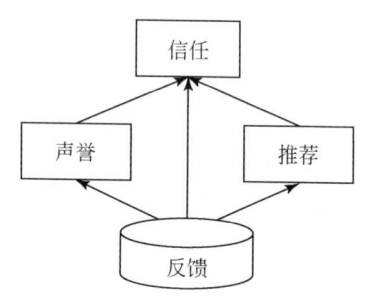

图 4-4　反馈、推荐、声誉与信任间的关系

反馈：一次内容编辑行为后 a_2 对 a_1 贡献内容的评审意见。本研究中该数据来源于内容驱动的间接反馈推演结果。反馈是一种二元关系，面向特定关系对，即发生在两个特定主体间，一方对于另一方的信息反馈。而在内容生产协作社群中，内容是反馈实现的载体。在维基模式中，表现为任何主体都可以编辑、修改社群协作生产的内容。反馈是构建信任相关模型的基础数据来源。

推荐：a_2 基于以往与 a_1 的共同编辑经验，对 a_1 编辑内容的综合反馈意见。推荐也是一种二元关系，与反馈一样都是面向特定关系对的，发生在社群中有过协作经验的两个主体之间。推荐知识的形成可以通过多次协作经验的反馈数据推演而来。推荐关系除了包含两个主体，隐含的还涉及一个第三方主体，假设为 a_3。通常我们会说，a_2 向 a_3 推荐 a_1。

声誉：虚拟社群整体对 a_1 编辑内容的普遍意见，即社群成员对 a_1 推荐的平均结果。声誉与反馈、推荐不同，它并非一个二元关系，而仅与某个特定主体相联系。显然，这里特定的社群也是反映主体声誉不可或缺的一个情境要素。离开了社群背景，主体声誉将会失效。主体 a_1 在社群中的声誉主要依据其他与之有过协作经验的成员推荐数据综合得来。

信任：a_2 对 a_1 未来内容编辑行为符合其预期的主观信念，也可直观理解为 a_2 相信 a_1 未来编辑内容无需修改的程度。主体间的信任关系会影响到未来的协作。信任是一个二元关系概念，是一个主体对另一个主体行为及其结果可信赖程度的主观判断。它不同于反馈、推荐和声誉，后者完全基于历史经验数据。而信任关系既依靠交互经验，同时也受到主体的信任策略影响。

1) 基于内容演化过程的主体间反馈关系矩阵

这里把开放百科的词条看作一个内容生产单元。在其整个版本的编辑历史中,所有反馈关系及其反馈值所构成的矩阵为

$$R = \begin{bmatrix} r_0^1, & r_0^2, & r_0^3, & \cdots, & r_0^n \\ —, & r_1^2, & r_1^3, & \cdots, & r_1^n \\ —, & —, & r_2^3, & \cdots, & r_2^n \\ —, & —, & —, & \cdots, & r_{n-1}^n \end{bmatrix}$$

对于矩阵中任意元素 $r_i^k(i<k)$,映射关系对 (a_i, a_k) 之间的反馈关系,前者表示内容贡献者和被评价主体,后者表示内容评审者和评价主体。如果最后一个参与评审与修订的内容生产者为 a_n,即该内容生产单元的历史修订次数为 $n+1$,则整个矩阵的反馈总数为 $n+(n-1)+(n-2)+\cdots+1=n(n+1)/2$,其余为空值。同时矩阵中有一种情形需要将反馈值清空,即内容生产者与评审者为同一主体,在虚拟社群中表现为同一 ID 或用户标志。同时在 $a_0, a_1, a_2, \cdots, a_n$ 序列中,对于编辑主体重复出现的情形,不影响对结果的讨论和分析,可以视为主体间基于内容协作生产的多次交互。以上矩阵只是反映了一个内容生产单元里的协作与反馈情况,而每个内容生产单元均可生成类似的矩阵。在这些矩阵的基础上,可以形成丰富的社群协作经验数据,并衍生出其他与信任有关的知识。

2) 内容生产主体可信度评估及主体间信任关系的构建方法

面向开放内容协作生产的虚拟社群信任关系,与其他网络信任关系一样,主要来源于以下几个方面(Hilligoss & Rieh, 2008):①主体之间直接协作的经验或先验知识,也被为直接信任。②来自社群其他成员的推荐,也被称为推荐信任。③来自主体在社群中的声誉,或社群推荐的平均结果,也被称为协同信任。此外还可以是以上各种信任来源的组合。至于如何选择,则取决于主体的信任策略。无论信任关系源自哪一方面或其组合,最终都是来源于反馈数据。因此协作内容生产社群的信任关系主要来源于协作与反馈数据,同时也受到主体信任策略的影响。以下分析均假设 a_2 为可信评估主体,a_1 为被评估主体,a_3 为推荐信任的第三方主体。其中,推荐信任关系和协同信任关系都属于间接信任关系,前者基于个体推荐,后者基于社群协同推荐。

直接信任关系:a_2 基于过去与 a_1 协作编辑同一内容而积累的反馈数据,预测 a_1 未来编辑内容符合其预期并无需修改的程度,可表示为 $TR_{21}: a_2 \to a_1$。如果基于反馈矩阵所得的可信度评估值超过其主观信念的某一预设值,那么 (a_2, a_1) 信任关系成立,即 a_2 将信任 a_1;否则,信任关系不成立,a_2 将不信任 a_1。对于多个反馈关系矩阵 R 中,(a_2, a_1) 的多个反馈值,可以采用简单求平均的方法来估计 a_1 的可信度。在更精确的算法中,也可以考虑加入时间衰减系数进行加权平均。

推荐信任关系:a_2 基于 a_3 对 a_1 的综合反馈意见,预测 a_1 未来编辑内容符合其预期并无需修改的程度,可表示为 $TR_{21}: a_2 \to a_3 \to a_1$。首先,$a_3$ 对 a_1 的综合反馈意见可以用推荐度予以量化表示,而推荐度同样基于反馈矩阵计算得来。我们在表示 (a_2, a_1) 的推荐信任

关系时，还需考虑（a_2，a_3）的信任关系。具体推荐算法可参看其他文献。

社群信任关系：a_2基于社群 C 对 a_1 的平均推荐意见，预测 a_1 未来编辑内容符合其预期并无需修改的程度，可表示为 TR_{21}：$a_2 \rightarrow C \rightarrow a_1$。协同信任关系也可以被称为基于声誉的信任关系，其关键在于如何计算和评估 a_1 的声誉。目前主要有以下几种途径计算社群成员的声誉：一是通过对反馈数据的简单汇总或求平均，广泛应用于各种电子商务系统；二是基于概率分布的贝叶斯推理，利用经验知识来推测未来行为发生的概率。

4.4 基于用户消费视角的 UGC 客体可信评价

4.4.1 用户协作生产内容的可信度影响因素

1）研究设计与数据采集

本研究采用调查法，目的是探寻什么因素影响用户对开放内容的可信度评估，以及用户参与协作内容生产的程度是否会影响其对开放内容的可信评估意识与行为。具体而言，通过调研探寻以下问题：用户个体特征（如性别、网络使用经验和网络依赖性）对开放内容可信评估意识的影响；用户参与协作生产的程度（如开放百科访问频率、编辑频率）对开放内容可信评估意识与能力的影响；用户对开放内容的可信评估标准或可信判断依据是什么？

根据本次研究的需要，在设计问卷时着重采集以下有关用户的数据信息：①网络使用经验；②网络依赖程度；③对开放百科网站的访问频率；④对开放百科内容的编辑频率；⑤对开放百科内容的可信评估意识；⑥对开放百科内容的可信评估依据。其中，前 5 个变量采用 Likert 5 点尺度进行测量，最后一个变量为开放式问题。

为了考察用户参与协作程度的不同对开放内容可信评估意识和行为的影响，本次调研分为两组进行。预估第一组调研对象参与协作的程度会明显低于第二组。问卷发布在问卷星专业调查网站上（http://www.sojump.com），招募调查对象主要是以发出问卷邀请的方式。

第一组调研对象为一般网络用户，主要从笔者所在高校的大学生中发出问卷邀请。调查时间从 2011 年 4 月 6 日起，截至 2011 年 5 月 23 日。共收集问卷数 81 份，删除明显不认真答卷 2 份和明显重复提交答卷 1 份，有效问卷 78 份。其中最后一个开放式问题由于个别答卷者的理解偏差，在单独题项分析时不予考虑，但在其他题项中可以并入统计分析。问卷各个题项主要从性别、网络经验、网络依赖、开放式协作网站的访问频率、开放内容的编辑频率、开放内容的可信评估意识、可信判断依据几个方面采集数据。

第二组调研对象为开放式协作社区用户，主要从开放百科的活跃用户中抽取并发出问卷邀请。合计发出问卷邀请 181 份，实际回收问卷数 49 份，删除明显重复提交答卷 1 份，有效问卷 48 份。

2）基于内容分析的影响因素结构

本次调研的重点在最后一个开放式题项"您在判断开放式协作内容的可信程度时，常

第 4 章　UGC 内容的可信评价

用的判断依据有"。这一开放式问题可以进一步深入考察用户对开放内容的可信度评估行为和能力。对其分析主要采用扎根理论的定性方法，重在资料蕴含信息的细致丰富程度，而非样本数量的大小。根据用户对开放内容可信度评估依据的答卷情况，在删除无效文本之后，整理成表，其中第一组共收集有效答卷内容 66 份，第二组共收集有效答卷内容 46 份。无效文本包括无意义的文字、未正确理解题意的答卷结果。第一组最后一个题项的有效答卷率为 84.6%，第二组最后一个题项的有效答卷率为 95.8%，明显第二组的答卷结果较好。采用扎根理论的定性归纳方法，将所有有效用户答卷内容进行提炼、归并和编码。其中结构性因素是笔者经过内容分析加以提炼概括后的因素，编码是为了方便对答卷内容进行定量统计和特征分析。答卷文本中含义模糊不清的未予归类和参与统计。譬如填写"权威性"，指向不明，可能指网站权威性，也可能是作者权威性。

对每份答卷进行内容标引，最后统计各个结构性因素的出现频次和百分比，汇总成表 4-2，同时将两个小组结果的频率分布绘制成图 4-5。从频率分布对比图中可以清晰地看出，第一组的可信评估依据结果较为分散，而第二组的结果非常集中。

表 4-2　两组答卷的结构性因素频次对照表

结构性因素	编码	第一组 出现次数	第一组 出现频率/%	第二组 出现次数	第二组 出现频率/%
网站权威性	W	6	6.4	1	1.6
他人的评价	S	9	9.6	4	6.3
依靠经验	E	10	10.6	4	6.3
凭直觉	I	11	11.7	1	1.6
查证行为	V	10	10.6	17	27.0
参考源	R	12	12.8	21	33.3
内容质量	Q	13	13.8	8	12.7
时效性	T	11	11.7	0	0.0
实用性	U	7	7.4	0	0.0
作者因素	A	5	5.3	5	7.9
社区因素	C	0	0.0	2	3.2
合计		94	100	63	100

第一组用户意见分散，缺乏统一的清晰认识，不少依靠经验（E）和直觉（I）来判断，或者依赖他人评价（S）和网站权威性（W）。时效性（T）、实用性（U）是仅在第一组结果中出现而第二组中没有的两个因素。具有一定比例的普通用户把查证行为（V）、参考源（R）和内容质量（Q）作为开放内容的可信评估依据。

第二组社区用户的答卷结果高度集中于查证行为（V）和参考源（R）两个因素，较少依赖或几乎不依赖网站权威性（W）、直觉（I）、时效性（T）和实用性（U）等因素。此外，第二组还出现了第一组中没有的社区因素（C），例如对"社区开放性程度和社区管理者严格程度"的判断。两组受试者都提及了协作者（A），诸如"作者可信度、协作

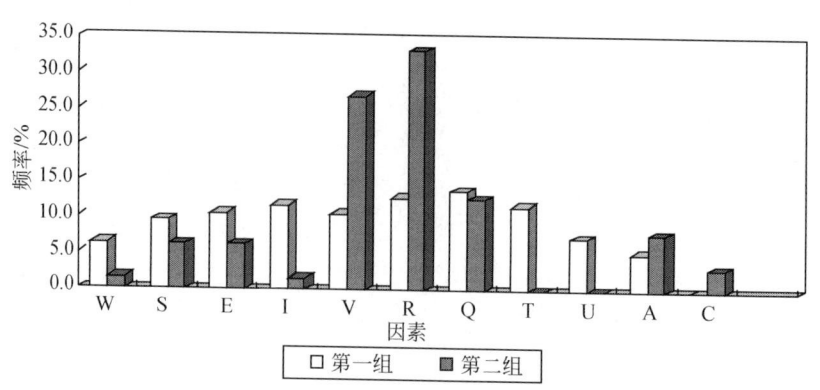

图4-5 两组受试者对开放内容可信评估依据的频率分布图

者责任度、发布者权威、参与人数、修订次数"等，但比例不高。两组结果中的内容质量（Q）比例都较高，例如"内容详细程度"、"逻辑合理性"、"中立性"、"准确性"、"完整性"等。

对于开放式协作经验丰富和参与度高的用户（具体表现为对开放百科的访问频率和编辑频率较高），可信度评估意识普遍较高，且可信度评估行为更趋向于理性，也更接近于专家学者对用户Web信息评估能力的要求和推荐技巧。对于普通网络信息用户，Meola（2004）推荐了两种评估技巧，多信源相同信息的比对和进一步的证实。而结构性因素中的查证行为（V）正是Meola推荐的第一种技巧，此外另一个因素参考源（R）体现了进一步证实的技巧。

4.4.2 用户协作生产内容的可信度评估模型

1. 模型构建与假设

基于以上影响因素的调研结果，构建开放内容可信度评估的实证模型。其中开放式协作社区（C）、协作内容生产者（A）和参考源（R）三个因素，以及用户查证倾向（V），主要来自于开放式问卷的扎根理论分析结果，用户特征中的信任倾向主要借鉴现有相关成

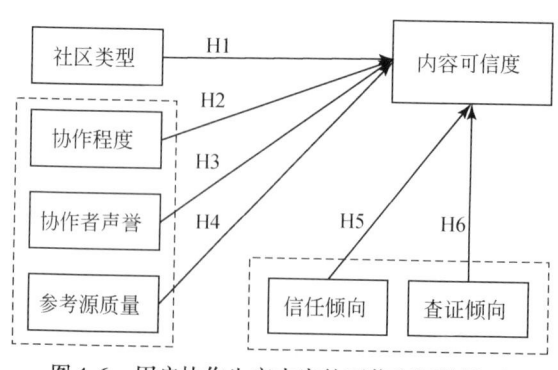

图4-6 用户协作生产内容的可信度评估模型

果。虽然两组结果中都涉及一定比例的"内容质量"因素,然而信息质量内涵过于丰富,在实际评估活动中缺乏可操作性和实用性。有研究已经表明用户很少努力地去检查网上获取的信息的准确性,并且很少使用专业人员开发的信息质量检查标准(Metzger, 2007)。因此内容质量未被纳入实证模型中。网络信息可信度研究中经常使用的用户特征"网络经验",在本次研究中由于受到实验对象同质性的控制,也未加入模型中。鉴于开放式协作网站的内容生产者主要是社区用户,而非传统 Web 1.0 环境下的网站主办方,因而模型舍去了传统的媒介和网站感知因素,取而代之以社区感知因素。此外,网站特征的影响在实验过程中将被有效控制。开放式调研中获取的其他共有影响因素,如经验和直觉可看做实验过程的随机因素。

通过对部分实验者的数据采集和因子分析,对原先设计的模型进行了进一步的修正,将社区感知因素进一步操作化为协作社区类型,将协作内容生产者感知因素拆分为协作程度和协作者声誉两个变量,将参考源具体化为参考源质量。修正后的实证模型见图 4-6,内容可信度感知为模型中的唯一因变量,操纵和控制变量总体上可分为三组:协作社区(社区类型)、内容线索(协作程度、作者声誉、参考源质量)、用户特征(信任倾向、查证倾向)。

1) 开放式协作社区感知因素

本研究根据社区管理方式,将开放内容协作社区分为三种类型:①社区自治,即完全由社群成员来管理的社区自组织模式,典型代表是维基百科社区。②主办方内部员工+社群成员的协作管理方式,典型代表是百度百科。③完全由主办方内部员工管理,例如互动百科。按照以上社区管理向用户开放的程度,我们将社区类型分为高、中、低三种开放度水平。有文献认为社区信息向用户公开的程度会影响用户对网络评论信息的可信度评估(包敦安和董大海,2009)。此外,本实验模型中的社区类型可类比于更广泛的网站类型,而实证研究相继表明网站类型会显著影响用户可信度感知。据此本研究提出以下研究假设:

H1:不同协作社区类型,用户的内容可信度感知有显著差异。

2) 开放内容的协作程度感知因素

协作程度以参与协作的成员数量和修订次数来衡量。研究表明词条编辑次数越多,则词条质量越高(Braendle, 2005)。而参与成员的数量越多,意味着观点多样性越高,词条的评审度也越高。根据"眼球足够,漏洞全无"的 linux 法则,词条内容可信度就越高。因此本研究提出以下研究假设:

H2:开放内容的协作程度与内容可信度感知显著正相关。

3) 开放内容的协作者声誉感知因素

作者或来源权威性是评估网络信息可信度时广泛采用的标准之一(Metzger, 2007; Fogg, 2003; Rieh, 2002)。不像传统出版业,Web 信息没有通过专业守门人的过滤,也缺乏作者身份信誉这样传统的权威性指示器。网络环境下对作者权威性的判断主要依赖于基于协作经验和反馈机制而建立的声誉系统。但是在开放式协作环境下，目前缺乏这种显性的协作者信任管理和评估机制。而本研究中评估协作者声誉的主要依据有原始累计贡献量、剩余累计贡献量和编辑存活率三个指标。也有研究采用编辑生存期来预测作者声誉（Adler，2006）。

H3：开放内容的协作者声誉与内容可信度显著正相关。

4）开放内容的参考源质量感知因素

参考源质量包含参考源的数量、权威性和有效性三个方面。维基百科认为最可靠的来源是学院与同行评审的出版物，如期刊、书籍等（维基百科，2011）。研究表明，各种网站类型中，新闻机构网站的信息可信度最高，个人网站的信息可信度最低，电子商务网站和兴趣型网站的信息可信度居中（Flanagin & Metzger，2007b）。网络用户对政府、媒体官方信息的可信度评价显著高于普通网民发布的信息（汤志伟等，2010）。综合现有研究和实践结果，我们把各种类型的参考源按照权威性和可信度由高到低分为四个等级：①一类参考源，基于同行评审的正式出版物（期刊、图书等）以及政府网站。②二类参考源，新闻媒体、非盈利组织网站。③三类参考源，电子商务网站。④四类参考源，自媒体和用户生成内容的网站（如论坛、博客等）。参考源的有效性主要指来源是否可供查证，如因为来源标注信息不完全、不准确或链接错误，而导致参考源无法查证，即为有效性低。

H4：开放内容的参考源质量与内容可信度显著正相关。

5）用户特征因素

为了简化实证模型，排除用户的人口统计学特征以及网络经验、网络依赖等因素的影响，本次实验研究的参与者设定为在校大学生，同质性明显，加上随机分组的实验设计，可有效控制以上变量对实验结果的影响。这里仅测度用户的信任倾向和查证倾向两个变量。信任倾向会影响人对事物的信任程度（孙曙迎，2008），尤其是网络环境中会对用户的可信度判断产生重要影响。用户查证行为在 Web 信息可信度评估中极其重要，在表 4-2 中出现次数仅次于参考源（R）。早期的网络信息可信度研究也表明用户自我报告的查证行为尽管很少，却与信息可信度感知显著正相关（Flanagin & Metzger，2000）。

H5：用户信任倾向与其内容可信度感知显著正相关。

H6：用户查证倾向对其内容可信度感知显著正相关。

2. 检验结果与分析讨论

由于篇幅关系，在此不对检验过程做详细阐述，只是对检验结果做简要分析。

第一个假设（H1）是协作社区类型对内容可信度无显著影响。结合预调研和开放式访谈的结果，我们分析认为有两方面原因：一方面是由于实验调查对象普遍对协作社区的参与度较低，大多数受试者对社区开放水平和管理方式没有切身体验和相关经验，因此对协作社区类型的感知不明显；另一方面与开放百科内容的特有属性有关。相比其他类型的 Web 信息，开放内容有着很强的信息结构特点，包含丰富的元数据信息。这些元数据提供了关于信息实体的有价值的知识，可以对信息质量进行间接测度（Stvilia et al.，2008）。

因此用户可以依赖丰富有效的内容线索来作出判断,而不依赖于社区的运作方式。本次实验研究的其他假设检验结果可以验证这一分析。

第二个到第四个假设(H2~H4)的检验结果表明:内容线索三个变量,协作程度、协作者声誉和参考源质量,与用户的内容可信度感知显著相关。值得注意的是,本次实验对各原始词条中的三个内容线索都作了特殊处理,比如在词条页面的显著位置给出该词条的协作编辑次数、协作者人数,显示最近10位协作者的编辑经验,给出所有参考源的类型信息并附统计分析表,以加强对用户的信息刺激。实验结果表明,这些信息刺激对用户的可信度感知起到了显著的正向作用。其中,信息刺激最为强烈的是参考源,其次是协作程度,最后是协作者声誉。

开放百科内容的参考资料质量对于内容可信度的影响最为显著。参考文献或引文在传统学术交流领域,对于同行评审内容有着极为重要的评价作用。现代著名的学术评价指标,例如SCI、SSCI,就是基于引文分析。在实践中,开放式协作社区已经提出了对协作内容可供查证的要求和机制。例如可供查证是维基百科的三大方针之一,加入维基百科的内容必须要发表在可靠来源中,并且能被读者查证。百度百科也要求词条内容应包含参考资料,以供核实查证。但是可供查证这一重要的信息质量保证机制在国内协作网站并不是很强调。国内知名的协作社区运营中,主办方看重的是流量,各种激励机制主要鼓励用户编辑和创作更多、更全面的内容,而并不强调内容的来源可靠性、真实性和可供查证性,对于版权保护也不甚重视。例如百度百科采用积分制激励用户,致使部分用户依靠拷贝现有内容或无意义编辑来赚取积分(罗志成等,2009)。如果开放百科能够加强对引文的管理,并发挥其质量评价的导向作用,那么无疑对开放内容质量和可信度的提升意义重大。

大规模协作是开放内容及其社区区别于其他Web信息及网络社区的重要特征,现有相关研究大都将协作程度和协作者声誉作为评估内容质量和可信度的途径。相比其他用户生成内容的信息类型,协作机制能让用户产生更高的可信度感知,这也是开放系统的先天优势所在。开放式访谈结果也表明用户对百科内容的可信度高于其他Web信息。在协作者声誉感知变量上,受试者提到以往访问网络百科时从未考虑过作者的声誉问题,系统也没有提供这样的信息提示,因而缺乏类似的感知体验。笔者认为这一背后的原因应属普遍现象,用户缺乏对协作者声誉的认知体验,根本原因在于现有的协作网站缺乏显性的用户声誉评估系统和相应的信任管理机制。所以用户对作者声誉的认知体验远不及其他电子商务系统。这一点正是目前的开放式协作系统需要改进和提高的地方。

第五个假设(H5)用户信任倾向对其可信度感知显著正相关,这与以往实证研究完全一致。

第六个假设(H6)用户查证倾向对其内容可信度感知无显著影响,这一结果虽与前期的开放式调研结果不符,但却符合现状。根据研究者的实证结果,用户自我报告的查证行为与实际观测的查证行为呈现负相关关系,即自我报告的查证行为越多,而实际观测的查证行为越少(Flanagin & Metzger, 2007b)。用户虽然认为应该去查证Web上的信息,但在实际网络信息查寻与利用过程中,真正实施查证行为的用户比率却很低。因为信息查证显然需要花费时间、精力,甚至需要专业知识和一定的认知水平。随着用户网络经验的增长,用户的查证意识也在增强。当前网络用户的信息查证意识已经比过去有很大的提高,但是查证意识、查证倾向与实际查证行为之间依然有着一道难以逾越的鸿沟。

基于以上对实证分析的讨论，我们对现有的开放式协作系统、协作社区有如下一些建议，同时对 Web 信息可信度领域的研究人员也有一些启示：

(1) 建立并完善基于协作与反馈的声誉系统和信任管理机制。当前的开放式协作环境，虽然为大规模协作提供了良好的条件，但是在社群信任管理、作者声誉评估、内容可信评估方面，仍有很大的改进空间。

(2) 建立对内容参考源的质量管理机制，包括对参考源的数量、类型、有效性，建立统一的分级管理，并将各个指标定量化，以测度某个内容生产单元的参考源质量，从而间接评估内容可信度。

(3) 建立信息查证的用户激励制度。用户查证行为与 Web 提供内容的可供查证性二者相辅相成，可以互相促进。用户的查证意识越强，查证行为越多，就越能激发 Web 内容努力发展其"可供查证"的属性，否则可供查证性就会沦为摆设；而如果 Web 内容的可供查证性增强，也会减少用户查证过程的障碍，促进用户更多的实施查证行为。二者的相互促进对于提高互联网信息质量和网络用户信息素养的意义十分关键。对研究人员而言，一方面是要着力开发出测量用户实际查证行为的方法；另一方面是研究如何普及信息查证知识、寻求减少用户查证成本的有效途径和模式。

(4) 采用多种途径和方法增强用户在社区内的信任体验。例如在页面显著位置，以符合人机交互特征的方式显示相关内容线索信息，如参考源的数量、类型及其分布、有效性查证结果等。

4.5 本章小结

Web 2.0 时代任何人都可以成为内容生产者，权威性不再成为互联网上内容提供的预设条件。因此，UGC 内容质量与可信度问题就日益凸显。尽管目前对于信任相关概念虽然还没有一个很统一、明晰的定义，但可信度可以定义为一个感知变量，也就是说，可信度不是信息或信源的特性，而是一个由信息接收者做出判断的特性。

本章主要针对协作式 UGC 的可信评价问题展开研究，分别从基于内容生产视角的 UGC 主体可信评价和基于用户消费视角的 UGC 客体可信评价两个角度进行。前者在构建了协作生产社群信任关系的基础上，对基于维基社区的用户可信评估模式进行了探析，提出了基于内容反馈与协作的生产主体可信度评估的具体方法；后者在探讨了用户协作生产内容的可信度影响因素的基础上，构建了用户协作生产内容的可信度评估模型。基于对实证分析的讨论，最后提出了改进和完善现有的开放式协作系统、协作社区的一些建议。

应 用 篇

第 5 章　UGC 在政府管理领域的应用

5.1　概　　述

5.1.1　背景

伴随着互联网信息技术的发展，社交网站、博客和微博等 UGC 平台对信息传播的影响已不容忽视，例如 2007 年的"华南虎事件"（黄荟锦，2008）、2010 年的"我爸是李刚事件"（艾萍和吴余，2011）、2011 年的"郭美美事件"（蔡荻，2011）、2012 年的"毒胶囊事件"（刘虹，2012）等。这些网络事件的发生，无不证明了 UGC 平台的信息传播力度，也从一个侧面说明了普通大众的意愿开始通过这些平台逐渐凸显。

根据中国互联网络信息中心（2013）资料显示，截至 2012 年年底，我国网民规模达到 5.64 亿，互联网普及率为 42.1%。我国博客和个人空间用户数量为 3.72 亿人；微博用户规模为 3.09 亿，网民中的微博用户比例达到 54.7%；手机微博用户规模 2.02 亿，接近总体人数的三分之二；使用社交网站的用户规模为 2.75 亿。这些新兴平台和技术在促进人们相互联系和社交的同时，也开始慢慢地影响到政治生活和政府事务管理的层面。加之我国正处于社会转型期，各种社会矛盾已经凸显。UGC 平台正在成为网民发泄情绪和传播各种不同意见的主要平台。此时如果没有正确的引导，极易导致网络暴力和群体事件。

网络技术的发展，极大地改变了人们之间的信息传递方式和人际间的沟通方式，也深刻地影响了政府的运作方式。政府作为国家的行政机构，承担着大量公众事务的管理和服务职能。尤其是在我国，各级政府机构在社会生活的方方面面都发挥着巨大作用。在新时期，政府上网已经是大势所趋。2006 年 1 月 1 日，我国中央人民政府网站（http://www.gov.cn）的开通，标志着我国电子政务的开端。自此以后，国家和各地方政府投入了大量的人力、物力等资源。随着中央各部委和地方政府的门户网站相继开通，我国电子政务的格局已经形成，极大地提高了国家政务的透明度，对民众积极地参政、议政起了积极的作用。但仍然存在很多问题，其中最突出的是，现在电子政务的组织还主要以 Web 1.0 模式为主（冯向春，2008）。在这种模式下，政府是信息资源的管理者和供给者，民众只能被动地接受信息，政府与民众之间缺乏交流沟通的渠道。正是这种渠道的匮乏，使得政府与民众之间缺乏互相了解，从而产生了很多问题。例如 2008 年的"瓮安事件"就是在应急管理中，由于政府与民众缺乏沟通了解所产生的一起影响十分巨大的群体性事件。并且在"瓮安事件"发生后不到 1 个小时，便有网民将对事件的描述和现场的视频、照片传到论坛、博客等 UGC 平台。当天，有关"瓮安事件"的各种消息包括谣言就开始在网上四处蔓延。尽管当地宣传部门也分别在传统媒体和网络上针对网络舆论进行应对，但是由

于事先准备不足和缺乏经验,还是未能有效阻止谣言的大面积传播(陈勇和王剑,2009),给当地政府带来了巨大的压力,为后续事件的处理造成了极大的被动。因此,充分认识UGC平台在政府管理中的作用和特点具有重要意义。并且,如果能在政府管理中充分发挥UGC平台的优势,将有利于促进民众与政府间的沟通,帮助政府在了解民意、协助政府管理日常事务及处理紧急突发事件中发挥重要作用。

5.1.2 UGC对政府管理的影响

信息技术的发展,特别是网络技术的出现,改变了几千年来形成的信息传递方式和人与人之间的沟通方式,并且深刻地影响了政府管理方式(张浩和尚进,2011)。具体来讲,有如下三个方面。①引发政府管理理念的变革;②重塑政府的业务流程;③提升政府管理的能力。在引发政府管理理念的变革方面,依靠电子政务的开展,政府与民众之间的距离大为缩短。政府借助于网络以更有效的行政流程,基本实现了"一站式"服务。从而强化了政府在公共管理中的角色,使得政府的职能逐渐从管理型向服务型转变。在重塑政府的业务流程方面,依靠互联网将传统分散的业务进行整合。使得民众在办理业务时,不再从一个部门跑到一个部门,节省了时间和精力。在提升政府管理的能力方面,主要体现在三个方面:提高了行政人员的管理能力、政府决策水平和行政运作效率(顾平安和王浣尘,2003)。

目前,我国各级政府机构依靠互联网技术已经基本实现了电子政务的普及,由政府面向民众的信息发布渠道已经完全实现,"网上办事"也在逐渐开展。现阶段缺乏的是民众向政府表达诉求的渠道和一个政府快速收集民意的好通道。而UGC平台的出现,为实现政府与民众之间双向沟通提供了渠道。早在UGC出现的早期,就有许多学者提出了利用相关的理念和技术来改进政府网站(Davidson,2011;刘克允,2009),Cho 和 Park(2012)分析了韩国的食品部、农业部等单位使用Twitter发布信息的活动情况,证实了使用这些社会化软件可以大大改进信息公开的效率,是电子政务的一种新形式。另一方面,随着UGC平台的壮大,用户产生内容的数量呈现几何级的增长。这些内容涵盖了个人、社会等各个方面的信息,具有发掘以供政府进行民意监测、应急管理和预防犯罪等方面的潜力。Cheong等(2011)在文章中提到了利用Twitter和Facebook去协助政府在危机事件中的工作,作者提到了政府利用这样的工具及时发现洪水之后出现的谣言,并作出回应。Kavanaugh等(2011)指出社会化媒体在帮助政府公开政府信息和增加与民众互动的同时,可以通过对这些平台的监控及时发现犯罪和打击犯罪。Chunara等(2012)通过对社会化媒体平台利用数据挖掘和内容分析方法,可以发现流行性疾病的爆发和传播路线,这有助于政府展开控制和防治。

综合以上观点,我们认为UGC对政府管理的影响主要体现在三个方面。①有效利用UGC平台的海量用户和社交关系,可以提高政府信息发布和政策宣传的效果。②在UGC平台中,民众与政府机构在形式上平等的地位使得他们踊跃地发表自己对政策、公共事件等所持有观点,积极地参与社会事务,将促进民众对政府的舆论监督。③UGC平台中的海量的用户数据反映了现在社会现实的一部分,政府可以在合理的范围内,利用技术的手段监控和分析,用于应急事件管理、预防犯罪和收集民意等。

5.1.3 UGC 在政府管理中存在的问题

1. 应用简单化和形式化

应用简单化和形式化主要集中在政务机构利用 UGC 平台进行政策宣传、信息发布和与网民互动方面。在国内，政府机构主要应用微博平台进行政务公开和民意交流。现阶段存在的问题主要是应用简单化和形式化。具体表现在三个方面：应付式管理、缺乏服务意识和互动性差。

（1）应付式管理，政务微博的开通是追逐潮流或者迫于形势，发布的微博也是为了交功课。这样的管理方式，不但不能起到宣传自己的目的，反而可能会引起民众对政府如此不负责任态度的反感。

（2）缺乏服务意识，很大一部分的政务微博直接将政务网站上的新闻照搬到微博上，不具有实用价值。这些表明政府相关部门不了解民众所需、所想，又没有进行调研，这充分表明了政府机构现阶段缺乏服务意识，并没有将自己放在一个为民众服务的位置。

（3）互动性差，相当一部分的政务微博自说自话，只做单向性的信息传播。对网友的提问、意见和求助不予回应，甚至将微博设置为不准评论。政务微博的这种管理方式只是传统电子政务模式的延伸，反映出许多政府部门缺乏对 UGC 平台对于政府管理重要性的认识。

2. 缺乏针对性研究和理论性指导

目前，无论是国内还是国外，针对 UGC 在政府管理中的应用研究都极为缺乏。尤其是缺乏相关理论的指导，这就使得政府在使用 UGC 平台时只能依靠先验知识和个人经验，造成了对一线操作者"技巧"的过分依赖，一旦操作者因工作关系离开这个岗位，那么后续的工作效果就得不到保障。另外，缺乏理论性指导容易导致一线工作人员对 UGC 平台中所发生事情的认识表面化和感性化。这些都不利于政府利用 UGC 平台来开展积极引导网络舆论，实现化解社会矛盾的工作。

3. 对用户内容的开发利用缺乏法律规范

针对用户内容的开发和利用涉及用户的隐私问题，但在现阶段，无论是在国内还是在国外都缺乏相关的法律法规来进行规范。不过，"911"事件之后，国外普遍形成一个共识就是，为了公共的安全，对普通民众的交流信息可以进行适度地检查以用于反恐，预防犯罪和应急管理等方面（严中华等，2005）。但是，对网络用户内容的开发利用应尽快列入国家立法计划，通过立法明确对用户内容的开发利用的范围。这样既能满足维护国家和公共利益的需要，也能最大力度地保护用户的个人隐私。

5.2 UGC 在政府管理中的应用

5.2.1 对政府服务职能和机构人员的舆论监督

2011 年的"郭美美事件"是一次特殊的网络舆论事件。与以往网络舆论事件不同的是，该事件将舆论对象指向了中国红十字会——一个由政府为主导的慈善组织，进而引发了一场对其服务职能的信任危机（陈权和张红军，2012）。而 2012 年的"表哥"杨达才的落马，更是一次网络舆论监督的胜利，这一次舆论直接指向了政府机构人员。这些舆论的胜利不再是偶然的胜利，而是依靠广泛的网民基础形成一种新的针对政府服务职能和机构人员的舆论监督模式（张立新和龙树，2012）。

而上述网络舆论发端和酝酿的地方都是各 UGC 平台。在我国，比较知名 UGC 平台有天涯论坛、凯迪社区、西祠胡同、新浪微博和优酷网等。现代信息技术使得 UGC 平台可以在一定程度上绕过"把关人"的审查，从而填补了传统媒体在对政府服务职能和机构人员的舆论监督方面的相对缺失（陈权和张红军，2012）。分布在各地的每一位网民都可能成为了一位针对政府监督的"兼职人员"，他们可以利用手机或电脑将相关的文字、照片和影音文件上传至 UGC 平台，而这些内容可能就会引发一场风暴。最近，新一届的中央纪委书记王岐山在反腐座谈会上，强调网络舆论包括骂声都要听（新京报，2012）。可以预见，未来 UGC 对于对政府服务职能和机构人员的舆论监督作用将会发挥更为重要的作用。

5.2.2 政府信息发布和政策宣传

1. 政府信息发布

政府信息发布的形式经历了纸质、电报、电话、传真、电视和短信等多种形式。在实现了"上网工程"之后，各级政府机构可以轻松地利用其门户网站进行信息发布。这种信息发布形式使得任何一个人只需要一定的设备和网络就可以在任何时间和任何地点获取相关的信息。但是，政府在网络上的信息发布形式还是以 Web 1.0 模式为主。在这种模式下，政府与信息接受者之间还只是简单的点对点之间的单向线性传播关系。民众要获取信息，只能通过登录各级政府机构的门户网站。尽管近来不少政府门户网站吸收了不少 Web 2.0 的理念和技术（郑大兵和封飞虎，2006），通过增加邮件订阅、短信订阅和 Rss 订阅等项目来打造一站式服务。例如宁波市政府网站的一站式服务，如图 5-1。但是，这种改进并没有打破信息传播过程中的单向线性传播关系。

以社交网站和微博为代表的 UGC 平台，将真实的社交关系的搬到了互联网，极大地拓展了信息传播的途径和范围。以新浪微博为例，著名演员姚晨的粉丝数量高达 2244 万，其受众数量是人民日报发行量的 7 倍（人民网，2012）。著名经理人李开复的粉丝数量也

图 5-1　宁波市政府网站一站式服务

高达 1473 万，他们一条微博的直接受众就已经十分惊人，再加上受众的二次、三次的转发，受众数量将十分巨大。在这种环境下，信息的传播不再是简单是点对点的形式，而是呈现网络辐射状态。在 UGC 平台中，为了获取某一个人或某一机构组织的信息，你不再需要登录或关注他。只要你关注的对象中有一个人关注了这一目标，你就可以在你的页面上面看到相关的信息。各级政府机构在实践过程中已经发现了 UGC 平台对于信息传播的优势。在 2012 年 7 月 21 日的北京暴雨中，北京市相关部门的政务微博也高速运转，"北京消防"、"水润京华"、"平安北京"、"交通北京"与 16 区县政务微博持续不断发送官方消息和雨情信息。而这些微博信息再经过二次、三次甚至更多次的转发，极大地拓展了传播范围。利用这种方式，政府机构发布的信息的效率被极大地提高。

2. 政策宣传

国家在政策宣传方面，通常是利用电视、电台和报纸等传统媒体。互联网的普及，使得很大一部分人尤其是青少年已经远离了电视、报纸等传统媒体，他们接触更多是手机和电脑，他们经常浏览的网站是新浪微博、人人网等 UGC 平台。所以，国家政府机关进驻微博等 UGC 平台可以在很大程度上弥补了传统媒体在新环境下信息传播和宣传的盲点。根据国家行政学院电子政务研究中心（2012）在 2012 年 2 月发布的《2011 年中国政务微博客评估报告》显示，截至 2011 年 12 月 10 日，在新浪网、腾讯网、人民网、新华网四家微博客网站上认证的政务博客总数已经达到 50 561 个，表 5-1 展示的是十大党政机构微博和十大官员微博。从这一数据我们可以看出，中央以及地方政府机构已经意识到 UGC 平台的重要性并开始着手开展相关的工作，取得了一定的成果。

中国人民大学的李多等（2010）专门对云南省红河州委常委、宣传部部长伍皓的微博进行了跟踪研究。他们发现在伍皓的微博中以表达价值观为目的的微博占了总量的 57.6%，有 38% 的微博是在探讨公众话语权的，包括公众话语权的重要性，也包括重要性和保障方式等。伍皓在微博上的言行，在一定程度上宣传了政府在积极推进政务公开和创造条件让人民批评和监督政府方面的决心。

表5-1 十大党政机构微博和十大官员微博

十大党政机构微博		十大官员微博		
博主	微博平台	博主	职务	微博平台
广东省公安厅	腾讯	张春贤	新疆维吾尔自治区党委书记	腾讯
平安北京	新浪	蔡奇	浙江省委常委、省委组织部部长	腾讯
国家博物馆	腾讯	伍皓	云南省红河州委常委、宣传部部长	腾讯 新浪
好客山东	腾讯	叶青	湖北省统计局副局长	腾讯
中国国际救援队	新浪	廖新波	广东省卫生厅副厅长	腾讯 新浪
微博云南	腾讯 新浪	陈士渠	公安部打拐办主任	腾讯 新浪
济南公安	腾讯 新浪	庹祖海	文化部文化市场司副司长	新浪
郑州铁路局	腾讯	章剑华	江苏省委宣传部常务副部长	腾讯 新浪
天府微博聚焦四川	腾讯 新浪	朱永新	全国人大常委、民进中央副主席	腾讯 人民网
国家林业局	人民网	杜少中	北京市环保局副局长	新浪

5.2.3 民意调查和舆情管理

1. 民意调查

现代国家管理的一个重要特点就是政府与民众之间是平等互动的，政府要及时了解民众所需及其对相关政策及行动的意见及看法。传统进行民意调查的方式主要包括问卷调查、走访调查及电话调查等，这些调查方式不但费时、费力，而且受制于样本的选择，常常无法得到满意的效果。

UGC平台是一个民众发表各种意见看法的大舞台，从上学问题、城市建设、退休养老到国家事务，民众在微博、SNS上面相互表达自己对各种事件及政策的看法，并引发了许多网民之间的大讨论。政府相关职能部门可以通过在线与网民直接交流的方式，也可通过对这些平台上的用户内容进行跟踪监测的方式来进行民意调查。例如，在2009年、2010年和2011年三年的时间里，温家宝总理曾三次在中国政府网和新华网同网民进行直接交流，倾听网民的声音（中国政府网，2009）。贵州省余庆县县长宋晓路开通县长微博，利用工作之外的时间与公众和网民交流（李缨，2008）。与此同时，在各种UGC平台上，还有像"发起调查问卷"式的便捷工具。相关部门就某问题可以方便地直接向民众发起测验。

2. 舆情管理

UGC平台的出现，为民众抒发内隐的情绪和态度提供了一个理想的表达渠道，形成了形式多样化的网络舆情信息。由于网络舆情在中国兴起和发展的时间不是很长，有关网络舆情的理论研究处于起步阶段，因此，学术界对于网络舆情并没有一个权威的定义，有些界定还存在模糊之处。总体看来，对于网络舆情的界定有宽泛和狭义之分。宽泛地讲，网络舆情是互联网上流行的网民对社会问题的看法或言论。这样的定义对于参与网络舆情的主体并没有精确定位，对于网络舆情的内容界定也较为宽松，只要是互联网上产生的并且是针对社会问题的舆论，包括与公众利益有关或无关的事务都属于网络舆情的范畴。狭义的网络舆情概念主要指的是民众的社会政治态度，这种态度是内隐的，需要载体和渠道来抒发和表达，情绪化是舆情的一个重要特点（刘毅，2006）。

网络的发展和UGC平台的出现，为民众内隐的对社会政治的情绪和态度提供了一个理想的表达渠道，形成了形式多样化的网络舆情信息。这些具体形式的舆情信息，隐含着民众的情绪，体现着民众的社会政治态度。对于政府管理者来说，目前的舆情管理主要是针对狭义上的舆情。这种具体形式的舆情信息包含着民众的情绪，体现了民众的政治态度，这些信息在复杂的网络社会中的无序传播可能带来严重的后果。例如，在2011年3月日本因地震引发的核泄漏后，经由微博传出的谣言在两天之内就传遍了整个中国，引发了全国性的抢购食盐的风波，给社会秩序造成了极大的危害（梁涛，2011）。因此，无论是学术界还是政府机构都应该对网络舆情引起足够的重视。

在学术研究方面，要对舆情信息产生的根源、发展态势以及可能导致的后果都需要进行深层次的挖掘，而决不能仅仅停留在表层现象上（吴绍忠和李淑华，2008）。根据方付建的研究，目前我国在网络舆情方面的研究主要集中在四个方面：基本理论、实务工作、技术与系统构建和拓展分析。在基本理论方面，主要是针对网络舆情的概念、特点、表现、形态、载体、演变和影响进行了研究；在实务工作方面，主要是针对网络舆情的汇集、分析、引导、监测、预警和管控的研究；在拓展分析方面，主要是从教育德育、政治民主、公共政策、群体事件、司法审判、反腐倡廉等角度展开分析（方付建，2011）。可以看出，目前学术界针对网络舆情的研究基本涵盖各个方面。在将来，就是要对各个方面研究以进一步的加深。

在实践方面，各级政府机构也采取了很多措施。在舆情监测方面，人民网舆情监测室是国内最早从事互联网舆情监测、研究的专业机构之一，可以为各级政府机构提供舆情监测、敏感信息预警和突发事件实时追踪等功能（赵义，2009）。各级政府机构逐步完善的新闻发言人制度也在积极引导网络舆论方面积极发挥着重要作用。但是，整体而言我国政府在网络舆情引导和管理方面还存在很大的不足。这从"7·23动车事件"等一系列的事件中看出，相关政府机构在事件发生之后基本都处于被动地位。因此，政府在网络舆情管理方面要积极吸收学术界的研究成果，要努力采用科学的方法和手段。同时，政府应该在法律层面上有所行动，在保障民众有充分的言论自由的同时，又要积极打击在信息传播过程中编造、散布谣言等活动。

5.2.4　应急管理和预防犯罪

1. 应急管理

加强突发事件应急预案、机制、体制和法制建设，提高政府应对公共危机的能力，是当前各级政府面临的重大课题（中国行政管理学会课题组，2005）。而以微博为代表的新的信息传播模式的出现，为突发事件发生后的快速报道提供了一个重要途径。2009年1月15日，Twitter用户Janis Krums对全美航空公司班机坠入哈德逊河首先进行了报道，其发布的文字和图片得到了大量传统媒体援引（余习惠，2011）。在现实社会中，每一个人都可以看做是一个对周围事物的有所感应的"感应器"。当有自然灾害、事故灾难、公共卫生事件等突发事件发生时，每一个身处周边的人都会有所感知。UGC平台的出现和手机等移动设备的普及，使得人们可以随时随地将身边发生的紧急事故以文字、图片或声像的形式发布到网络上。对涉及突发事件的用户内容进行监察可以快速地对应急事件的以快速反应。政府机构应和UGC系统平台合作开展相关工作，这是可以有效提高政府应急管理的一条新途径。例如，在2012年7月21日的北京暴雨中，微博成为了政府救援部门和志愿者们及时了解灾情的第一通讯方式。正如新浪微博实名认证的人民网舆情监测室舆情分析师"panghurui"所说，在这场暴雨中，微博已经从最初的围观场所，变成了救援信息的薪火传递，很多市民被雨所困，但同时又有很多市民在暴雨中变成了志愿者（孙昊，2011）。在这次突发灾害面前，微博成为了政府和民众之间良好互动的一座重要桥梁，是UGC应用在应急管理中的一次成功典范。

2. 预防犯罪

同UGC平台在应急管理中的应用类似，UGC平台中有各式各样的人，其中从事诈骗活动、色情犯罪和网络犯罪等犯罪活动的也有一定数量的人群。例如，Duncan（2008）指出社交网站MySpace已经成为犯罪分子寻找性侵对象的主要平台，涉世未深的未成年少女往往成为犯罪分子欺骗的对象。针对这种情况，Mitchell等（2010）经过研究发现行政机构如警察局或UGC平台针对特定人群发布有关此类犯罪的警示信息可以有效降低此类犯罪的发生率。并且在此类犯罪活动发生后，通过检查受害人在UGC平台中的联系人和联系记录可以有效地锁定犯罪嫌疑人。现代信息技术的发展和新的研究方法的出现，为利用UGC平台来发现犯罪分子的行为特征、规律及关系网络提供了基础。例如，杨莉莉和杨永川（2009）利用社会网络方法对犯罪组织关系进行挖掘，可以发现犯罪组织的网络关系，并有效识别出其组织中的重点人员。Nath（2006）应用数据挖掘的方法用来识别犯罪分子的犯罪行为特征。UGC平台中的个人用户行为历史数据为相关机构利用这些技术方法用来识别犯罪分子提供了非常大的便利。

另一方面，UGC平台也在打击犯罪和追踪犯罪分子方面可以起到非常重要的作用。在2011年，在微博上一起非常值得关注的事件就是"微博打拐"。事件起于中国社科院学者于建嵘教授所发的"随手拍照解救乞讨儿童"微博，该微博经热心网友不断转发，形成强大的舆论传播力量，并吸引了传统媒体的跟进与关注，解救了许多名被拐儿童（陈一沫，2012）。

无论是"微博救灾"还是"微博打拐"都为政府管理部门带来了新课题，即如何更好地顺应UGC这一发展潮流，积极地听取民众的建议并吸纳民众的力量和智慧。如何引导民众多发挥建设性的声音和力量而非破坏性的量，积极借助微博等传播渠道动员网络的群体力量为整个社会的管理而服务。

5.3 典型案例

5.3.1 美国总统大选

1. 事件过程

美国总统大选在某种意义上就是一场声势浩大的媒体秀。二百年前，林肯只能坐着马车在全国进行巡回演讲；七八十年前，罗斯福就可以利用当时的媒体新秀——广播电台，将其政治主张向美国民众散播；到了肯尼迪时代，电视又成为了总统竞选者理想的表演舞台，电视直播的大选电视辩论成为了常态，直到今天依然占据着十分重要的位置（胡瑛和陈力峰，2008）。

但是，历史发展到了今天。以 Facebook、Twitter 等 UGC 平台为代表的新媒体的出现，正在慢慢改变着美国总统竞选的方式。来自美国皮尤研究中心的最新数据显示，在美国 60% 的成年人使用 Facebook、Twitter 等 UGC 平台，其中 66% 的用户利用这些平台来参与总统选举或其他政治活动，大约有 55% 注册选民利用这些平台来收看包括总统辩论大赛等政治性视频节目（Pew Research Center，2012）。UGC 平台已经成为美国民众获取选情信息的第二大渠道和与政治活动紧密互动的第一重要平台。Google 公司 CEO 埃里克曾在 2006 年年底曾预言："能够发挥互联网全部潜力的候选人，将会在下一次总统大选中脱颖而出。"来自伊利诺伊州的黑人奥巴马之所以在 2008 年赢得大选，又在 2012 年获得连任，跟他和他的竞选团队充分利用网络新媒体是分不开的，图 5-2 展示的是奥巴马在竞选过程中使用的一些 UGC 平台。

图 5-2 奥巴马在各 UGC 平台上的宣传主页

在 2012 年 7 月 21 日，美国总统大选共和党候选人米特·罗姆尼在 Twitter 上的"粉丝"数量为 116 922，而在同年的 5 月份奥巴马的"粉丝"数量就已经达到了一千五百多万（Goodin，2012）。在 2012 年 9 月 4 日，米歇尔·奥巴马在美国北卡罗来纳州夏洛特举行的民主党全国代表大会上，激情演讲，为丈夫竞选助阵。演讲之后，在 Twitter 上讨论这次演讲的微博数量达到了每分钟 28 000 条。与之相对比的是，有关米特·罗姆尼演讲的微博信息数量为每分钟 14 000 条，关于其夫人的微博信息数量仅为每分钟 6000 条（Reuters，2012）。从这些数据可以看出，奥巴马在 UGC 平台上比他的竞争者罗姆尼更受欢迎，这是与奥巴马和他的竞争团队对 UGC 平台的重视与很早就开始应用是分不开的。

早在 2006 年，Facebook 上就建立了奥巴马的个人主页，发布他的政治主张和与网民互动交流，帮助他进行竞选宣传。当年，奥巴马向 Facebook 的联合创始人之一的克里斯发出邀请。在 2007 年年初，克里斯正式加入奥巴马的竞选团队，担任网络推广项目的负责人。此后，在克里斯等人的帮助下，奥巴马开展了一系列的网络推广活动。例如分别在 Facebook、Myspace 和 YouTube 上面发表竞选演讲和他关于医疗和养老金改革的政治主张，这些活动牢牢吸引了美国草根阶层和年轻人的注意力，为其赢取了大量美国民众的好评。

此外，网络推广活动与利用电视、报纸等传统媒体相比，其成本十分低廉。不但如此，网络推广活动激活了美国民众捐款的"长尾效应"。奥巴马竞选团队通过互联网在 2008 年吸引了超过 5 亿美元的竞选捐款（解凯君，2009），这为后期竞选活动的持续开展提供了雄厚的资本支持。

奥巴马竞选团队在 UGC 平台上的努力成功将奥巴马打造成为所谓"平民总统"的形象，经过上亿人次的分享和浏览后，逐渐渗透到美国民众的心里。到了竞选的中后期，有关奥巴马竞选的很多网络传播内容不再是由其竞选团队刻意制作，而都是来自于网民的自我创造。由于这些内容更加朴实和贴近普通民众的生活，所以得到了网民更好地传播，成功地对奥巴马的政治主张进行了有效地宣传，同时打压了其他的竞争选手。经过努力，在 2008 年奥巴马成功击败了竞争对手麦凯恩成为迄今为止首位"黑人总统"，接着在 2012 年又击败了罗姆尼成功获得连任。在他成功的诸多因素中，成功地使用以 Facebook 和 Twitter 为代表的 UGC 平台为他赢得美国民众的支持起到了非常大的作用。

2. 启示

美国总统大选的关键是能够成功地对美国民众进行舆论引导，以获得大多数人的支持。奥巴马竞选团队充分认识到现代社会中的大多数人其获取信息的方式已经从传统媒体逐渐向社会化新媒体转移，而且社会化新媒体在信息传播速度、传播范围、互动性和成本方面对比传统媒体都具有绝对的优势。并且，他们在各个 UGC 平台上面通过文字、图片和声像等方式宣传自己政治主张，与大众平等地对话交流，成功地将自己打造成了"平民总统"。并最终获取了美国民众的信任，赢得大选，这一事件可能会给我们有以下两点启示：

1）UGC 平台为创建政府与民众之间的和谐关系搭建了沟通的桥梁

当代的民众已经不满足于政府单方面的说教工作，他们更倾向于可以平等地与政府对话交流，希望政府可以倾听他们的心声。由于传统媒体在信息传播方式上的限制，以往民众与政府之间交流存在很多困难。社会化媒体的出现，UGC 平台的发展，不但使得每一个人都可以在网上发出自己的声音，而且可以使得他们在网上与身边的各地政府机构，甚至中央单位进行交流。这种信息交流的便捷性和互动性，有利于拉近民众与政府之间的距离，有利于创造两者之间的和谐关系。在具体的操作过程中，政府部门要明确建立政务微博的主要目的就是搭建一个可以提供社会大众参政、议政和问政的网络交流平台。因此，微博内容在语言的应用上应尽可能地亲民化和口语化，抛弃掉官话、套话、虚话和照本宣科的话。这是实现与社会大众平等交流的基础。

2）开展诸如"微博政务"等活动需要专业化

网上政务绝不是现实政务的网络化，奥巴马宣传团队成功的一个重要原因是有大量专业人士的加盟和指导。但是，在我国政务微博的发展过程中，专业人士的缺乏是一个十分严重的问题。这也是造成我国政务微博应用简单化和形式化的重要原因。政务微博成功的关键是有一支专业比较完善的团队，这支团队不但要懂技术、懂管理，而且要具有非常丰富的社会经验。在面对社会大众反映的问题时，能够作出及时的判断和响应。这样才能逐渐将政务微博打造成一个被大众认可、受大众信任的政务平台。

3）政务微博开展的过程中需要各部门协调一致

政务微博在做到宣传自己的同时，更重要的目的是为了服务社会。而社会中的大多数问题不是靠一两个部门就可以解决的，所以在发展政务微博的同时，政府应该健全各部门之间的协调沟通机制，实现信息共享，以便对各种社会问题及时作出回应。

5.3.2 温州动车事件

1. 事件过程

2011 年 7 月 23 日晚上 20 点 30 分左右，北京开往福州的 D301 次动车组列车运行至甬温线上海铁路局管内永嘉站至温州南站间双屿路段，与前行的杭州开往福州的 D3115 次动车组列车发生追尾事故，后车四节车厢从高架桥上坠下。这次事故造成 40 人死亡，约 200 人受伤。事故发生后，微博展示了强大的影响力，在新闻、救人、辟谣、评论以及救援行动方面都发挥了巨大的作用。

在事故发生 13 分钟之后，乘客"羊圈圈羊"发出第一条求助微博："求救！动车 D301 现在脱轨在距离温州南站不远处！现在车厢里孩子的哭声一片！没有一个工作人员出来！快点救我们"。这条微博成为了事故中最早的信息来源，截至 24 日 22 时，该微博被转发十一万多次，评论达两万多条。事故发生 45 分钟后，浙江交通之声广播电台发出了第一条有关此事的消息。事故发生 4 小时 56 分钟后，温州电视台才开始对此事进行新闻报道（王艺，2012）。微博在这起动车事故中充分展示了其社会化新媒体的优势，速度快，影响范围大，而且信息都是来自现场的当事人，真实可靠，生动形象。微博改变了传统的信息传播方式，突发事件发生后，信息经过加工后才告知公众的方式越来越难以横行于世。

灾难发生后，寻找自己的亲人成为了乘客家属最为急迫的事情。新浪微博和腾讯微博专门开辟了"微博寻亲"的栏目。网友"爱啃肉的徐小呆"从 23 日 22 时 48 分起开始在自己的微博上帮助张冰莲寻找女儿："一位杭州回福州的张冰莲女士，女儿 12 岁，白色 T 恤，下身牛仔裤 1.5 米，短发，大门牙。皮肤较白。事发时身处 3 号车厢，11 号座位。"之后他连发 7 条微博寻找张冰莲的女儿黄雨淳的消息，附上了联系方式和小雨淳的照片。几个小时后，在众多网友的参与下，小雨淳被找到了，但是已经不治身亡。尽管如此，微博仍然显示出了巨大的威力，帮助了很多人寻找到了自己的亲人或得到了亲人的消息（中国青年报，2012）。

灾难过后，众多知名人士针对这起事故在微博上发表了相当多精辟的观点，这些观点涉及对动车安全的质疑、中国高铁发展和事故发生原因等。这些知名人士在这场微博媒体传播中充当了意见领袖的角色，为进一步地舆论升华起了举足轻重的作用。

随后在从掩埋车头、切割车体、到最后一名生还者小伊伊被救出的过程中，微博上的网民已经不再只针对中国高铁技术、铁路管理方面的问题，而是逐渐进入到官员腐败、制度设计漏洞等。2011 年 7 月 25 日，铁道部新闻发言人的一句"至于你信不信由你，我反正是信的"将微博舆论推上顶峰，铁道部已经深深陷入舆论的漩涡。而此时，微博上对事故发生原因的推测层出不穷，甚至不乏大量的谣言。在这种情况下，政府主要部门、专家学者和一些网民纷纷通过微博针对事故的原因发表理性的推断，在一定程度上遏制了谣言的传播。

在 2011 年 7 月 28 日，国务院总理温家宝抵达"7·23"甬温线特别重大铁路交通事故现场，在现场发表了重要讲话，并向家属们深深鞠了一个躬，承诺要给生者一个公道的说法。之后微博上比较激烈的言论减少，焦点开始关注对遇难者的哀悼（王平和谢耘耕，2012）。图 5-3 描述了这一事件的发展过程。

"温州动车事件"是一起惨痛的事故，但是在这样一起事故中，国人所表现出的进步却是令人欣喜的。大众已经开始由一个单纯的信息接受者向信息发布者及评论者转变。微博已成为大多数公众与传统媒体获取信息、讨论过程和抒发情绪的主阵地。微博在社会化媒体阵地中，更加有效地起到了聚集网民集体智慧的作用，并在本次事故中发挥得淋漓尽致。值得注意的是，尽管在整个动车事件中，以民间的声音为主。但是，政府机构时刻关注微博上的舆论变化，积极在与民众沟通。很多措施和行为都是在微博上得知民意后展开行动的，这种沟通和根据民意而展开的行动修复了中前期糟糕的政府的形象，对于整个事件中来说，政府基本成功地化解了这场危机。

2. 启示

微博作为一种新型的舆论传播工具和重要的信息传播渠道，因其快速和便捷的特点成为民众与政府之间沟通的重要平台。尤其是在各类公共危机事件中，发挥着越来越重要的作用（刘依卿，2012）。"温州动车事件"中，微博在民众与政府沟通以及政府调查民意方面起了非常重要的作用。"温州动车事件"之后，各级政府开始重视对微博等 UGC 平台

第 5 章 | UGC 在政府管理领域的应用

动车追尾脱轨事故过程 2011年7月

- 7月23日 20:31　动车追尾事故发生。
- 7月23日 20:44　"羊圈圈羊"发出第一条求助微博："求救！动车D301现在脱轨在距离温州南站不远处！现在车厢里孩子的哭声一片！没有一个工作人员出来！快点救我们"。
- 7月23日 21:16　浙江交通之声广播电台发出了第一条有关此事的消息。
- 7月23日 22:48　"爱啃肉的徐小呆"从22时48分起开始在自己的微博上帮助张冰莲寻找女儿。
- 杨澜　姚晨
- 7月25日　铁道部新闻发言人王勇平的一句"至于你信不信由你，我反正是信的"将微博舆论推上顶峰。
- 钱文忠　微博大讨论
- 7月28日　国务院总理温家宝在事故现场发表了重要讲话，并向家属们深深鞠了一个躬，承诺要给生者一个公道的说法。之后微博上比较激烈的言论减少。

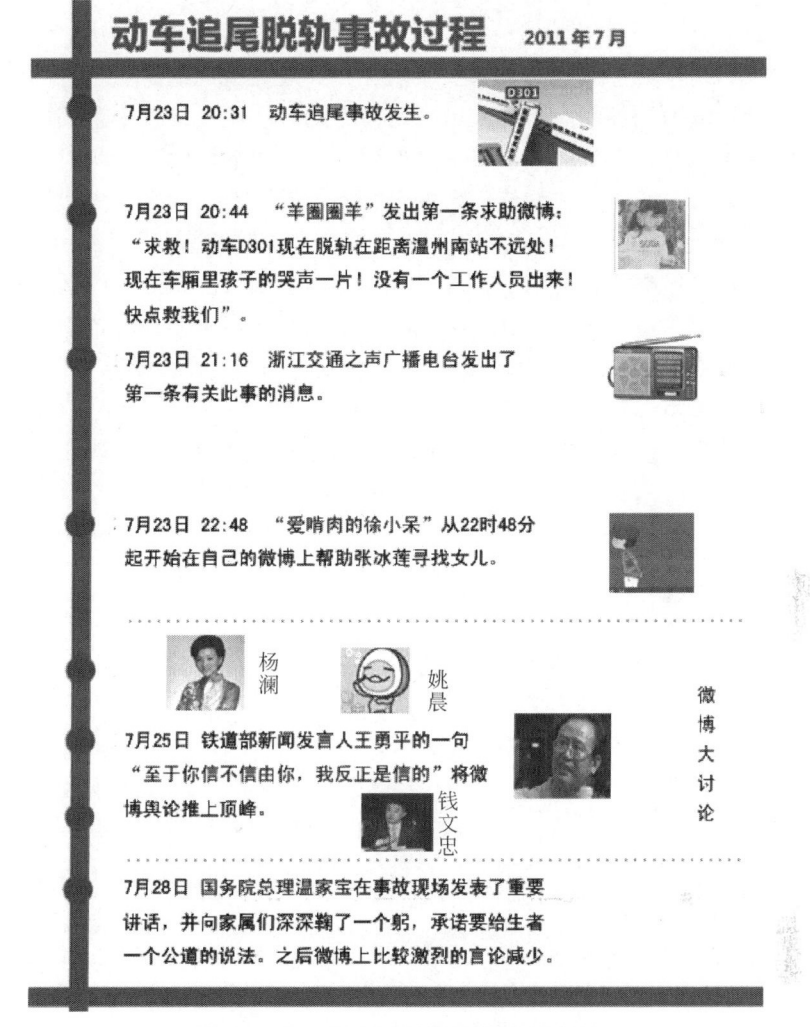

图 5-3　"7·23 动车事故"进展过程图

的应用。这起事件对我们有以下两点启示。

1) 微博已经成为重要的信息及舆情传播平台，政府机构要重视对其的检测

微博具有传统媒体无法比拟的优势，它传播速度快、范围广、受到的障碍较少，自由度大。这些特点使得微博在中国社会各个领域和阶层中广泛流行。从世博会、玉树地震、舟曲泥石流到动车事件，微博的身影无处不在，对我国的舆论格局产生了巨大的影响，也为我国提高处理应急管理和危机管理水平提供了契机。政府部门应该密切关注各个微博平台，利用先进的技术手段及时检测舆情，以及时发现突发事件，为采取应对措施节约宝贵时间。同时，在各种事件发生之后，微博中的各种言论也为政府下一步的行动提供了非常宝贵的意见。

2）政府在网络上要转变传统的行政思路和做法

微博已经成为了网民情绪宣泄的重要渠道，尤其是有重大或紧急事件发生之后，大量负面的民众的情绪宣泄内容便会出现。这种情绪性的宣泄经过微博平台的广泛传播有可能形成巨大的舆论漩涡，使得政府的声誉受到严重的负面影响。此时，政府机构应该及时了解民意，并及时对外发布民众迫切要了解的有关事件的进展和原因等内容。在具体的做法上面，政府要"学会讲话"、"直面评论"和"结果为上"（周巧艺，2011）。"学会说话"指的就是在前面谈到的微博内容在语言的应用上应尽可能地亲民化和口语化，抛弃掉官话、套话、虚话和照本宣科的话。这是实现与社会大众平等交流的基础。"直面评论"指的是政府部门在面对社会大众的不满和批评时，要敢于面对这种指责，要乐意倾听群众的声音。只有这样才能打造亲民爱民的形象。"结果为上"指的是在做到前面两条的基础上，政府管理部门更要把群众反映的问题放在最重要的位置，努力地去解决问题。政务微博只有依靠长期的耕耘和"有所作为"的工作才能得到社会的肯定。

5.4 本章小结

在 Web 2.0 时代，UGC 系统平台的出现为政府与民众沟通创造了有利的条件，其优势主要体现在以下几个方面。

第一，Web 2.0 的新技术和服务为政府的信息发布和政策宣传提供了便利。随着微博和 SNS 等新的信息服务形式的出现，政府信息的发布可以更快、更高效地完成。另外政府在有关政策出台或相关信息发布后，可以方便地得到民众的反馈，这有利于政府对相关政策进行完善和改进。同时，新的信息服务形式为民众提供了与政府相平等的位置，这有利于政府宣传工作的顺利开展。

第二，UGC 系统平台的出现为民意表达提供了一个便捷的渠道。通过在微博中查找、阅读和评论资讯，民众与政府之间沟通更加简单。在 UGC 平台中，任何一个普通人都可以发表自己的言论，并通过人际网络快速地传播，这为公众民意的表达提供了一条更加便捷有效的渠道。

第三，丰富的用户产生内容为政府在民意测验、应急管理和控制犯罪等方面提供了新思路。UGC 系统平台中的每一个用户都是社会中的"传感器"，民众通常会将自己对政府政策的意见通过微博等信息服务方式表达出来，所以政府通过对这些内容进行监测可以及时了解民意。同时，利用技术对用户内容进行合理范围内监测可以用于应急管理和控制犯罪等方面。

总之，由于微博等 UGC 平台的兴起，我国的舆情环境、信息传播渠道、应对技巧等均发生了翻天覆地的变化。在这种新环境下，我们各级政府机构必须采取与时俱进的危机管理手段和处理方式，才能够应对各种突出事件和日益复杂的各种矛盾。

第6章 UGC在电子商务领域的应用

6.1 概 述

6.1.1 电子商务的社会化趋势

1. 背景与源流

人们的消费行为历来都受到各种社会因素的影响。在因特网普及程度相对较低的时代，我们在购物前会询问身边的亲人、朋友或者同事，到商店购买时也会邀请他们同行，时间允许的时候还会选择货比三家，以获得最优惠的价格。外出就餐时，我们会根据店家排队人数的多少来估算一家餐馆提供的食品的美味程度。广大的消费者总是在有意或者无意间进行着协作。这些协作行为都是为了弥补消费过程中的信息不对称给消费者带来的弱势地位。

其后，随着因特网逐渐走入寻常百姓家中，"电子商务"这一概念逐渐为大家所熟悉，其中与普通消费者密切相关的是网络购物的兴起。通过B2C和C2C电子商务平台，普通消费者可以接触到比线下实体店更丰富的产品，获得更多的优惠。基于此，越来越多的人开始尝试坐在电脑前使用网络平台购物，而不是前往实体店进行选购。网络购物一时间成为一种新鲜的潮流时尚。时至今日，相关服务的深化以及购物网站更加积极的营销策略，带动了网络购物用户规模的稳健增长。据中国互联网信息中心发布的相关数据显示，2012年12月底，全国网络购物用户规模达到2.42亿人，网络购物使用率提升至42.9%；与2011年相比，网购用户增长4807万人，增长率为24.8%（中国互联网络信息中心，2013）。从线下（offline）到线上（online），消费者购物习惯的变化并没有改变消费者在交易环节中的信息弱势地位。相反，由于卖家的匿名性以及消费者缺乏实际接触产品的渠道等原因，消费者的信息弱势地位比线下购物时代有所加剧。因此，在网络中寻找可信的决策辅助信息是消费者化解网络交易风险的主要方式。当Web 2.0刚刚兴起时，消费者可以通过购物网站上的产品评论或者相关主题性BBS来获取自己所需的信息以辅助决策。相关数据显示，在我国超过40%的网上购物者在购买每件商品之前都会关注用户评论。用户评论也超过朋友及专家意见等，成为民众网购决策过程中重要的信息参考来源（中国互联网络信息中心，2009）。一项基于英国和美国消费者的调查显示，获得较高用户评价的商品将提高受访群体中55%的成员的购买意愿（Econsultancy，2010）。

另一方面，博客、微博、社交网络服务（SNS）在网民中的普及程度也不断提高，以微博为例，截至2012年年底，我国微博用户数达到3.09亿，较2011年底增长了23.5%，

网民使用率为 54.7%（中国互联网络信息中心，2013）。社会化媒体的普及在网民中营造出一种快速、简单、个性化、互动性和社交性强的信息互动方式。消费者不仅可以通过电子商务网站发表评论，也可以借助博客、微博、社交网络服务（SNS）以及其他社会化媒体平台，以文字、图片甚至是视频的方式表达潜在的购物需求或者分享消费体验。因此社会化媒体平台是除传统的网络购物平台之外的又一个购物体验信息的聚集地。此外，由于社会化媒体平台中的关系建立大多基于实际存在的社会关系（如亲朋好友之间）或共同的兴趣与爱好。所以用户发布的信息往往会对其网络中的其他用户产生一定的影响。线下世界的人际影响被移植到网络上，甚至表现出了比线下世界更为显著的效果。所以越来越多的企业开始借助社会化媒体平台开展商业活动。

2. 概念与内涵

电子商务的社会化趋势引起了业界的广泛关注。由此催生了一系列新名词。"社会化商务"（又被称为"社会化电子商务"英文一般写为"social commerce"）就是其中之一。这一词汇产生于 2005 年，被 Yahoo 用来形容其推出的网络在线协作购物工具。随后逐渐成为对电子商务社会化过程中出现的新现象、新工具以及新模式等的概括。与此同时，学者们还经常使用社会化购物（social shopping）来代指购物过程中的社会化现象。社会化购物与社会化商务之间存在着紧密的联系。一方面购物活动只是企业与消费者之间互动的诸多过程中的一个，比如 Marsden（2009a）就认为社会化购物是社会化商务的一种形式，而也有很多学者在研究时将社会化商务与社会化购物视为相同的概念。正因为社会化商务是一个高度概括的现象，所以目前对其并没有一个权威和明确的定义。众多学者从各种角度对社会化商务的内涵进行了阐述（表6-1）。

表6-1 对于社会化商务的几种理解

使用的名词	内　涵	来　源
社会化商务 Social Commerce	社会化商务是一种新兴的现象。这种现象是由消费者协作平台的产生而产生的。在这个平台上，消费者可以听取他们所信任的人的意见，寻找到合适的商品并且最终完成购买	Leitner & Grechenig, 2007
社会化商务 Social Commerce	社会化商务是一种将卖家通过社会化网络进行联系的新兴趋势，在这一过程中，个人卖家逐渐取代了企业	Stephen & Toubia, 2010
社会化商务 Social Commerce	因为同时存在着买家和卖家的网络，所以社会化商务是电子商务1.0的演化，它的基础是将原本一对一的交互变成了更加社会化，交互性更强的电子商务形式	Rad & Benyoucef, 2011
社会化购物 Social Shopping	社会化购物是由社会网络网站提供的购物功能，或者由电子商务网站提供社交功能	Cha, 2009
社会化购物 Social Shopping	社会化购物是消费者能够通过博客或者在线社区对产品发表议论作出评价的一种电子商务形式	Kang & Park, 2009

续表

使用的名词	内　涵	来　源
社会化购物、社会化商务 Social Shopping, Social Commerce	通过社会化媒体将购物与社会网络联系在一起的新型电子商务	Wang, 2009
社会化商务 Social Commerce	以社会化媒体为媒介将在线（online）和离线（offline）环境融合起来的一种商务模式	Wang & Zhang, 2012

对表 6-1 中的表述进行总结，可以得出社会化商务的基本内涵：社会化商务是电子商务发展过程中的一个新的阶段（Rad & Benyoucef, 2011），它是电子商务的一种演化而并不是一种革命性的变化；社会化商务的产生和发展有赖于社交网络等社会化媒体的发展（Liang et al., 2011）；消费者与消费者，消费者与商家或品牌借助在这些网络平台上建立的社会联系，通过协作的方式从信任的人那里获得建议并选择合适的商品完成消费（Leitner & Grechenig, 2007）。相比之下，充分体现了 UGC 精神的维基百科中的定义则更为全面一些："社会化商务是电子商务的一部分，它是指通过使用社会化媒体和在线媒体为基础的网络交互和内容贡献来辅助商品和服务的在线买卖的一种商业模式"。综合以上的各种看法，社会化商务应该是社会化媒体技术、社区交互以及商务活动的集合（Liang & Turban, 2011）。

在探讨社会化商务特征与内涵的同时，学者们也开始对社会化商务网站以及社会化商务模式背后的运行机制进行探讨。学者们认为构建社区氛围是社会化商务网站的首要任务（Stephen & Toubia, 2010）。研究发现有效管理（effectiveness of online community management），协作规范（cooperative norms）（Yen et al., 2011），消费者从社区获得的社会支持和与社区之间的关系质量（Liang et al., 2011）等都是消费者参与社会化商务社区的重要因素。而从众、从权、稀缺性、一致性、喜欢以及成员互惠性则是社会化商务过程中发挥作用的主要社会心理机制（Marsden, 2009b）。所以促进消费者的参与并利用消费者之间的相互影响来促进商务活动是社会化商务网站发展过程中必须予以解决的问题。

6.1.2　电子商务社会化的主要形式

1. 按融合方式分

社会化商务依靠社会化商务网站来实现价值。目前的社会化商务网站大致有以下三种：一是在传统的电子商务交易平台中植入社会化媒体元素；二是品牌与社会化媒体开展合作，借助社会化媒体开展商务活动（如 Facebook 的品牌主页）；三是一些创业者根据消费者的需要建立起来的消费分享平台，这类平台可能通过导购的方式与传统电子商务交易平台建立联系（如 epinions，美丽说等）。消费者通过这些平台中的信息相互影响。下面对几种典型的形式进行介绍：

1）电子商务平台+社会化工具

近年来，大型网上销售平台 Amazon、淘宝（天猫）、京东商城等的社会化媒体元素越来越丰富。在商品页面上除了早期就具备的对商品进行打分和文字评论功能之外，又相继推出了对商品评论的有用性进行评价并根据有用性进行排序的功能。消费者可以构建不同的商品集合，用于收纳自己心仪的商品，消费者之间可以根据这些商品或者评论信息选择合适的对象构建类似社交网络的在线好友关系，进行沟通和交流。此外该类电子商务平台还将消费者的评论、浏览、购买、评价等行为数据集中展示，用于帮助消费者评价商品、评价其他消费者并满足消费者对社会化信息影响（social informational influence）的需要。

2）社会化媒体+品牌企业

微博、社交网络服务（SNS）等社会化媒体的兴起，吸引了大量的网民在这些平台上聚集。他们大多数都有着关注品牌并与品牌进行交流的需求。而依托社会化媒体建立起来的广阔的人际网络以及社会化媒体所倡导的"分享"这一核心机制为品牌信息的传播和扩散创造了条件。所以越来越多的企业在社会化媒体平台上设立品牌主页，进行产品的宣传和推广，甚至直接进行售卖，该类社会化方式首先在 Facebook 网站上取得成功，形成了一种名为 f-commerce 的商业模式。在我国，人人网以及新浪微博中也有相当数量的企业账号和品牌主页存在。

3）消费分享社区

由于产品质量以及企业诚信问题日益凸显，一些独立于企业之外的不以促进自身产品或服务销售为目的的网站，如大众点评、豆瓣、epinions、Yelp 等网站上的信息受到消费者更多的关注。这些网站一般只提供商品信息以及消费者分享的购物体验，而不涉及具体销售环节。此外，由于网络购物市场规模的扩大，可以通过网络购物获得的商品从数量上和种类上都在增长。传统的基于搜索引擎的商品搜寻方式已经无法满足消费者对于部分位于长尾上的商品信息的需求，消费者希望与自己信任的，兴趣相投的其他消费者建立沟通渠道，获得建议并且便捷地完成购物，获得更好的购物体验。正是基于以上这两方面的需求。诸如蘑菇街、美丽说等购物分享社区开始成为电子商务生态体系中的一种新兴的商业形态。这种购物分享社区除了按照一定的关系将消费者连接成网络之外，还将消费者分享的商品信息与购物平台的购买页面进行连接，一方面承担着为消费者提供交流平台的任务，另一方面也是连接消费者与目标商品的桥梁与纽带。

4）移动终端+应用（App）

随着移动通信技术的不断革新和发展，"3G"和"手机上网"的概念在国内不断普及，截至 2012 年 12 月，我国手机网民数量达到 4.2 亿，在总体网民中的比重为 74.5%，手机成为我国网民第一大上网终端。其中，网民对手机微博以及手机社交网站的使用率有所提高（中国互联网络信息中心，2013）。尤其是基于微博的基于位置服务（location based service，简称 LBS）的交友、社会化阅读、兴趣社区和直接通过客户端购物等，都提升了用户使用微博的黏性。在美国等发达国家，手机购物也正在成为消费的主流之一（comScore，2011）。另一方面，由于因特网终端的融合趋势，各类网站逐步进入手机和其他无线终端（如 iPad）领域，电子商务平台如淘宝、京东，消费分享社区如蘑菇街、美丽说、大众点评等都推出了手机应用，借以争夺用户的碎片时间，提升用户体验。目前，移动商务已经从早期的手机支付、短信查询与交易等发展到借助各种不同的应用完成需求确认、筛选评估、在线支付、体验分享的全过程。总体上看，移动终端与应用的组合不仅仅是将电子商务的社会化趋势从传统的 PC 领域延伸到了移动终端，而且还创造了诸如基于位置服务等新兴的商业模式。随着移动终端应用的不断发展，这种结合模式可能成为一种新兴的利润增长点。

2. 按关系网络构成分

消费者更喜欢将同行作为自己消费过程中的重要信息来源。因特网拓展了人们传统的工作以及社区的边界，使人们走进了边界模糊、分布稀疏的网络世界，人们可以更方便地和不同地理位置的亲朋好友进行交流（Wellman，2001）。随着 Web 2.0 时代的到来，人们可以通过社交网络、微博上的好友或关注关系来构建自己与亲朋好友间的信息交流网络。身处关系网络中的消费者则可以通过互动来影响消费决策。根据关系网络构成方式的不同，其影响机制也可能是不同的。

1) 基于社交图谱（social graph）的社会化商务

所谓的社交图谱，从广义上说是指世界上所有人及其连接方式的图景。这一概念源于 Facebook 等社交网络服务网站的兴起。社交网络服务网站上的社交图谱大多基于亲人、朋友、同事、同学等在现实社会中存在的社会关系或者这些社会关系的叠加而建立，所谓叠加就是指朋友的朋友，同学的同学等。所以社交图谱反映地往往是现实社会中认识或者了解的人与人之间的关系。正如前面所说，消费者在购物时会受到其他消费者的影响，而研究显示在情感上与我们最亲近的人对我们的影响最大（Christakis & Fowler，2009），虽然我们现在身处网络环境中，但是相较于博客或者专家，人们仍然更信赖来自朋友的建议（Owyang，2008）。而这些可能产生影响的人就隐藏在社交网络服务网站上每个人不同规模的社交图谱之中。所以在社会化商务模式产生之初的 2005 年，一个重要的趋势就是将社交网络功能整合到购物活动中，并且探索适合的商业模型；而到了 2007 年，则是社交网络开始加入购物功能（Wang & Zhang，2012）。目前社交网络服务网站+电子商务的模式已经在 Facebook 平台上取得了初步的成果，国内的人人网也在通过接纳品牌构建主页以及"人人逛街"对社交图谱下的社会化商务模式进行探索。

2) 基于兴趣图谱（interest graph）的社会化商务

与社交图谱相对的是兴趣图谱。所谓兴趣图谱，是指基于共同的兴趣分享而建立起来的关系图谱。与社交图谱不同的是，在兴趣图谱中人们建立联系的基础是共同的兴趣，而他们现实社会中未必认识或了解。Twitter 用户的关注与被关注网络就包含基于兴趣图谱形成的关系网络。兴趣图谱的兴起是 2011 年社会化商务领域的一个现象（Wang & Zhang，2012）。这一方面是由于 Web 2.0 技术给了人们更多的表达个人兴趣和获取所感兴趣的目标相关信息的渠道和手段，而微博、论坛等社会化媒体为一群特征或者需求相似的用户集结构成的一个规模较小的群组提供了平台，如果认为这些用户都是消费者，那么这些消费者聚集形成的若干个小规模市场就是利基（niche）（Dalgic & Leeuw，1994）。消费渠道的多元化使消费者能够通过网络购买更多种类的商品，这改变了消费者的购物方式。长尾理论恰恰说明了网络消费者的需求更加的多元化，消费者可以通过搜索引擎、口碑社区以及推荐列表、个性化定制等方式获得更多的利基产品（Brynjolfsson et al.，2006；Brynjolfsson et al.，2011）。此外，消费者对于利基兴趣或者利基商品的追求使其在消费某些商品的过程中对于虽然属于核心社会关系但是对目标产品并不熟悉的人群的意见并不重视，转而寻求兴趣相同人群的意见。如豆瓣社区聚集了大量兴趣相投的音乐爱好者和读者并提供导购及比价服务。目前大批出现的购物分享社区（如蘑菇街、美丽说等）借助微博式（即"关注"与"被关注"）联系构建方式，吸引年轻女性消费者构建关系网络，分享购物体验并指引用户通过链接直达电子商务平台的购物页面。这些都是借助兴趣图谱开展社会化商务的范例。在2011年，社会化商务领域出现了由社交图谱向兴趣图谱的转向（Wang & Zhang，2012）。因此探索针对兴趣图谱的社会化商务模式是诸多学者和实业工作者的目标。

3. 社会化商务的组成部分

从上面的介绍我们可以看出社会化商务网站有多种形态，而社会化商务网站的本质都是基于社会化媒体为消费者提供更好的消费体验。所以社会化商务中有一些基本的组成部分会被一些不同类型的网站重复使用。Marsden（2009a）就将社会化商务概括为六个方面（如表6-2所示，其中典型网站根据其定义，笔者根据我国的实际发展有部分调整）。

表6-2　社会化商务的六个方面

名称	含义	具体工具与模式	典型网站
社会化购物 Social Shopping	通过社会化媒体工具共享消费活动	团购、礼物合购、页面内向朋友咨询、社交网站购物、社会化购物门户	拉手网、淘江湖投票、Apple iTunes Group Giftcard、Facebook
打分与评论 Rating & Reviews	通过对产品或评论进行第三方打分与评论为消费者提供贡献内容以及讨论的机会	顾客评论、专家评论、赞助评论、顾客见证	大众点评、Amazon、epinions、Bazaarvoice、Stories
推荐与参考 Recommendations & Referrals	提供个性化的推荐和参考信息，并对信息提供者给予一定的奖励，通常该类功能与打分和评论被集成在社会化购物的门户网站中	与朋友分享、奖励推荐、社会化推荐	Amazon上的推荐
论坛和社区 Forums & Communities	将消费者联系在一个相对可控的环境中进行讨论或者直接对某些品牌发表看法	消费者论坛、消费者画廊（展示图片和视频）、创意版（向企业提供创意和反馈）、问答社区、品牌社区（专注某一品牌，一般用于培养忠诚度）	各大电子商务平台的社区板块、My Starbucks Idea、Dell IdeaStorm

续表

名称	含义	具体工具与模式	典型网站
社会化媒体优化 Social Media Optimisation	借助工具吸引消费者通过社会化媒体访问网站及内容	新闻订阅、媒体共享（在社会化媒体发布信息）、在线活动、建立链接	社交网络服务网站或微博上的品牌主页和企业账号
社会化广告与应用 Social Ads & Apps	在社会化媒体上或者社会化应用上投放广告	—	—

正如 Marsden 在描述推荐与参考这一类别时提到的集成一样，目前大多数的电子商务网站都集成了以上若干个服务。评论、推荐、广告等在电子商务网站、微博、社交网络服务网站上已经十分常见。表 6-2 中列举的一些服务并不是社会化商务兴起之后才出现的。根据 Curty 和 Zhang 对 15 家电子商务网站 12 年以来所提供的服务类型的分析（Curty & Zhang，2011），推荐和参考以及社区形式在 20 世纪 90 年代末就已经被 Amazon 所采用；而移动商务和新闻订阅都出现在 2005 年 "social commerce" 这一名词诞生之前。2005～2006 年是社会化商务服务发展较快的时间段，其间标签、标签云、内部社交网络、移动终端版本网站逐步出现和完善起来。这也印证了社会化商务是电子商务演化的结果，而 Web 2.0 与社会化媒体的发展对电子商务的社会化起到了推动作用。

6.1.3 UGC 与电子商务的社会化

从本章对电子商务社会化历程以及社会化商务概念内涵、基本形式的介绍以及本书先前章节中对 UGC 的介绍中可以看出，电子商务的社会化与 UGC 无论是在概念内涵、还是在基本流程方面都有着密切的联系。

1. UGC 可以满足消费者的信息需求

UGC 泛指以任何形式在网络上发表的由用户创作的文字、图片、音频、视频等内容，是 Web 2.0 环境下一种新兴的网络信息资源创作与组织模式。它的发布平台包括微博、博客、视频分享网站、维基百科、在线问答、社交网络服务网站等社会化媒体（赵宇翔等，2012）。因为在某些特定环境下，群体智慧会优于团队中个别精英分子的单独贡献，所以 UGC 这种赋予所有用户话语权的方式，不但承认了用户有贡献有价值信息的潜力，而且拓宽了用户获得有价值的信息的渠道。有价值的信息又是消费者、商家、管制机构等电子商务生态系统成员进行电子商务活动所必需的。所以 UGC 可以满足各方对于信息的需求。

2. UGC 是消费者及网站参与社会化商务的主要模式

UGC 作为一种信息资源创作与组织模式，其模式与理念已经被广泛地应用于电子商务网站中。艾瑞咨询集团发布的《2011 年中国社交化电子商务专题报告》（艾瑞咨询，2012）中概括出了中国新兴社交购物网站的特点为：以图片为主，用户以图片为中心产生社交关系，通过用户点击完成从社交网站到购物网站的跳转。推而广之，在电子商务社会化的背景下，用户及其生成的内容是网站的核心，用户总是依据或者围绕这些内容开展活动。其基本模式如图6-1所示。作为消费者，既可以是生产者通过文字、符号、视频、音频等载体在网站分享自己的消费体验，也可以作为信息搜寻者对搜索到的信息进行浏览和个性化的归类，还可以作为UGC内容的评判者对其进行打分评价。在这些UGC活动的引导下，在某些网站（如目前广泛兴起的购物分享社区及导购网站）上，还可以通过UGC内容中的链接直接跳转到其他的网站如购物平台或者支付平台完成支付。

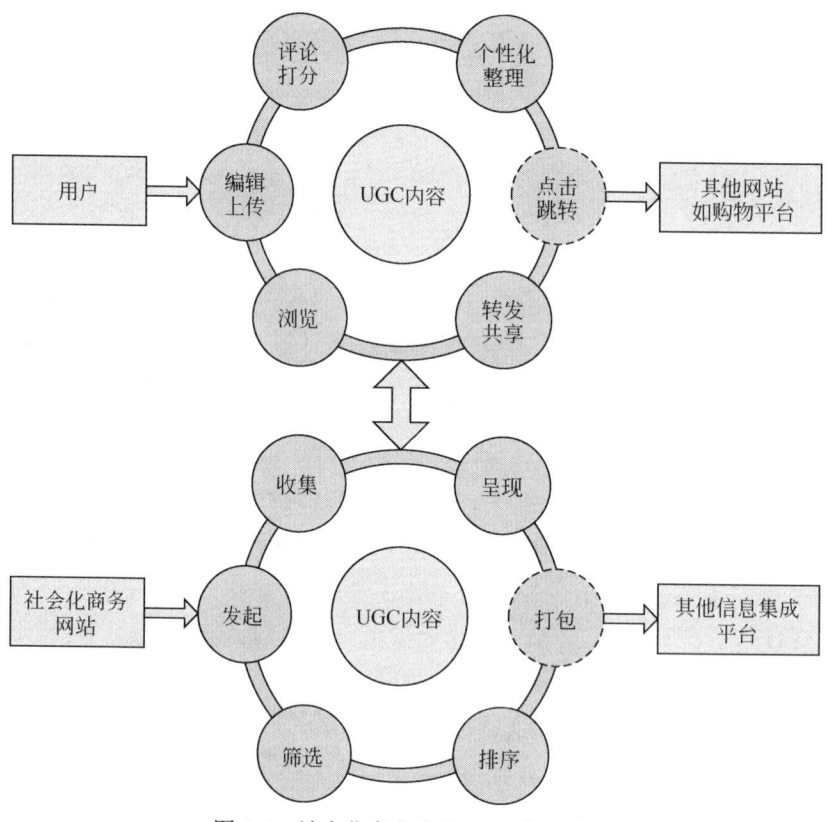

图6-1 社会化商务中的UGC典型流程

消费者的UGC信息不仅对于消费者，而且对于社会化商务网站本身也是有价值的。同时消费者的UGC行为还会受到社会化商务网站的影响。因为每一个社会化商务网站在运营过程中围绕着UGC，都需要解决4个问题，即：①本网站的目标、业务流程或价值链是怎样的？②为了达到网站的运营目标需要收集哪些来自用户的UGC内容？③如何刺激消费者贡献相应的UGC内容？④这些内容应该以怎样的方式呈现给消费者？所以对于任意一个社会化商务网站，消费者只能按照网站预设的框架来提供分享自己的体验和感受，有时是文字或者图片评论，有时是标签，有时又是位置信息。社会化商务网站往往通过积分、商品回馈、会员特权等外在的刺激方式来刺激消费者贡献UGC内容。同时，除了被动等待消费者贡献内容之外，网站还会利用节日或者社会公共事件来制造相应情境与话题，吸引消费者分享与主题有关的体验。UGC丰富了信息量，为消费者寻找利基信息提供了机会，但是从海量信息中分离出对决策真正有价值的信息则变得相对困难，所以社会化商务网站大多设计出一些对 UGC 内容的筛选和排序机制以及对于结果的呈现方式（如纯数字式，趋势图，直方图）来帮助消费者更好地加工信息。对于一定时期内沉淀的 UGC 内容，则可以通过合作或者打包出售的方式提供给诸如比价网站等其他网站，用于吸引流量或以其他方式获利。

总之，UGC 信息生产和组织模式是社会化商务网站中消费者行为的核心部分，而且作为 UGC 主要平台的微博、博客、视频分享网站、维基百科、在线问答、社交网络服务网站等社会化媒体也已经广泛被用来开展电子商务活动，所以 UGC 的精神和模式一方面构成了电子商务社会化的基础，同时也满足了电子商务深入发展对于消费者信息的需求。而社会化商务作为 UGC 理念、模式实践与创新的主要领域，也越来越受到学者以及企业界的关注。

6.2 UGC 在电子商务社会化过程中的典型应用

UGC 无论是作为一种信息资源或者信息生产模式以及其生产平台都对电子商务的社会化起着至关重要的作用。因此它也在社会化电子商务中得到了十分广泛的应用。本节将着重介绍其中的一些典型应用，通过介绍试图回答以下三个问题：①电子商务社会化过程中采用了哪些形式的 UGC 内容？②UGC 内容会如何呈现给消费者？③哪些流程可以借助 UGC 信息生产模式？

6.2.1 用于电子商务社会化的 UGC 种类

信息技术的发展带动了不同类别的社会化媒体间的融合，这种融合趋势在购物分享社区（图 6-2）中得到了体现。类似微博、社区讨论组的网络构建及信息发布模式，以 pinboard 图片为主的呈现方式使消费者可以在一个网站就获得诸如微博、论坛、图片分享社区、在线商城等网站的体验。此外由于品牌与社会化媒体网站合作，通过媒体投放和在线活动来推动商务活动，所以其间可以利用的 UGC 内容的种类也极大丰富。文字、图片、符号、标签、视频、音频、位置这些都包含在其中。

不同形式的 UGC 内容也经常用于不同的用途，有时也被网站设计用来体现产品同一个维度的特征。如消费者评论（文字、标签）、产品图片、拍摄样片（图片）、打分（符号）都被用来体现产品质量。而这些元素通常一起出现在电子商务网站的产品页面上。

此外，音频及视频被消费者用来记录产品使用的体验过程，音频及视频效果本身有时也是产品质量的证明。此类 UGC 在国外的一些电子商务网站上已经被采用，而我国的电子商务网站则较少采用。位置信息作为一种形式的 UGC 内容是由于基于位置服务（LBS）的兴起。位置的 UGC 往往伴随着其他形式的 UGC 信息，比如微博状态或者图片等。此外，还可以根据移动终端持有者所处的位置，提供周边的相应信息。这类 UGC 主要运用在餐饮及生活服务领域（各种形式的 UGC 举例如图 6-3）。

图 6-2　我国主要购物分享社区

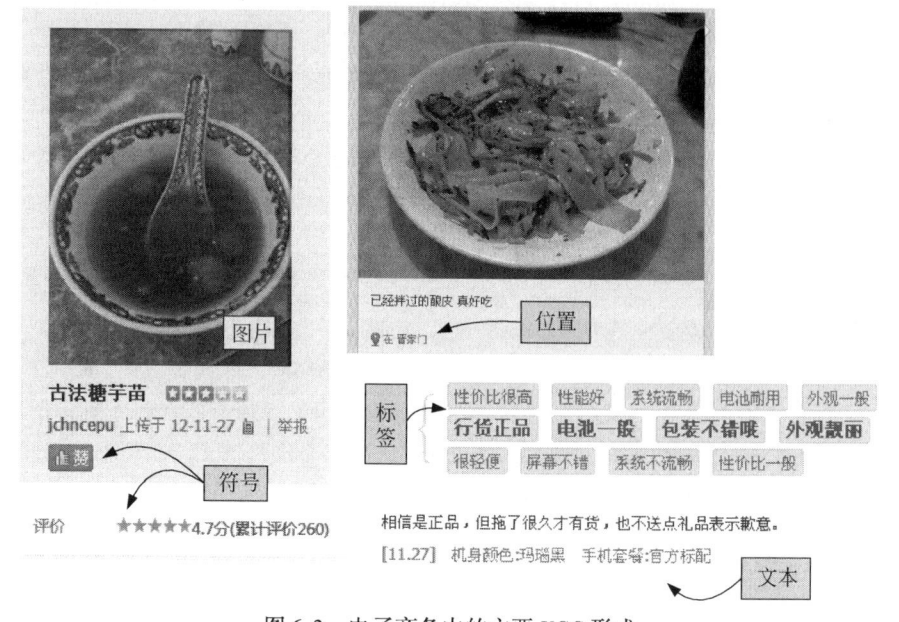

图 6-3　电子商务中的主要 UGC 形式

6.2.2　社会化商务中 UGC 内容的呈现方式

上节中提到消费者总是按照网站提供的框架通过各种 UGC 的方式来反映自己的消费体验。而网站通常需要对消费者生成的大量的信息按照一定的机制，设置排列或者筛选按钮方便消费者按照自己的偏好对信息进行筛选，方便其对自己感兴趣的信息的浏览和评价。目前电子商务网站中所采用的对 UGC 信息或者信息流进行筛选整理的方式主要有以下几种。

1. 自然式

自然式主要是指对于各位消费者按照时间顺序生成的 UGC 内容流不进行人工的干预。同时不按照某些标签（如好评、中评、差评）对 UGC 内容进行归类。也不设置交互接口让消费者可以选择某种机制对内容流进行重新排列的功能。这种方式的优点在于依靠时间自然机制使消费者总能够接触到最新最及时的信息。而缺点则在于一些优质的信息可能随着时间的推移而慢慢消失在人们有限的视野当中。所以目前大多数网站只是将这种方式作为其组织 UGC 信息流的方式之一。

2. 半加工式

半加工式是指采用一些时间之外的维度对 UGC 内容流进行干预，UGC 内容的维度判别一方面是在消费者生成该条内容时完成的（如自己的评论是"好评"还是"差评"的判断）。另一方面则是通过其他消费者对某条内容的价值判断（如认为评论有用或是通过点击"喜欢"、"赞"等发表积极表态）来完成的。所以这样就产生了多种的加工方式。通过对我国较大的电子商务网站[①]的调查可以发现，大多数都采取了多种的评论筛选方式，具体如表 6-3。调查结果也说明根据消费者的对评论的有用性评价以及按照评价倾向分门别类整理信息是电子商务网站广泛采取的方式。

表 6-3 我国主要电子商务网站评论排序方式

排序方式	淘宝网	天猫	京东商城	当当网	拍拍网	亚马逊中国
按评价倾向	×	×	√	√	×	×
按时间先后	√	√	√	√	√	√
按有用性	√	×	×	×	×	√
按买家信用	√	√	×	×	×	×

除了依靠内容生成者或者其他消费者的价值判断行为来梳理 UGC 内容流之外，随着消费分享社区以及小范围意见领袖的影响逐步受到重视，网站编辑根据某些主题对消费者的 UGC 内容进行推荐，或者依据消费者是否为网站中的"达人"来决定是否将该消费者发布的 UGC 信息在页面的显著位置给予显示。这也是除了个人主页订阅内容之外的两种新型 UGC 内容流整理方式。

3. 集成式加工

以上无论是笔者称之为"自然加工"还是"半加工"的方式，消费者所接触的都是按照一定逻辑顺序排列或者按照一定逻辑截取的 UGC 内容本身。而由于消费者的信息处

---

① 根据中国互联网信息中心发布的《2011 年中国网络购物市场研究报告》的数据，本书选择了用户渗透率最高的 6 个网站作为调查对象，时间为 2013 年 1 月

理能力在一定时间空间内是有限的，不可能对每一条 UGC 内容的方方面面都给予足够的重视，所以需要有一些分类汇总的数据为消费过程提供参考。这就是另外一种 UGC 内容加工方式——集成式。所谓集成式是指将消费者一定时期内的一些 UGC 内容进行汇总。在实践中通常是指对各类评论的数量、对商品或者服务的评分、热门标签等进行汇总并提供给消费者（图6-4）。这种方式的好处在于可以帮助消费者把握商品、店铺的总体情况，缺点在于无法反映出不同消费者对商品或者店铺的认知以及商品和商家服务质量的分段变动，会掩盖部分的事实。

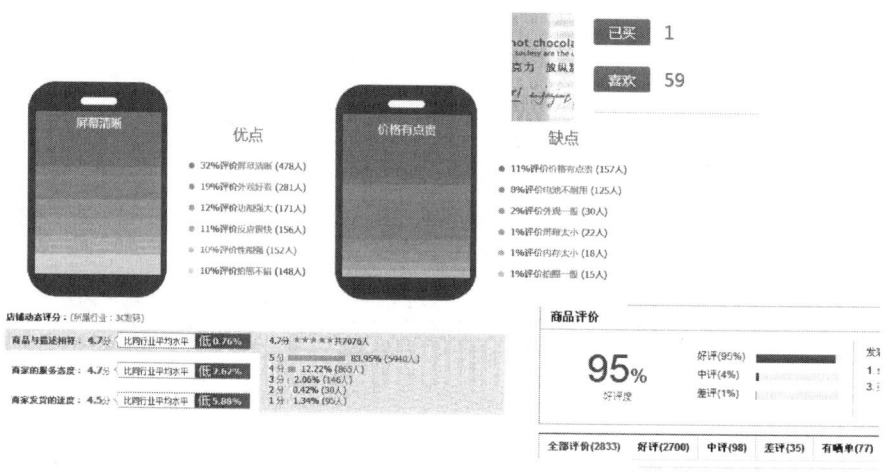

图 6-4　部分网站对 UGC 内容的集成示意

6.2.3　电子商务社会化过程中 UGC 的应用领域举例

本小节将从几个主要的应用领域中各选择一些具体实例来阐述 UGC 模式和 UGC 内容在不同目标、不同环境下是如何与电子商务相结合的。社会化媒体是社会化商务的媒介，所以在社会化商务环境下，消费者决策过程会受到社会化媒体平台上的信息，尤其是来自其他消费者的影响。来自消费者的信任是对平台产生信任继而产生消费意向的关键因素（Lu et al., 2010）。与真实世界不同的是，在电子商务平台上，我们只能够根据网站上的消费者个人主页等信息来评估该消费者的兴趣以及评论的价值，这在基于兴趣的社会化商务网站中尤为突出。消费者之所以发表商品评论，是由于消费者有着社会交往和被他人关注的需求。基于此，社会化商务平台应当为消费者构建展示自己以及与他人交流的平台。此外，消费者行为理论认为消费者的决策过程由问题认知、信息收集、购买评价与选择、店铺选择与购买、购后过程、客户满意和忠诚等步骤组成。所以在本小节中，主要介绍 UGC 内容在消费者自我呈现以及某些决策过程中的应用。

1. 消费者声誉系统构建

在网络社区或者社会化电子商务平台中，个人主页（profile page）是记录消费者个人

第 6 章　UGC 在电子商务领域的应用

活动轨迹、展示个人兴趣以及与他人交流的场所。消费者通过浏览个人主页相互了解、形成关注与被关注的关系网络。个人主页上的信息往往包括了用户网站活动的统计信息，其他用户对其的评价以及用于表现用户对网站贡献程度的分数等，这些是声誉系统的重要组成部分。声誉系统中的活动轨迹统计，用户评价或用户积分信息是对用户 UGC 行为的汇总，或本身就是一种 UGC 行为与信息。所以 UGC 在社会商务中的第一个运用就是帮助消费者构建个人声誉系统。商业网站会根据自身不同的经营目标来设计自己的用户声誉系统。

Yelp 是美国一家较大的顾客点评网站。其主要的点评对象是餐饮、食品、酒吧、酒店、旅游等领域。填写个人信息、打分、分享个人消费体验以及寻找和参与线上活动是用户在该网站上的主要行为。Dellarocas 的研究认为，该网站声誉系统的主要功能在于方便消费者找到志同道合的人以及培养用户忠诚度。所以该类声誉系统中的 UGC 组织方式应该是对他们的活动信息进行罗列，而不是简单的评分和排行榜（Dellarocas，2010）。该网站的个人页面也主要呈现用户在网站上的各项活动以及受到的评价（图 6-5）。浏览该页面的消费者一方面可以根据其在社区内的个人成就来决定是否关注该用户，也可以根据其在各个领域内获得的好评数量来决定在消费哪一类商品时参考其评论，还可以根据其社会网络的构成拓展自己的信息来源。

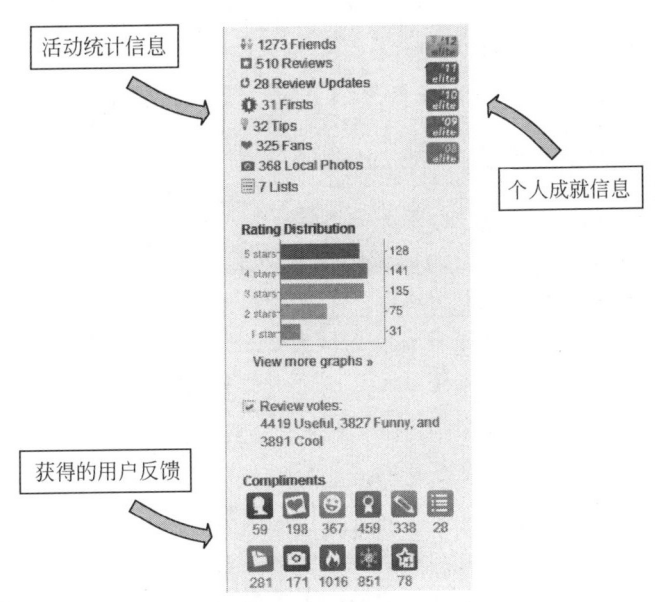

图 6-5　Yelp 的用户声誉系统

相比之下，大众点评作为我国具有一定影响力的，点评范围与 Yelp 相近的点评网站，其声誉系统的设计则显得更为简洁（图 6-6）。其选择的是类似微博的关注与被关注的关系来构建消费者网络。与 Yelp 不同的是，大众点评缺乏一个直观的反馈结果的呈现，需要消费者逐条寻找其他消费者对该条 UGC 内容的评价。使得其他消费者不易从整体上把握该消费者的兴趣以及评论的价值。而且由于 Twitter 这一类的微博应用更像是一种新型媒体而不是社会网络（Kwak et al.，2010），所以这种设计在信息传递的广度方面可能占据优势，但是可能在消费者间的影响力方面存在一定的劣势。

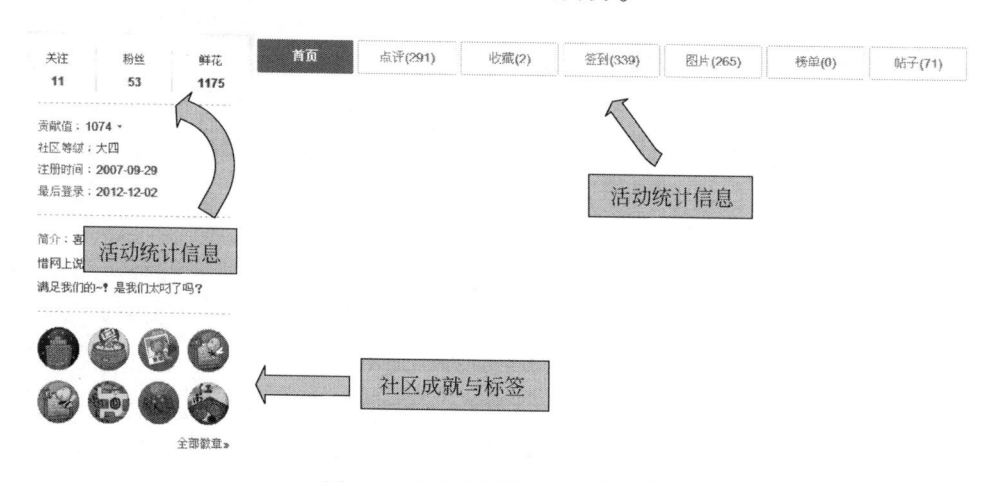

图 6-6　大众点评的用户声誉系统

声誉系统是消费者在某一网站上活动的记录。合适的声誉系统有利于消费者的自我呈现，可以激励消费者更广泛的参与到网站的活动中来，为网站创造更多的价值；同时也方便消费者发现志同道合者，满足消费者关注、被关注以及交流的需求。声誉系统与用户的 UGC 行为紧密相关。所以 Yelp 和大众点评作为两种较为典型的个人主页或者用户声誉系统构建方式，值得所有基于社会化媒体的电子商务网站运营商及研究者进行深入分析和思考。

2. 消费者决策信息收集与消费体验表达

根据消费者的个人声誉系统进行匹配，达到的是对信息源进行筛选的目的。在一个社会化商务网站中。对消费者决策起到重要作用的还是 UGC 内容中的消费体验部分。从消费者决策过程来说，一条商品评论本身可能记载的是消费者使用商品过程中的一系列的感受，属于购后反馈的一种。同时该类 UGC 内容也是其他消费者用来形成消费需求、评估候选商品、候选店铺的决策参考信息。商品评论以及打分是用于表达消费体验的最常用方式。这种相对朴素的 UGC 方式，也因为海量信息的存在以及消费者决策时对产品各方面属性的不同偏好而在起着变化。最普遍的方法是增加产品评论以及评分的维度：如分别写出产品的优点和缺点，或者分别对产品的外观、质量等维度进行打分等。目前商品评论与打分在维度上的拓展如图 6-7。图中是笔者从不同的电子商务平台上选取的针对同一款手机的商品评论。这三条商品评论从评价的维度上可以看出明显的差别：第一条只是简单的文字陈述，而第二和第三条则将评论分为了多个方面，如优点、缺点、使用心得或者服务，相比笼统的一段陈述，这种分维度的评论更容易帮助消费者把握商品的具体优劣特性。而第三条在第二条的基础上更是从单维打分发展到从"通话质量"、"性能"、"软件支持"、"性价比"等多个方面进行打分。这样的做法对于那些对商品某一方面属性具有特殊要求的消费者来说具有一定的参考价值。

商品评论以及打分的维度划分根据商品的种类不同而存在着一定的差别，相比手机等通讯器材，服装这种更具主观性，对身体感受要求更高的产品，其在多维评价方面的细致

第 6 章　UGC 在电子商务领域的应用

图 6-7　商品评价的维度拓展

程度方面也更高（图6-8）。图中所示网站不仅提供了"总体评价"、"舒适度"以及"外观"这三个维度的评分及各分值的分布情况，而且还列出了关于尺码合适程度的 UGC 信息。此外，还有消费者填写自己的身高、体重以及购买的尺码与颜色等信息，更加有助于消费者结合自己的身体条件做出合适的购买选择，这对于服装鞋帽这一类商品显得尤为重要。

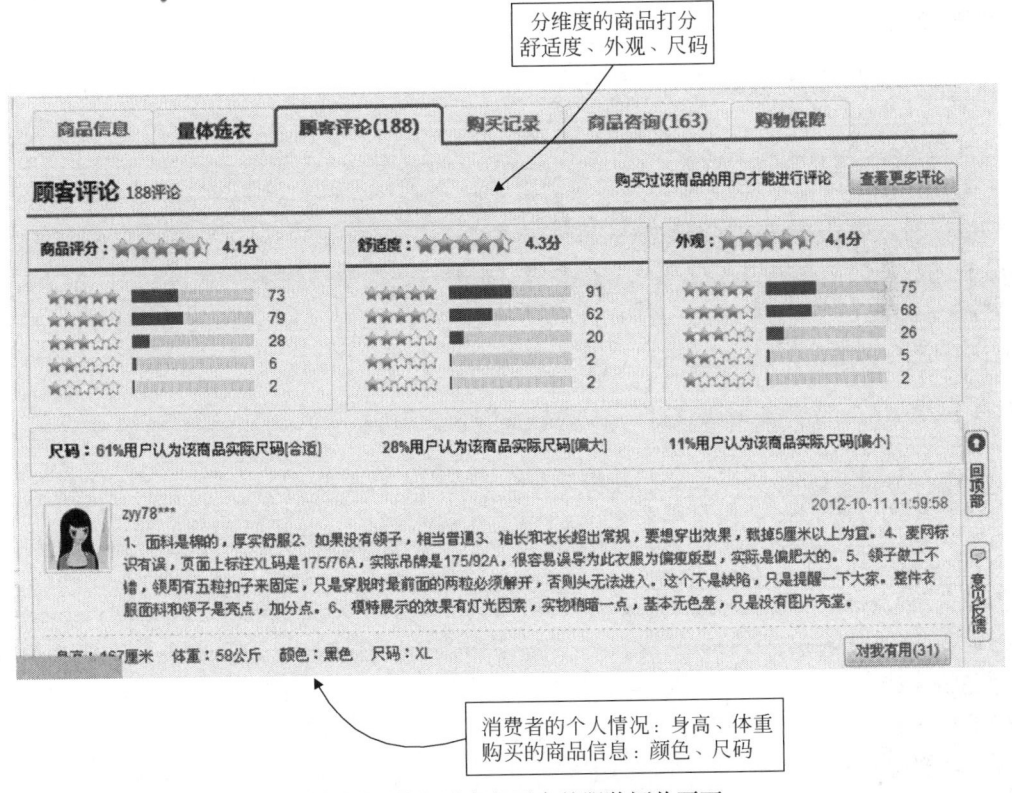

图 6-8　某电子商务平台的服装评价页面

前文提到消费者总是基于一定的动因而分享自己的购物感受。这些因素就包括了社会交往的需要、经济刺激、被他人关注的需求以及潜在的自我提升的需求（Hennig-Thurau et al.，2004）。以上提到的多维 UGC 商品评论的例子，除去商家恶意操纵的因素之外，大多数都是消费者真实的购后反馈。分享的动因大多是内部动因。目前，购物分享社区（如蘑菇街、美丽说等）正在以提供试用机会为刺激来鼓励消费者分享使用体验。消费者经过报名、筛选、试用商品之后完成试用报告，这是一种对特定消费者具有一定吸引力，有助于帮助推广新产品并且与 UGC 密切相关的购物体验分享。

这一类基于产品试用的 UGC 的生产流程大致如下（具体实例如图 6-9）：首先由消费者在一定的时间内提交试用申请，提交试用申请就是一个消费者基于话题创作 UGC 的过程，在这个过程中消费者可以表达自己的产品诉求，而网站和产品生产商也可以获得用户诉求，甚至从这些诉求中获得产品推广的灵感。第二阶段，在到达截止时间之后，网站方根据一定的标准选择合适的申请者寄发产品。第三阶段，消费者使用产品并在规定期限内提交试用报告，而试用报告的提交又是一个 UGC 的过程，它既可以作为消费者体验的表达，供其他消费者在购买同品牌商品时进行参考，也可以供网站或者生产商参考，用以改进产品质量以及促销策略等。

总结来看，在消费者购物体验的表达过程中，UGC 内容以及基于 UGC 信息生产模式的信息资源整合方案的应用是最广泛的，也最贴近购物环节和消费者的实际需求。目前这一领域的应用正在向深层次发展，而且这一领域的应用将长期起到主导作用，需要不断的技术创新与模式创新。

3. 厂商创意收集与客户关系维护

社会化媒体是 UGC 信息汇聚的平台，也是电子商务社会化的主要媒介。作为媒体，其主要任务是传递信息实现信息交互。借助这一类媒体可以实现厂商和消费者之间的交流，借以提升消费者对品牌的忠诚度与归属感，在这一过程中不但消费者可以主动的表达自己的体验，厂商也可以通过在社会化媒体上设置品牌主页或者独自构建品牌社区来与消费者进行互动，邀请消费者参与活动、收集来自消费者的意见，甚至是产品设计的创意，从而达到推广产品、树立企业形象以及传播企业文化的作用。

1) 星巴克的意见收集社区——My Starbucks Idea

"My Starbucks Idea"是由星巴克咖啡于 2008 年创立的一个在线社区（图6-10）。其初衷是收集来自全球的消费者对于星巴克咖啡的建议与创意。该网站的核心理念是"share-vote-discuss-see"即"分享–投票–讨论–观察"。消费者可以提出自己的建议、对他人的建议投票并参与讨论。消费者提出的每一条建议经过投票和"创意伙伴"（idea partner，从星巴克员工中选出的各个领域的专家）的阅读和筛选，有价值的建议将被提交给决策层，经过决策付诸实施。消费者可以根据其建议获得的票数的多少赢得相应的积分。如果建议被付诸实施那么消费者将在网站上获得回报[①]。星巴克也确实曾经根据从该社区收集的意见更改了部分门店的零售产品，获得了较好的效果。这种品牌社区是企业借助 Web 2.0 技

---

① 详细介绍可参见 My Starbucks Idea 网站上的 FAQ 部分：http://mystarbucksidea.force.com/ideafaq

| 第 6 章 | UGC 在电子商务领域的应用

图 6-9 基于产品试用的 UGC 举例

术利用群体智慧（collective intelligence）开展利益相关者营销的典型范例。研究认为 My Starbucks Idea 作为一种主要由无形资产驱动（motivation through intangibles）且分散决策（dispersed decision making）的模式，其好处在于作为消费者可以感知到来自企业的重视，获得自我表达的机会以及对社区的融入感。而作为企业来说则可以将大量的潜在客户集中起来，增加他们对品牌的涉入程度。从企业决策的角度来说则可以将决策成本转移到企业外部，更好的平衡各方的利益，获得一些更有创造性的主意（Chakravorti, 2010）。

但是此类品牌社区也面临着一些质疑和挑战。比如如何维持社区的人气与参与；如何应对高价值的商业创意涌现较少的局面；以及如何解决开放社区中顾客的部分创意可能被竞争对手所采用的问题等。

图 6-10　星巴克的在线社区——My Starbucks Idea

2）基于 UGC 的社区在线活动——以宜家豆瓣小站为例

大多数电子商务平台在社会化的过程中都会遇到用户维持的问题，即如何让消费者在并没有产生消费意愿时还能够长期停留在自己的平台上进行与商品或者品牌相关的活动。社会化媒体强大的连通和信息传播能力给了企业通过 UGC 来吸引用户，传递品牌理念维系品牌形象的机会。借助社会化媒体，设置话题与情境，吸引消费者贡献 UGC 内容正在成为企业广泛采用的方式之一。其中宜家家居利用其豆瓣小站开展的一系列活动就是一个较为典型的 UGC 在社会化商务中的应用案例。

作为一家家居产品经营商，宜家始终倡导的是家居空间的创意和灵感。而豆瓣社区由于在初期以书评、乐评、影评等文化 UGC 信息为主，吸引了大量的深度用户，整个网站具备了一定人文情怀。宜家利用了对于理想家居空间的追求这一理念，引入了体现 Web 2.0 和群体智慧精神的"互助"这一概念，在 2012 年的 2 月 28 日至 4 月 21 日推出了一项名为"春季换装互助计划"的在线活动。其主线就是发动小站成员通过相互建议的方式来完成家庭装修的改造工作，并从整个活动中选出一些优秀的参与者给予宜家的产品作为奖励。从学术角度看，整个活动就是一个群体协作且不断生成 UGC 内容的过程（大致过程如图 6-11）。整个活动由用户自发完成，而宜家家居的豆瓣小站只是提供了一个供网友进行交流的平台并以一定的物质激励来刺激网友进行互动。

由于信息时代的交换过程日益趋向于消费者发起和消费者控制（科特勒等，2009）。所以营销活动逐渐转化成为商家与消费者之间的互动过程。在宜家家居的这次活动中，商家并没有直接通过社会化媒体平台推销或者售卖自己的商品，而是发现了一个可能存在的公共需求——家庭空间改造，并以此为主题在豆瓣小站搭建了一个解决问题的平台，而且网友的参与门槛极低，无论摄影技术高低、无论空间大小如何、也无论是否具备专业的家装知识都可以参与其中，需求的界定与表达，解决方案的供应都由网友通过 UGC 的方式

| 第 6 章 |　UGC 在电子商务领域的应用

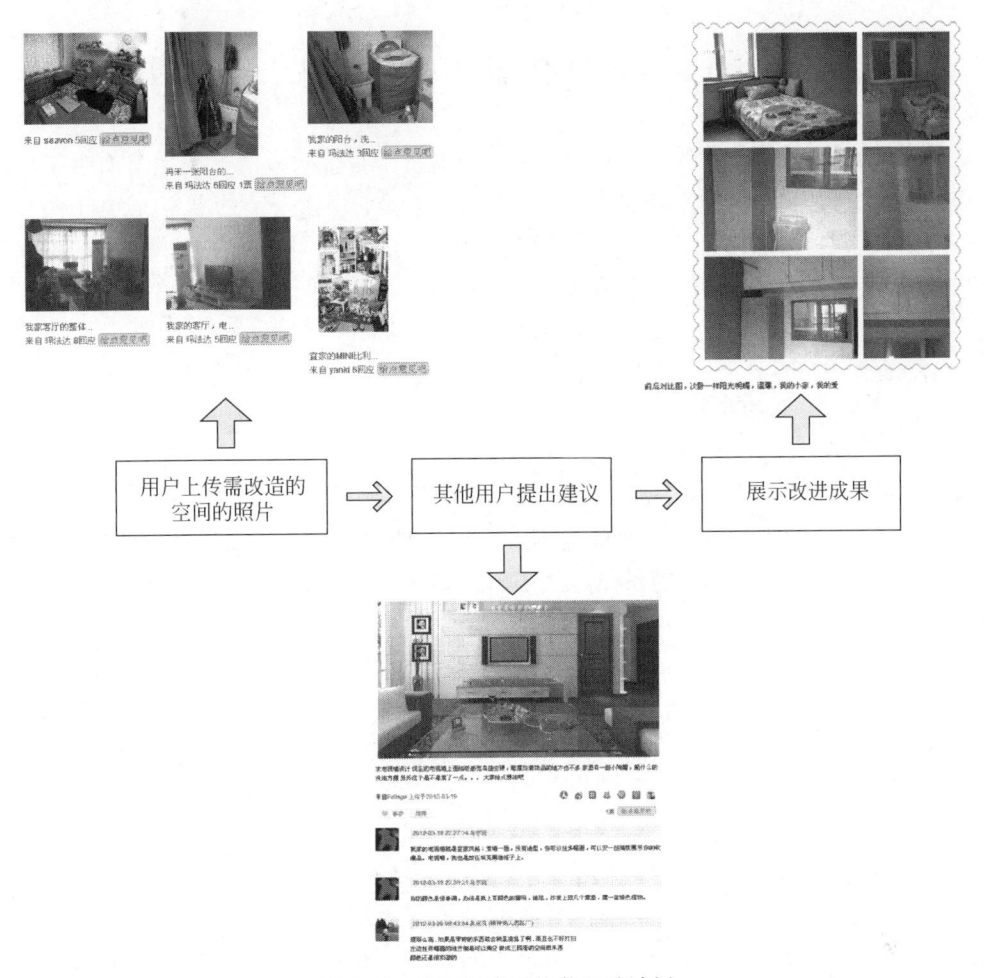

图 6-11　宜家的春季换装互助计划

来实现。而结果是帮助网友解决生活中的实际问题，而且还可以使一部分对家装感兴趣的网友获得展示自我的机会。宜家将这一 UGC 过程当作了自己品牌的财富，将优秀的网友作品分享到诸如微博等其他社会化媒体平台，此举一方面增加了品牌关注度和点击率。另一方面可以通过链接吸引更多的用户参与其中获得乐趣。帮助用户之间进行交流是网站设计的有效要素之一（Rayport & Jaworski，2001）。宜家的春季换装互助计划恰恰是帮助用户之间进行交流的典型事例。

企业运用公共社会化媒体平台根据现实情境制造话题发动消费者创作 UGC 内容，借此提高品牌知名度与关注的方式已经在很多企业的社会化媒体营销活动中得到体现。宜家家居目前仍然会根据不同的季节发起不同的主题活动，如"电影中的梦幻空间"；再如戴尔在微博平台上发起的"送我一台戴尔一体机"的活动都是如此。这已成为 UGC 在营销活动中运用的一种较为典型的模式。其优点在于可以有针对性的锁定用户群体，为后期的广告投放和产品推广提供参考，而缺点则是虽然与产品和理念相关，但是聚拢的人气和获得的较高点击率并不一定能够与企业的实际业绩挂钩，起到的往往是一种潜在的提升客户黏性的作用。其投资回报率与社会化媒体的投资回报率一样不易度量。

6.3 UGC 在电子商务社会化过程中的应用建议

社会化商务是社会化媒体和传统电子商务的有机融合，融合的过程中又产生了一些独立于这两大系统之外的功能型新兴社会化商务网站。这三大类平台共同构成电子商务领域的 UGC 平台。从本章以上小节的介绍中可以看出，这三大平台既独立发展又互有交集，在发展的过程中仍然面临着较多的挑战，因此本节分别针对三类平台提出一些建议以及一些有待共同探讨的问题。

6.3.1 针对大型网上商城

诸如淘宝、京东、当当等网上商城式的电子商务网站。琳琅满目的商品、便捷的支付、放心的物流以及周到的售后服务是其在社会化的电子商务生态系统中生存的重要条件。琳琅满目的商品使得消费者的选项增多，但是在目前的站内搜索或者个性化推荐的体制下，消费者精确定位到目标商品的成本却提高了。在我国网络购物市场稳步成长的背景下，这类网站也最容易汇集与消费产品直接相关的口碑信息，这里是消费者完成购物的最后一站，而且这些口碑内容往往会成为消费者作出消费决策时的最后一个"把关人"。目前该类网站上的诸如"刷信用"、"改销量"、"专业差评师"等现象的出现使得该类网站上的口碑信息的真实性受到广大消费者的怀疑。所以作为网上商城可以考虑以下两个方面的问题。

（1）如何利用消费者的 UGC 内容做好推荐。即不仅仅通过基于购买记录的协同推荐算法来进行简单的商品推荐。而是深入挖掘每个消费者贡献评论的模式与习惯，从中获取消费者在购买某一类商品时的价格区间偏好；对于某几种产品属性的偏好，继而推荐合适的品牌或者是根据消费者的消费行为在时间上所呈现出的特点，在合适的时间点推荐合适的商品。这样才能使消费者对网上商城抱有一定的期待。而不是只要消费者购买了一本计算机书籍之后，网站在很长时间内只会向其推荐更多的计算机书籍。在这一方面国外的一些网上购物平台已经做了很多有益的尝试。

（2）如何设计更多的机制来帮助消费者从平台上堆积的质量参差不齐的评论信息中提取出自己所需要甚至是所重视的信息。6.2.2 节中所介绍的一些呈现方式都是在这一方面的有益尝试。社会认知理论认为，观察别人的行动是获得知识的一种重要的途径。所以目前的网上购物平台大多提供了形式多样的评价打分体系，让消费者了解他人对某一问题的看法，借以影响消费决策。而这种机制最重要的问题在于给出的大多都是一个阶段内的累计平均值或者累计的评价分布，无法体现评价的时间维度，这使得消费者无法全面了解商家或者产品的最新动态。所以将来可以考虑的是在不断增加产品或者服务的评价维度的同时，一方面加入评价者的信誉，另一方面则是加入如价格走势图一类的评论或者打分走势图，并让消费者自主定制某种类型的评价。

6.3.2 针对综合社会化媒体

目前各种社会化媒体尤其是微博成为广大中国网民追捧的热点。不同类型的社会化媒体是基于不同的关系网络构建起来的，诸如人人等社交网络服务网站主要是构建在现实社会的人际交流网络的基础上，而前面提到 Twitter 等微博平台上虽然也存在着大量的社会关系，但是更像是一个高效率的信息传播媒体。将两者融合的网络论坛社区所注重的则是人与人之间的交流，所以针对不同的平台应该设计不同的 UGC 模式以及社会化商务模式。

（1）作为社交网络服务网站，应该设计更多的与成员间关系纽带相关的电子商务活动，如跟随购买、消费过程中的意见征询、不同购物方案的亲友投票、根据亲友 UGC 内容的礼物赠送情境等。只有这样才能够将社会关系间的影响尤其是核心交际圈对消费者的影响充分地发挥出来。

（2）作为注重信息传播速度及广度的微博平台则适合进行话题式或者病毒式营销，通过鼓励消费者创作 UGC 内容并吸引转发和评论来达到树立品牌形象和产品宣传的目的。此外，在消费者日益社会化的今天，微博等社会化媒体也成为消费者向企业寻求沟通甚至问责的渠道，企业微博既是信息发布的平台，也可能是企业处理消费者投诉的前哨站，企业在微博中的不当言行则有可能在瞬时产生极大的社会影响，从而造成巨大的损失。所以作为社会化媒体平台，完善企业微博的功能设计，帮助企业或者消费者收集相关信息可能是吸引企业和消费者在电子商务活动中运用这类社会化媒体的手段。

（3）作为豆瓣等具有一定用户基础的互动社区。宜家家居的例子已经说明该类社区在社会化电子商务中的作用可能在于通过借助网民的力量解决各种问题。这些问题不一定和某些品牌直接相关，但是确实是现实生活中大多数人都会遇到的实际问题，而且这类问题的表述应当相对简单，通过图片、文字、视频等 UGC 形式就能够完成。使得大多数的用户都能够参与其中，形成良好的参与氛围。

6.3.3 针对新兴社会化商务网站

目前大多数的新兴社会化商务网站承担的是从社会化媒体到具体商品的导购任务，即将网络流量引向购物平台。不论是蘑菇街、美丽说、百度逛街等网站虽然都自定义为购物分享社区。但是由于他们大多数都采用的是 Pinterest 的 pin-board 图片瀑布流模式以及微博式的关注与被关注关系完成网络构建。其核心理念还是在于消费者自主发现目标产品，即根据自我判断直达需要的产品。而且该类社区目前的用户群体基本锁定为年轻女性消费者，产品类别则主要是服装、鞋帽、箱包、化妆品等。虽然在短时间内聚集了大量的同质消费群体，寻找到了开展业务的利基，但是由于社区氛围的不足，使得网站的用户黏性成为制约网站发展的因素。因此可以考虑从以下几个方面进行改进。

（1）以吸引部分优质草根名人入驻的方式构建若干围绕某一类需求的子论坛或者社区。而不仅仅是围绕商品本身。例如随着 80 后逐步步入生育高峰期，作为数字原住民的 80 后更乐于通过社会化媒体交流育婴体验，而在交流的过程中不可避免的涉及婴儿服装、婴儿乳制品的话题。网站所需要做的就是营造这样一个探讨的环境，有时可以在某些育婴专家的引导下展开讨论，从探讨过程中产生的大量 UGC 中抽取出一定的商品信息用于导购。这种基于社区讨论涌现出的商品导购对于消费者可能具有更高的吸引力。

（2）目前导购网站都面临着对购物平台的依赖。因为访问这些网站的用户从链接上的最终归宿在购物平台。他们的盈利大多依靠为购物平台吸引的流量的大小，一旦同质的导购网站增多或者购物平台自身的导购应用逐步成熟。这类网站将面临着较大的冲击。所以商业模式的创新是必须考虑的。在 Web 2.0 时代，内容和用户是网站的财富，所以网站需要对一些优质内容进行整合，提升这些内容的附加价值，以此来提升网友贡献优质内容的积极性。可以学习国外一些生活分享网站的经验，通过与内容创作者的协商，将一些优质内容进行收集整理，以纸质或者电子出版物的方式进行出版并与创作者进行利益分成，一方面可以实现某些草根网友的成就感，另一方面也是从在线（online）世界到离线世界（offline）的一种新的尝试。

6.4 本章小结

在全世界范围内电子商务的社会化趋势日益明显的大背景下，UGC 在电子商务社会化过程中发挥着越来越重要的作用。本章分析了 UGC 与电子商务社会化结合的典型案例，提出了针对不同对象的 UGC 在电子商务社会化过程中应用建议。应该说 UGC 在电子商务领域的应用前景广阔、但任重道远。

尼尔森咨询公司发布的《2012 年度社会化媒体报告》（Nielsen，2012）认为社会化媒体和社交网络已经成为了一种全球性的现象，其中亚太地区的消费者在下一年度寄望通过社会化媒体完成消费的意愿高于全球其他地区。所以 UGC 在电子商务社会化的进程中仍将继续扮演重要的角色。其中基于社会化媒体的移动电子商务以及基于社会化媒体的客户服务很有可能是其中两个重要的发展方向。

尼尔森咨询公司的报告显示：在美国，2012 年 7 月通过移动终端和 App 使用社交网络的比重与 2011 年同期相比有近一倍的增长。而本章前面所列举的数据也显示，在我国移动终端已经取代了台式计算机成为了网民上网的第一大终端。所以基于移动终端 App 以及社会化媒体的电子商务模式将在未来一段时间内获得发展。这类模式一是充分利用消费者的碎片化时间进行相应的营销活动，二是通过基于位置的服务，提供基于 UGC 的生活实用信息，如寻找合适的咖啡厅、餐厅等娱乐场所。如何结合移动终端小型化，智能化以及误触率高的特点设计合理的客户端界面和业务流程将是学术界和实业界需要共同探讨的话题。此外，如果说网络团购、线上支付线下接受服务是 online 到 offline 的一种连接的话，那么如何将消费者在实体店的购物体验借助合适的方式通过移动终端以 UGC 的方式上传到因特网，并帮助其获得快速响应则是 offline 到 online 的另外一种尝试。

《2012 年度社会化媒体报告》中同时指出有 47% 的消费者通过社会化媒体接受企业的客户服务。他们接受客户服务的主要方式是 Facebook 的品牌主页、用户的个人主页以及企业的博客。因此企业方面需要思考如何构建自己的社会化媒体客户关系管理体系，而作为社会化媒体的运营商则可以考虑如何利用所掌握的海量数据，为企业或者消费者提供一系列有价值的客户解决方案。

最后回到社会化商务这个内涵丰富的概念。从实际应用的情况来看,UGC 模式被广泛用于消费者的体验表达、购物以及企业的营销领域,但是作为社会化商务活动重要内容之一的企业管理活动(Liang & Turban,2011),其中运用 UGC 的成功案例还相对较少,目前也仅有众包竞赛模式在生产协作、开放创新以及产品设计中应用的研究和实践获得了一定的重视(如著名的设计众包服装生产商 Threadless),除此之外的如社会化招聘与员工培训、社会化金融、社会化电子供应链管理都处于理论与实践的初级阶段,需要深入的研究和探讨。

第7章 UGC 在教育领域的应用

7.1 概　　述

7.1.1 UGC 给教育领域带来的改变

在传统的教育模式中，主要是以施教者作为教育的中心主体，采用从施教者到受教者的单一信息传输模式。即施教者作为主要的信息源，通过讲台这一载体将需传授的知识或需传输的信息传递给受教者。受教者作为信息接受者，只能被动地去接受信息和知识，不能去选择接受信息的内容、形式和传递方式。这极大降低了受教者的学习兴趣和积极性。

在 Web 1.0 时代，现代的计算机技术、因特网技术逐步融入到教育中来，出了各种形式的网络课堂、教育类学习类网站等，施教者的讲课视频、课件、作业等被上传到网络，受教者无论在何时何地都可以通过因特网进行学习。这种教学模式相对传统的教学模式最大的优势就在其打破了教学在时间和空间上的限制，不再需要将受教者集中到教室进行集中的教学活动，而是可以让受教者自由地选择学习时间、学习内容和学习地点。这极大地丰富了教育形式，有效地发挥优质教学资源的社会效应。例如：受教者可以通过远程函授，在不影响现有工作的情况下，完成知识的学习和学历的提升；各个领域里的专家、学者的讲课、讲座可以通过因特网让更多的人接受教育；各类职业技能教育也可以通过因特网让更多人获益。然而从信息和知识传播的角度来看，这种教学模式仍然是由教学者单向地将信息、知识"灌输"给被教育者，只是相对于传统的教学模式而言，教学环境由原先的教室讲台搬到因特网的虚拟环境中，教学方式由传统的"面对面"教学演变成通过因特网的远程教学，教育者和被教育者交流也只是从传统的面对面交流演变为在线交流。因此，其信息传输模式仍是施教者"教"向受教者"学"的单向信息传播，信息源仍主要是由施教者等具有专业知识的专家贡献内容。

随着 Web 2.0 时代的到来，各类社会化媒体鼓励用户主动参与到网站中，积极贡献内容、分享信息进而形成信息的交流和反馈。这种由用户贡献内容（UGC）的新型因特网使用方式给教育带来巨大的变革，使教学中的信息传输不再是由施教者向受教者的单向传播，而是形成了施教者与受教者、施教者之间、受教者之间多向互动的信息传输方式。社会化媒体平台提供了重要的知识交流渠道，施教者和受教者都可以作为用户登录，上传自己所拥有的资源，共享感兴趣的资源，并通过浏览、下载、评论、转发、加标签等多种形式生成的新的内容。将 UGC 的各项功能整合到传统的教育内容与教育方式中去，改变知识流的方向，由施教者讲授变为受教者共同创造，应用这类 UGC 功能改造教育方式，以促进受教者的积极参与从而培养学习兴趣，从而使知识传播也由单向传播变为施教者与受教者群体中互相协作学习的多对多知识交流。

然而应用 UGC 的教育模式并不是彻底否定传统教育中的施教者——教师或者专家在教学过程的作用,而是其作用和角色正在发生根本的转变。UGC 的教育模式中,施教者不再是传统意义上的唯一信息源和知识权威,而是扮演着整个教育过程中发起者、组织者和指导者的角色,而教学的主动权将部分转交到受教者手上。受教者不仅可以浏览、下载教学资源,还可以上传自己所拥有的学习资源、学习心得体会、学习总结等,同时还可以对别人上传的各类资源进行评价、转发、加标签等行为。这些行为又可以视为新的用户生成内容,通过对这类内容的分析,施教者又可以掌握教学动态,了解受教者关注的重点,改进教学方式,从而形成教学相长的良性循环。

7.1.2 UGC 在教育领域的作用

UGC 给教育领域带来的最大变革在于改变了信息产生、知识创造和传播交流的途径,其功能的实现是一个内容生成、共享、再创造的有机循环,可以分为以下几个环节:

1. 网站内容创造

在 UGC 教学网站中,知识由施教者和受教者共同创造产生。施教者和受教者通过博客、维基百科等生成内容或者通过上传课件、视频、图片等方式生成内容,形成网站最初内容的构建。一般来说,最初的用户生成内容一般分为三类:一是用户无意识无目的的上传,用户上传相关资源时没有明显的教育或知识传递的目的,也没针对性,只是将拥有的资源上传网络。这类资源一般形式多样,主题分散,准确性和可用性都有很高的不确定性。二是由一个用户或一个群体的用户根据某一主题或者自己的专业特点来生成或上传一类关于某一特定主题的资源,以供访问者或固定的受教者访问学习,例如教师将关于课程的教材、教案、教学素材、学习记录和电子书籍等资源通过空间、博客等上传到网络平台,学生通过浏览、下载这些资源来进行学习。三是由某一用户发起,根据某一主题,不同的用户将自己拥有的相关资源贡献出来,这些资源可是课件、视频、图片等不同形式,也可以是用户将自己所掌握的知识以博客、Wiki 等超文本或链接的形式贡献到网络上。

2. 资源的共享与利用

当网络教育资源完成初步构建之后,施教者与受教者就可以以用户身份进行访问、共享、利用资源。受教者可以观看教育视频、阅览教学课件、浏览教学素材、电子书籍等资源来完成学习过程,这相当于传统教育中的课堂教学。但其与课堂教学有着本质区别:一是受教者的学习过程不再由施教者控制,受教者可以自由选择学习的时间、地点甚至学习的内容和施教者,这为受教者的学习提供了极大的自主性,有利于提升教学效果。二是教学过程不再是面对面的教学,而是通过终端的一种自我学习,施教者与受教者的联系不再局限于课堂,而是扩展到更广阔的网络空间。三是教学资源不再受硬件资源的限制。传统的教学过程中,教学资源的利用往往受到教学的硬件条件制约,而在网络中施教者可将几乎所有形式的教学资源上传到网络,这极大地拓宽了教学过程中使用教学资源的类型。

3. 内容的再生成

在 UGC 教育中，用户共享和利用教学资源的过程也是内容再生成的过程。用户在观看、浏览、下载各类教学资源的同时可以通过评论、加标签、提问和回答等多种方式来生成新内容，而且生成的内容中有很大一部分是传统教学无法产生的隐性知识。用户在使用资源后可以立即发表自己的感受、观点、看法。例如，学生在学习教师关于某一章节的教学视频后，可以对学习内容、学习形式乃至教师的讲授方法和技巧来进行评论，然后教师就可以通过这些评论来了解学生的学习情况，对学习重点掌握情况，以及在教学形式、知识讲授过程中需要改进的地方。加标签是用户在上传和使用资源的过程中根据自己对资源定义、兴趣点、重点用一个或者几个词组进行标注。在教学中，既可以是施教者或其他知识来源在上传资源时根据教学任务、教学目标、教学要求对资源进行标注，也可以是受教者在访问这些资源的过程中根据自身的学习感受、兴趣点、难点等进行标注，这种标注没有固定词库，完全是根据用户自己对教学内容的理解用自然语言进行标注，这极大地发挥了教学参与者的自主权。通过标签，施教者可以随时掌握受教者在学习过程中兴趣点、难点，而受教者可以通过标签检索到自己感兴趣的优质教学资源，同时，用户还可以通过标签发现对同一主题、同一内容有共同兴趣或持有共同观点的用户，进而可以组成群组，进行共同学习、协同学习。提问和回答则是采用类似维基百科的互联网群体协作的超文本系统或是类似百度知道的一问多答系统，由某一用户提出问题，由一个或者多个用户来共同回答，通过这种提问回答方式可以实现知识积累最大化。

4. 群组与活动

UGC 对教育用户来说最大的吸引力在于其群组与活动功能。在 UGC 教育网络，用户可以根据自己的兴趣、观点等特征自由组成群组，这相当于传统教学的学习小组，UGC 下的群组拥有更大的自由度与协同性。通过群组，以共同的兴趣或相同的观点为纽带，形成了以协同学习为目的网络社交圈。施教者之间组成的圈子可以交流教学心得，探讨教学方法，推荐教学资源，从而推进教学质量的提升，受教者之间组成的圈子可以交流学习成果、探讨学习方法、交换学习记录与资料，形成一个良好的协同学习的网络组织。施教者与受教者之间组成圈子将取代传统教学的师生交流，以更自由的交流方式，更民主的氛围来融洽关系，增进情感，从而更有效地组织教学活动。群组内可以组织活动，活动的形式可以是多样的，可以针对某一个案例的分析，某一个观点的探讨，共同去完成一个项目，通过群组活动，引发头脑风暴，激发用户隐性知识，进而创造新的知识内容。

5. 教学评价

教学评价是教学中施教者对受教者的考评，受教者对施教者的评价。在 UGC 教育网络，评价体系相对于传统教学的最大变革在于评价不再仅仅依靠作业、试卷或者问卷打分来完成。施教者对受教者的评价除了通过受教者的作业、考试成绩、项目完成情况，还要结合受教者教学过程中的参与程度、贡献度、受教者之间互相评价等方面。而受教者对施教者的评价也不局限于知识的传授，还需反映施教者在 UGC 教育网络环境下教学方法、教学理念、乃至与受教者的互动等方面的变革。

在 UGC 教育网络，教育不再是简单的由施教者向受教者传递知识的过程。UGC 环境下的教育是以知识为桥梁，施教者之间、受教者之间、施教者与受教者之间实现最大限度的自由民主式互动，形成一个社会化网络，一个学习社区，教学演变为一种社交行为，演变为组织学习、协同学习、自我学习。

7.1.3 UGC 在教育领域的应用现状

无论是在国内还是国外，UGC 在教育领域的应用实践还处于起步阶段，并随着 Web 2.0 和 UGC 的理念和应用的深化而不断发展。总体而言，UGC 在教育领域的应用可以分为如下三种类型。

（1）通过在传统的教学网站加入 UGC 功能来实现。即在传统教学网站中增加博客、评论、群组、标签等功能来实现 UGC 功能。例如对高校已有的网络课堂或网络教室进行升级，为已有的远程教学系统增加 UGC 功能等。这种实现方式的优势在于其已经拥有了大量的学习资源、完整的知识体系、成熟的网络技术、固定的用户群体，一旦加入 UGC 功能能较快地发挥作用，提升教学质量。不足在于传统教学网络的设计是以教学资源为中心，网络框架已经形成，即使加入部分 UGC 功能，发挥了一定优势，但因技术和设计理念的限制，其交互性能和社交功能仍有提升的空间。

（2）通过成熟的商业 UGC 网站加入教学功能来实现，即教学活动通过已有的商业 UGC 网站来进行，施教者与受教者都以一般用户的身份登录到 UGC 网站，借助 UGC 网站已有的博客、评论、微博、群组、标签等功能来进行教学活动。这种实现方式根据 UGC 网站的性质不同可以有三种情况：①UGC 网站本身没有教育功能，只是借助其 UGC 功能来进行教学活动，如教师利用博客设置值得研究的议题，让同学们收集资料，发表自己不同的看法。利用人人网设置一个班级来进行学习讨论；利用豆瓣网，找到有共同兴趣的学习伙伴，从而逐渐形成基于兴趣的学习生态圈；利用标签网站（如 del.icio.us）对所浏览的教学资源加标签，这样通过每个用户贡献的标签就可以迅速检索到相关教学资源，节约资源收集时间。教师可以了解学生群体每一时段的学习兴趣、知识的掌握情况、关注的话题，体察学生的交流方式和学习方式，利用标签信息资源可以灵活分类。学生可以有效地发现自己的兴趣点，同时可以方便地为学生提供个性化推荐。②UGC 网站具有一定教育功能，施教者需要将其教育功能最大化。如教师利用维基百科、百度百科设置一个词条，让学生通过收集资料，互相补充来协同完成。③传统商业网站在逐步实现 UGC 功能的同时加入了教育功能，如网易公开课等。这种实现方式的优势在于其 UGC 的功能比较完整，开放性高，交互性能和社交性能比较完备。不足在于其设计使用的目的不在于教育，缺乏教育网站所需的评分系统、权限设计系统、相关统计系统等，其网站的组织形式不适合开展系统化的教学活动，一般只能作为现有课堂教学的辅助教学环节。

（3）根据 Web 2.0 和 UGC 的理念，运用 Web 2.0 和 UGC 技术，结合教育教学的特点和需求，设计完全符合 UGC 环境教育要求的 UGC 教育网站，如中国数字大学城。这种实现方式的优势在于其设计的目的就是为了教学活动开展，其需求定义就是围绕着教学的特点，交互性能和社交功能良好。但其局限性在于需要大量的资金、设备、技术人员的投入，需要教育机构教育工作者在教学资源上的支持，需要培养一批活跃的用户群体。

无论是通过上述哪种方式来实现，UGC 在教育领域的应用实践已经逐步开展。在部分高校，一些公共课程利用 UGC 教育网络来开展教学活动，如江苏各类高校和培训机构在中国数字大学城已开设了 5000 余门课程，这些课程的教学可以通过线上进行。在未使用 UGC 教育网络的课程中，教育工作者也逐步开始利用现有的 UGC 商业网站来进行辅助教学，增加师生间的互动，如在江苏南通地区的小学语文教育中，教师要求学生将完成的作文以博客的形式上传到网络上，学生之间互相访问、评价，通过这种方式来提升学生阅读与写作能力，同时增加师生间的互动，学生间的网络社交能力。

7.1.4 UGC 在教育领域中应用的发展趋势

随着社会经济的发展，传统的教育理念、教学方式已难以适应社会经济对教育的要求，随着社会化学习、自我学习、协同学习、终身学习的理念逐渐融入到教育工作中，同时随着数字原住民的成长，UGC 在教育领域的中必将得到更广泛的应用。在未来的十年乃至更长时间内，UGC 教育模式必将成为教育体系的重要组成部分。在 UGC 教育模式的未来发展中，更完善的 UGC 功能、更便利的交互，更强凝聚力的学习社区、更好地协同学习都将逐步实现，UGC 教育模式未来的发展趋势将主要表现为以下几个方面。

1. UGC 教育网站的设计理念将由以教育资源为中心发展到以人为中心

目前，由传统教育网站发展起来的 UGC 教育网站的设计仍主要以资源为中心，教育的参与者围绕教学资源展开教学与学习。在未来 UGC 网站中，设计理念将逐步转变到以教育参与者为中心，教育将突出受教者本身的自我发展需求，让受教者自我学习成为教育的主要形式，教育资源将为受教者服务，网站设计将围绕如何使受教者更便利、更准确地获得自身发展所需的教学资源展开。

2. UGC 教育网站的功能将以教学功能与交互功能并重

现有的教育网站的设计中仍以教学需求定义为主，交互功能仅仅是为了服务于教学需求。而在未来的 UGC 教育网站中，教育的过程不再是简单教与学的过程，而是将教育参与者之间的交互作为与教与学同等重要的知识传递过程，即受教者的知识来源不仅是来自施教者与教学资源，同时也来自其他受教者和与其他教育参与者的交互过程。

3. 未来的 UGC 教育将突出社交理念，学习群组的凝聚力更强

未来的教育不再单单是知识的传授，更是一种以学习知识为重要目的社交活动。在未来的 UGC 教育中，受教者根据自己的学习目标、学习兴趣，组建或参与到相关的群组，这样就构成一个社会化网络，通过群组，学习的过程不再个人掌握所需知识的过程，而是知识在群组成员循环传递，不断激发隐性知识的过程，在知识的传递过程中，成员间情感得到维系，协作伙伴和朋友关系得到发展，进而发展为组织学习、社会化学习。

4. 未来的 UGC 教育将突出社会化学习、终身学习

传统的教育是以学历教育为核心，以学校教育为主体，而现有的教育网站一般也是秉承这一思想，仍以学校、课堂为组织学习的主要形式，外部用户很难共享到优质的学习资源。在未来的 UGC 教育模式下，学校和课堂不再有时间、空间的限制，任何想学习知识的人在任何时间任何地点都可以参与到教育中来，共享优质的教学资源，完成自我提升。学习的目标不再仅仅为了取得学历或技能证书，而是个人内在要求的自我提升，学习的主体也不再是学生，而是整个社会的每个人的终身学习。

7.2 典型案例分析

UGC 在教育中的应用虽处于起步阶段，国内外也出现了一批技术较为成熟、功能较为完善，拥有大量活跃用户的 UGC 教育网站。本节将重点介绍国内和国外的两个案例：中国数字大学城（http://www.nclass.org）和 ePals（http://www.ePals.com）。

7.2.1 中国数字大学城

中国数字大学城是由国内知名教育技术厂商南京易学教育软件有限公司旗下品牌天空教室与多所国内著名高校、中小学、教育培训机构等合作建立的面向教师、学生的互联网教学免费服务平台，到 2012 年，中国数字大学城开课教师超过 5 万人，学生数超过 50 万人（中国数字大学城，2012）。

1. 中国数字大学城概况

中国数字大学城是在原有天空教室网络课程的基础上，将原有教育网内部的网络教学拓展到因特网，加入讨论、答疑、项目、交流等 UGC 功能，同时与微博、百科等实现无缝对接，实现较强的互动性教学（图 7-1）。中国数字大学城的设计与推广是以高校、培训机构等教育机构和教师为中心，一般是以良好的网络教学功能、便捷的网络交流功能等吸引教师进入数字大学城，在数字大学城设立课程，要求学生使用数字大学城进行学习，教师可以把教学过程中的教学活动通过数字大学城来实现，即把数字大学城作为日常课堂教学的辅助平台，也可以通过数字大学城实现全部教学活动。

教师和学生分别在中国数字大学城注册用户，注册时用户可选择教师、助教、学生三类，不同类别的用户在大学城里有着不同权限设置，便于教学管理。利用教师用户登录后就可以设置自己课程，设置班级，设置班级信息，设置班级功能，导入班级学生名单，也可以由学生自己申请加入。

如图 7-2 所示，教师根据实际教学需要，可以设置课程的基本信息，选择需启动的功能。当课程设置完成后，教师和学生就在网络空间里组成一个虚拟的教学班级，每名教师可免费拥有一个教学空间，上传的教学资源、师生间的交流都存储在这个空间里，教学活动结束后，所有教学记录将作为永久的学习档案存储。

图 7-1 中国数字大学城首页

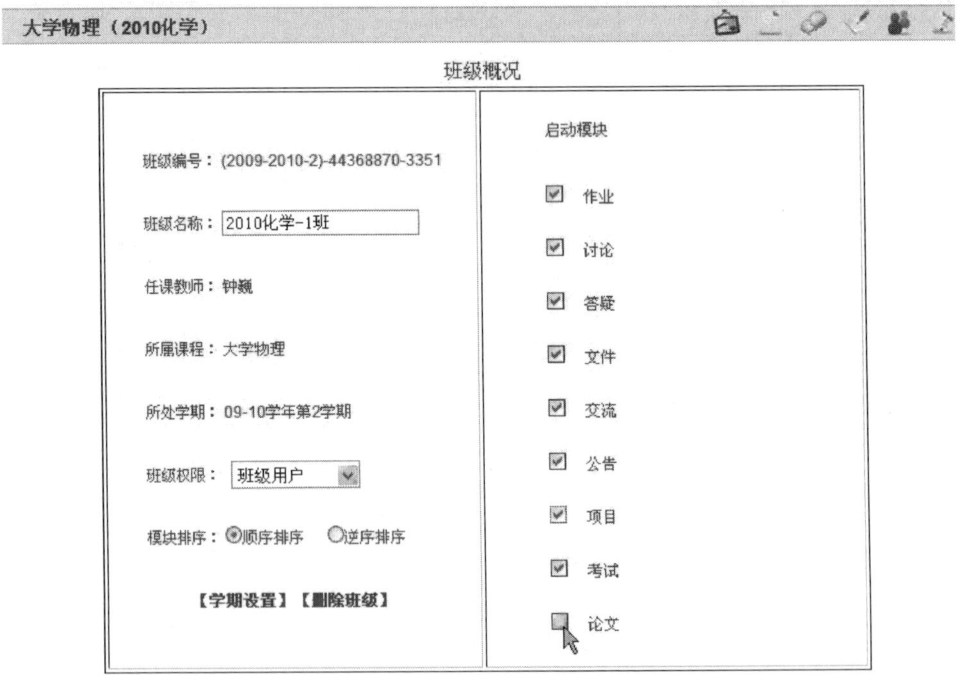

图 7-2 中国数字大学城班级课程管理页面示例

| 第 7 章 | UGC 在教育领域的应用

学生用户登录后，可以根据学习要求或者自己兴趣选择课程（图 7-3），在通过教师审核后，学生就可以进入班级开始学习。

图 7-3　中国数字大学城学生选课页面示例

2. 中国数字大学城中的 UGC 功能

中国数字大学城的教学过程并不是全新的过程再造，而是继承了传统教学过程，基本环节为"教—学—反馈"，不同是在数字大学城中教学过程中融入了 UGC 功能，增加教师与学生、学生之间的互动，增加学习的趣味性。其 UGC 功能主要通过内容生成、公告、作业、讨论、答疑、教研室等环节来实现来信息的生成、共享、交流、协作、反馈、评价等。下面将介绍中国数字大学城主要教学环节中 UGC 功能的实现过程。

1）内容生成

在数字大学城里，内容并不是由数字大学城运营商生成，而是由用户生成，运营商只是构建了网站的框架，实现相应的功能。内容生成是由不同的用户根据的权限通过上传文件、教学活动完成，如图 7-4，图书资源、网络资源、参考资料、课件与教案、教学大纲等教学资源是由教师、助教根据教学需要上传，学生在学习过程中根据学习需要访问、浏

图 7-4　中国数字大学城内容生成功能示例

览、下载。同时，在教学过程中，学生也将自己的作业、学习总结、学习资源等上传到网络，与教师、其他学生共享，实现对教师教学活动的重要补充。教师和学生在教学活动中生成的内容构成了数字大学城的全部内容。

2) 公告环节中的 UGC 功能

当教师需要给学生布置学习任务，开展教学活动时，可以通过公告来实现。在公告中，教师可以将教学内容、教学方式、教学要求布置给学生，让学生可以提前进行自我的学习。同时"已读"和"未读"功能可以让教师随时掌握学生了解公告情况，第一时间掌握学生的学习动态，这极大地提高了教学活动的效率（图 7-5）。

图 7-5 中国数字大学城公告环节 UGC 功能示例

3) 作业环节中的 UGC 功能

数字大学城的作业功能是应用 UGC 给教学带来的最大变革之一，其改进了传统作业形式单一、统计困难、难以防作弊等缺点。教师在布置作业时，可自由选择作业的提交方式、批改模式、完成时间、评分方式等，这丰富了作业的形式，小组作业可以很容易实现（图 7-6）。作业的各种要求学生在浏览时是可见的，学生可以根据教师的要求完成作业，这样的交流方式既可让教师轻松传达自己的教学要求，又可以让学生准确了解完成作业的要求，这能较好让师生实现在作业方面的沟通。

当教师布置的作业为小组作业，学生可以根据教师的指定或自由组成学习小组（图 7-7）。教师可以对不同的小组布置不同的小组作业，而学生可以小组中承担不同角色，根据自己的学习情况完成作业的不同部分，在完成过程中，小组成员间可以在线上、线下开展广泛的讨论，利用头脑风暴来形成新知识、新观点，再由学习组长完成汇总，高质量地完成小组作业提交给教师。这样的小组学习能较好地实现协同学习、共同学习。

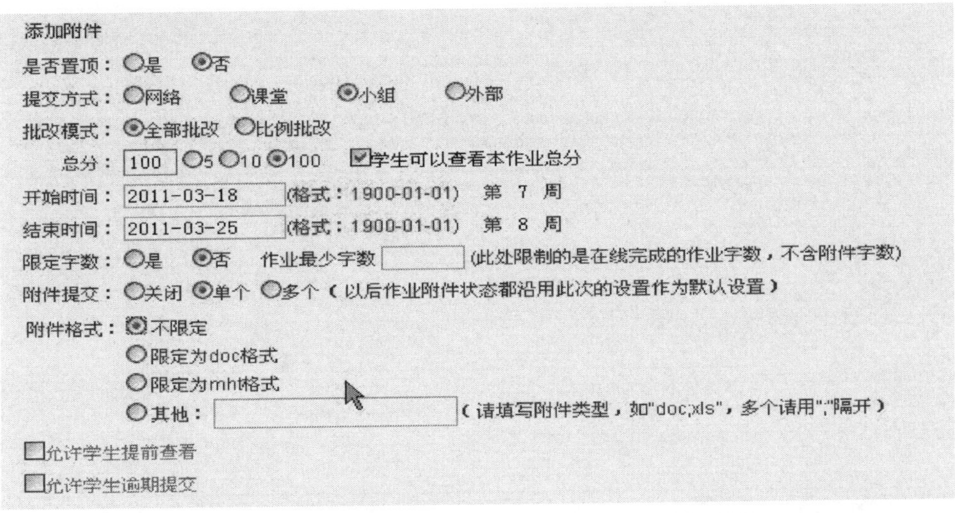

第7章 UGC在教育领域的应用

图7-6 中国数字大学城作业提交中的UGC功能示例

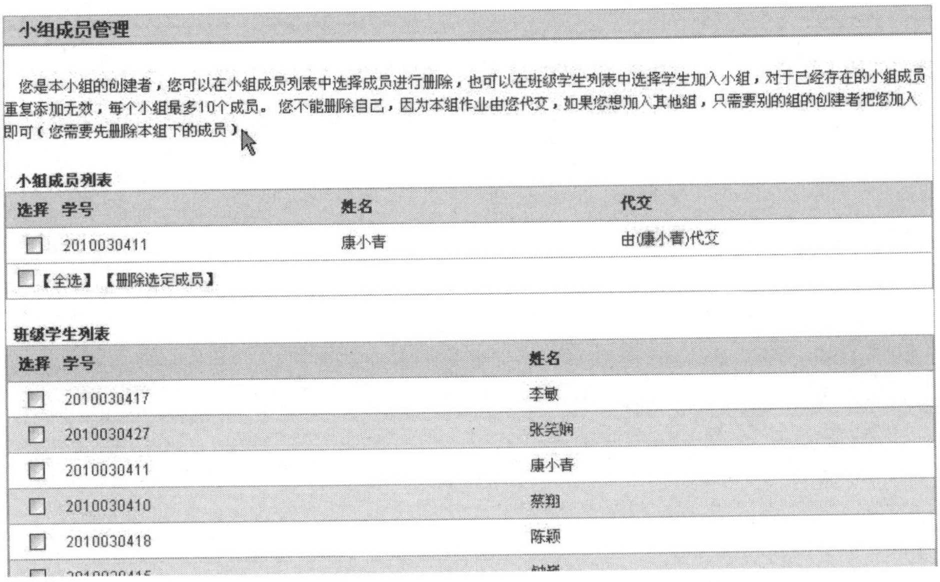

图7-7 中国数字大学城小组作业的UGC功能示例

在学生提交作业后，教师就可以在数字大学城看到提交的作业，开始批改。如图7-8，在作业批改中，数字大学城自动统计出学生完成的时间、粘贴率等，选择分数、等级等多种评分，可以评选优秀作业、开放作业、问题作业，让其他学生共享优秀作业，对开放作业、问题作业进行讨论、评价，实现共同学习、评价，还可以选择补充完善、发回重做，让学生对作业再进行修改、完善。在批改后，教师可以进行简要的评价，评语可以计入评语库，在以后的批改中进行选择。数字大学城的作业功能实现了师生间关于作业的良好交互，在作业批改过程，师生之间可以即时完成评价、反馈、修改、再反馈。这样的交互不仅可以让师生之间关于作业产生良好的交流，让教师准确掌握学生的学习情况，让学生及时了解教师作业的评价，不断完善自己的作业，促进知识的掌握，同时可以实现师生间的情感交流。

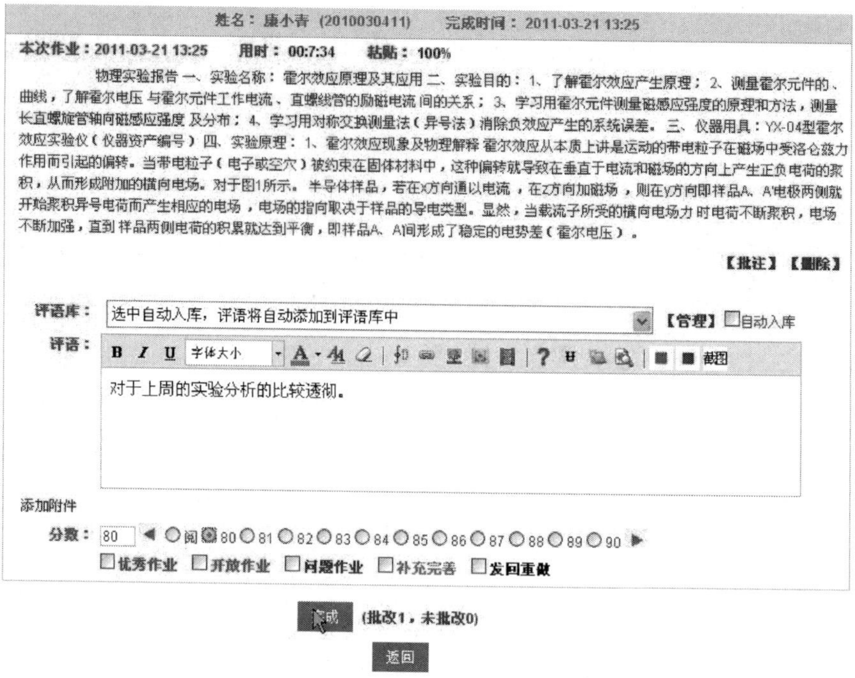

图 7-8　中国数字大学城作业批改的 UGC 功能示例

数字大学城还具有良好的统计功能，即时统计学生完成情况、未完成的学生、批改情况等，这极大地简化统计工作量、减轻教师工作量，提高教学工作效率，把更多的时间、精力投入到教学工作中去（图 7-9）。

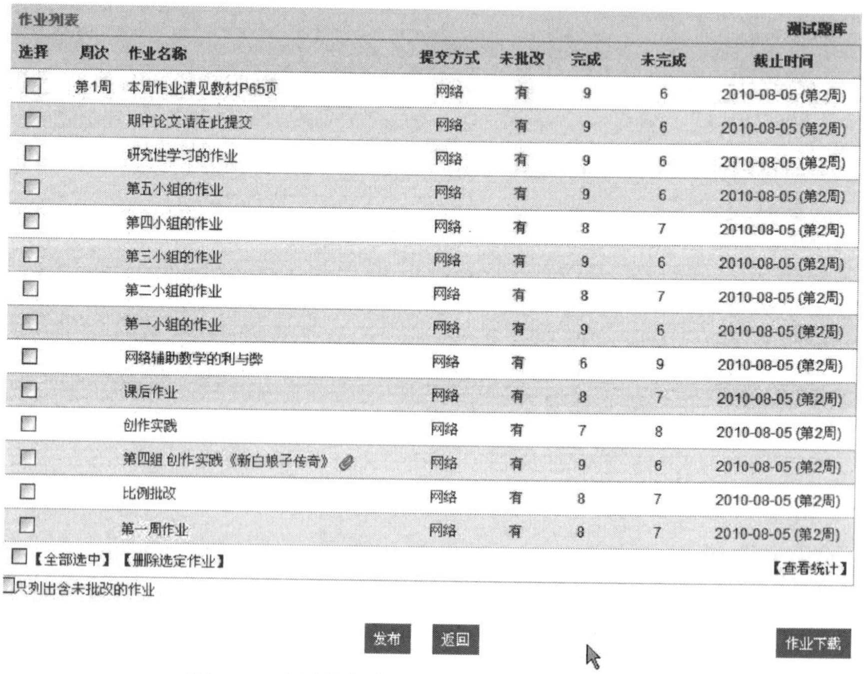
作业列表　测试题库

选择	周次	作业名称	提交方式	未批改	完成	未完成	截止时间
□	第1周	本周作业请见教材P65页	网络	有	9	6	2010-08-05 (第2周)
□		期中论文请在此提交	网络	有	9	6	2010-08-05 (第2周)
□		研究性学习的作业	网络	有	9	6	2010-08-05 (第2周)
□		第五小组的作业	网络	有	9	6	2010-08-05 (第2周)
□		第四小组的作业	网络	有	8	7	2010-08-05 (第2周)
□		第三小组的作业	网络	有	9	6	2010-08-05 (第2周)
□		第二小组的作业	网络	有	8	7	2010-08-05 (第2周)
□		第一小组的作业	网络	有	9	6	2010-08-05 (第2周)
□		网络辅助教学的利与弊	网络	有	6	9	2010-08-05 (第2周)
□		课后作业	网络	有	8	7	2010-08-05 (第2周)
□		创作实践	网络	有	7	8	2010-08-05 (第2周)
□		第四组 创作实践《新白娘子传奇》	网络	有	9	6	2010-08-05 (第2周)
□		比例批改	网络	有	8	7	2010-08-05 (第2周)
□		第一周作业	网络	有	8	7	2010-08-05 (第2周)

□【全部选中】【删除选定作业】　【查看统计】
□只列出含未批改的作业
发布　返回　作业下载

图 7-9　中国数字大学城学生作业统计功能示例

4) 答疑、讨论环节中的UGC功能

数字大学城中的答疑与讨论功能是应用UGC功能实现师生间的交流。如图7-10，答疑是学生将学习中遇到的问题在网络上提出，可以由教师或其他学生来回答，类似于百度知道、雅虎知识堂等功能。通过答疑的过程，学生间可以针对学习过程中遇到的疑难问题进行探讨，实现群体学习、共同学习。教师也可以通过提问与回答了解学生的学习情况，在后续的教学中采取针对性的教学。讨论是由教师根据教学需要，提出相关问题，由学生来进行回答，这类似课堂教学中的教师提问，不同的是网络讨论每个学生都可以回答，教师对学生的回答可以进行点评，学生对教师的点评可以再进行回复，通过这样互动，教生之间可以实现一对一的针对性教学（图7-11）。数字大学城中的答疑与讨论功能可以打破了时间、空间的限制，实现无限制的交流，良好的互动能促进知识在师生之间、学生与学生之间实现良好的循环，通过讨论和交流，还可以形成头脑风暴，激发隐性知识的产生，真正实现教学相长。

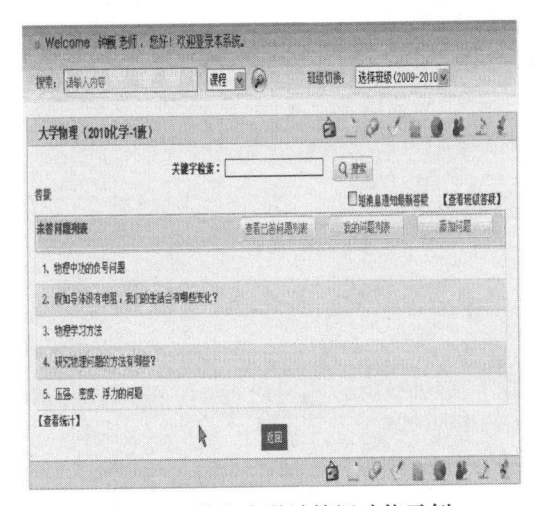

图7-10 数字大学城答疑功能示例 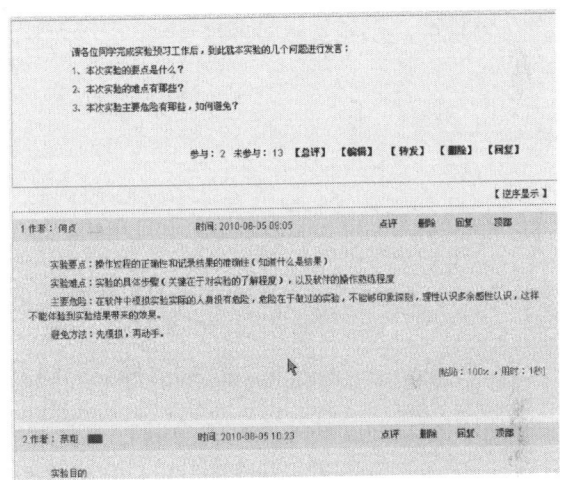   图7-11 数字大学城师生互动讨论示例

5) 教研室环节中的UGC功能

教研室功能实质上就是担任同一课程或相关课程的教师组建的群组，如图7-12，在群组内可以实现文件共享、网上交流，还可以实现网络听课。网络教研室打破了原有的学校、院系等限制，可以实现跨学校、跨地区教师间的协同工作。通过这个平台可以实现教师间的教学资源共享，进行关于教学的网络交流，对教学活动进行网络观摩，形成一个互相协作、资源共享的教师网络团队，而且维系团队的纽带是对同一课程教学活动的交流，而不是传统行政组织与职务，这从范围、广度和深度上拓展了教师资源共享圈子和社交网络，有利教学交流与提高。

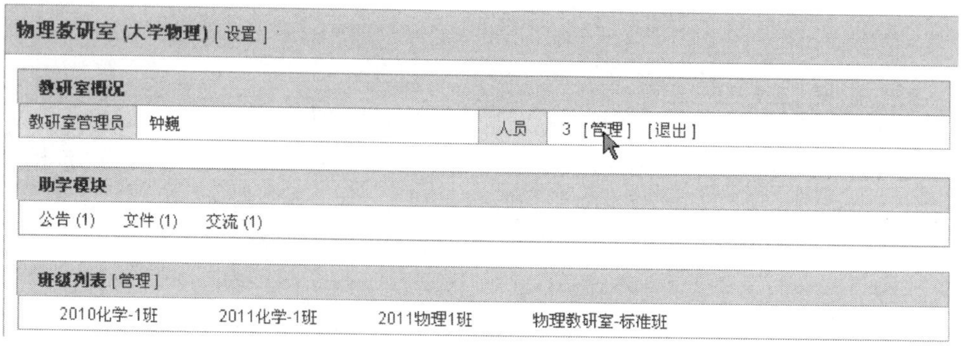

图7-12 中国数字大学城教师教学资源管理示例

6) 与SNS、微博、百科等Web 2.0应用融合

数字大学城在自身UGC功能的基础上，还实现了与多种Web 2.0应用的融合，这使师生间的交流拓展到网络课堂之外，实现更广范围更高层次的互动。如数字大学城的学生可以通过微博对教师的教学活动进行评价，可以是公开的，也可以是匿名的。而教师可以通过数字大学城浏览每天学生的微博评论，并进行反馈，从而实现了师生间的无障碍交流。

此外，数字大学城还提供项目功能，论文功能，互评功能，题库管理与在线考试功能，文件共享功能等，从最大程度上适应新一代互联网环境下UGC教学模式的要求。

3. 中国数字大学城未来的发展趋势

1) 由学校教育向社会教育发展

中国数字大学城的现有教学资源是以高校开设的课程为主，学生也是以高校学生为主。以江苏地区为例，仅有博通会计实战学院、五三会计实战学院等十余家社会培训机构开设的不足30门课程。在未来，中国数字大学城应吸引更多类型的教育机构，并打破院校、机构间的限制，让学生可以更便利、更高效地共享优质的教学资源，应用由面对学校教育发展到面对社会教育。

2) 由教师主导学习向个人的自我学习发展

中国数字大学城现有的教育方式虽然实现了较为丰富的UGC功能，但其设计理念仍是以教师、教学资源为中心。在未来，中国数字大学城应逐步过渡到以个人的自我学习为中心，这就需要转变原有的教学思想，改变传统教学方式，教学组织将不再由教师组织驾驭，而是由个人根据自己的知识需求来选择适合教学内容、教学方式。

3) 由学历教育向终身学习发展

中国数字大学城现有的教学资源仍是以高等教育体系内课程为主，是对现有高校课堂教学的补充，最终还是以学生完成学分，取得学历为目标。在未来UGC环境下的教育将不再是以学历为目标,学习将是个人追求知识、进行网络社交的过程,所以数字大学城未来应逐步发展到适应个人终身学习的功能构建,同时实现知识的传递与网络社交。

4)由显性知识教育发展到隐性知识教育

中国数字大学城的现有教学是以电子资源的形式的显性知识为主,当 UGC 融入到教育中后,隐性知识的共享、转移将与显性知识的共享与转移共同实现。所以,在未来,数字大学城的 UGC 功能设计上应以如何实现隐性知识的激发、共享、转移为目标,发展教学技术手段,优化教学组织,拓宽交互范围,形成网络社交文化,促进隐性知识的产生与共享。

7.2.2 ePals

ePals(www.epals.com)是全球性的社交学习网络,其主要是针对 K-12(美国基础教育的统称)市场,为中小学管理人员、教师、学生、家长提供跨地区、跨语种协作学习平台,目前已拥有遍及全球 200 个国家和地区的数百万用户(ePals,2012)。

1. ePals 概况

ePals 是在美国基础教育的基本理念下,运用 Web 2.0 技术构建的 UGC 教育平台,其最吸引用户的特点是开放性、安全性和文化性。开放性是指虽然 ePals 主要针对 K-12 市场,但目前 ePals 已经吸引了 200 个国家和地区从学前教育到高等教育的广泛用户群体,其内容不局限于课堂教学或者课程学习,而是可以根据实际教学需要灵活地设置课堂内容。同时 ePals 可以实现跨地区跨语种间教学合作,其良好的翻译功能保证了不同语种间用户之间的交流。安全性是指教师用户和家长用户可以监控学生之间的邮件联系,发现不良信息可以立刻举报,这保证了学生可以在一个健康的网络平台进行学习交流。文化性是指 ePals 上的教学不仅仅是知识的传授,还鼓励不同文化背景的学生展示自己国家、民族的各种文化,针对文化领域的开放问题进行广泛探讨。

ePals 用户注册时可以选择教师、学生、学生家长三类,三类用户有着不同权限。如图 7-13,教师主要负责添加学生、建立课堂、组织学生设立项目、参加项目、掌握学生动态、监控学生邮件等。学生则可以通过自己注册(限 13 岁以上学生),可以使用教师用户注册是生成的账号登录。学生家长可以使用 ePals 与全球学生家长在子女教育问题上进行讨论,共享学习资源,监控子女学习情况。

2. ePals 中的 UGC 功能

1)协作学习

在 ePals 平台,教师在创建 classroom 时,如图 7-14,可以设置课程的具体信息,包括学校信息、学习语言、学生年龄段、学生规模、联系方式、课堂具体描述,根据这些信息,教师可以联系与自己课程相同或相似课堂的教师,建立联系,开展协同教学,而学生

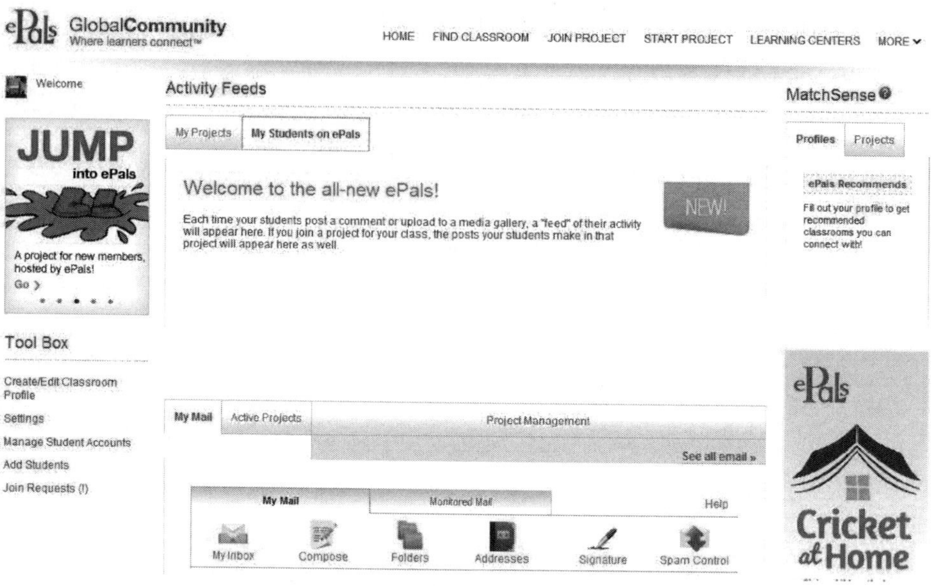

图 7-13　ePals 教师用户页面示例

在教师联系的基础上，可以与不同地区的学生建立学习协作。

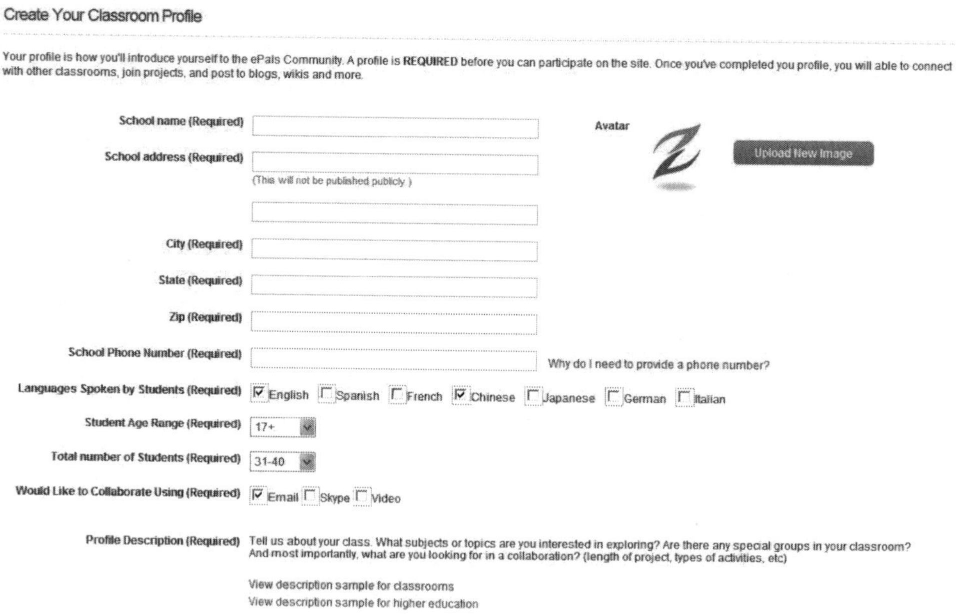

图 7-14　ePals 教师创建课程页面示例

2）开展项目教学

老师可以创建新项目，也可以申请加入已有的项目。项目可以围绕课程内容，也可以是基于时事的跨课程项目，由不同地区的学生开展合作，共同完成。

3) 学生展示

学生可以将自己的学习成果、学习心得、学习过程或项目完成过程中的见闻通过图片、影像、论文、报告等形式上传到网络，与全球学生共享。其他用户可以通过搜索或标签浏览，并可以展开讨论和评价。

4) 学习资源共享

ePals 学习资源包括 ePals 学习行为记录、课程练习、学习计划等，根据学习资源的用户群体可以分为 classroom resoures、teacher communities。学习资源由用户创建，除了分类管理，还可以由用户标签，实现分类分众管理。

此外，ePals 还有供教师、学生、家长间交流的论坛、博客、媒体库等功能，通过 ePals 这个平台，可以实现教师、学生、家长间无障碍的信息共享和交流。

3. ePals 项目实例

ePals 针对 2012 年多个国家进行大选的时事，设计了一个关于大选的项目。如图 7-15，项目包括时事新闻、学生演说、游戏、讨论、教师中心几个模块，在时事新闻主要介绍关于 2012 年进行大选的美国、俄罗斯、日本、韩国、德国、墨西哥、中国台湾地区等地的新闻、民众反应、相关视频等，以供学生了解时事。学生演说部分主要是为学生提供一个模拟竞选过程的平台，学生可以进行模拟竞选演说、探讨竞选规则、研究竞选标语、模拟阐述竞选观点、完成竞选调查报告等任务，将完成的视频、文字等作为学习成果上传到网络，供全球用户共享、学习、评价。游戏是根据全球大选设计的学习程序，游戏内容涉及竞选规则、竞选历史、竞选预测、竞选名词填字等多个方面，寓教于乐，增加学生学习过程的趣闻性，提高学生学习情趣。讨论部分是让教师、学生、学生家长提出话题，进行集体讨论，讨论的话题可以涉及大选的各个方面（图 7-16）。因为 ePals 的开放性，参与讨论的用户有着不同教育程度、文化背景、政治取向，在 ePals 讨论中汇集了各种观点，同时用户还可以对讨论内容加标签，进行分类分众管理，便于用户迅速检索到自己感兴趣的话题，加入讨论。教师中心是根据大选涉及的知识内容设计的课程项目，教师可以学生的年龄段选择适合的课程，进行关于政府、领导人、全球性事件等知识的知识教学（图 7-17）。

图 7-15 ePals 项目课程页面示例

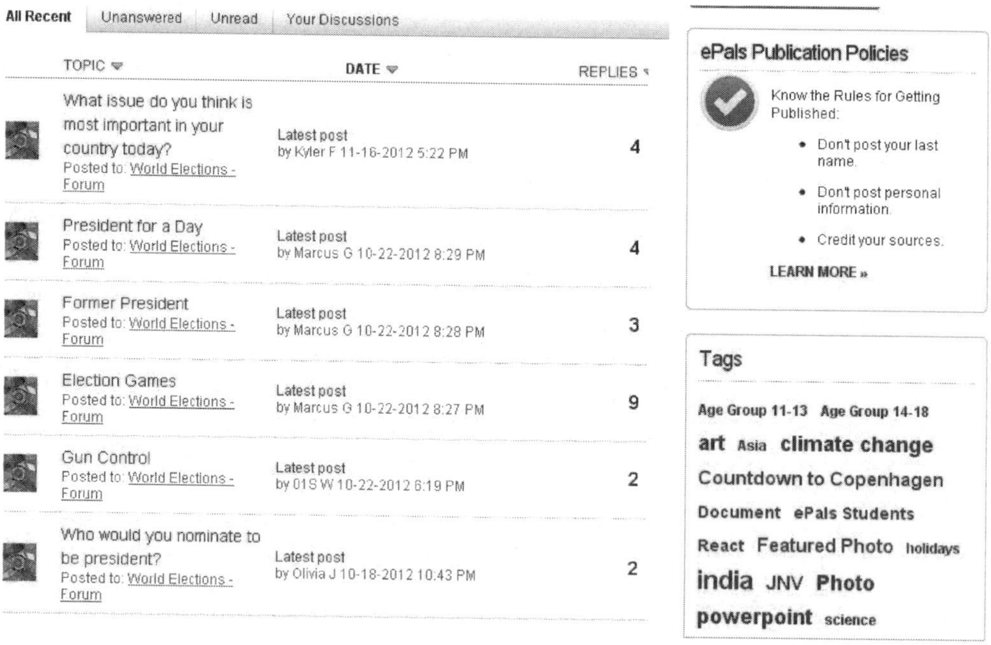

图 7-16　ePals 项目讨论中 UGC 功能示例

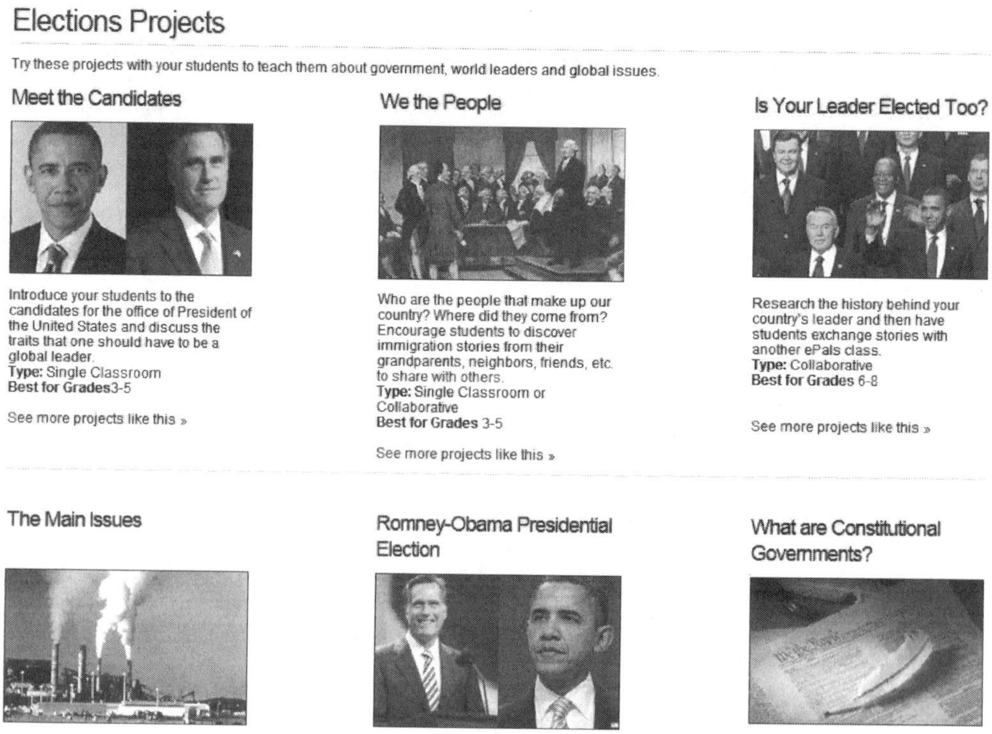

图 7-17　ePals 项目知识教学中 UGC 功能示例

该项目涉及了政治、历史、全球性问题探讨，学生在掌握相关知识的同时还可以提升演讲能力、写作能力、分析问题、辩论等多方面能力，充分体现了 UGC 网络教学的多样性、实时性、综合性等优势。

7.3 本章小结

在 Web 2.0 环境下，UGC 给教育带来了革命性的变革，改变了教育原有的信息产生方式、信息与知识的传播的途径。在应用 UGC 的教育中，施教者与受教者的关系发生了根本性变化，施教者不再是简单地传授知识，而是更多地发起、组织、指导教学活动，让受教者更多地发挥主观能动性，更多地参与到教学中，施教者与受教者之间的信息传播也由一对多的单向传播转变为多对多的多向传播，受教者不再是被动地接受信息，而是在接受信息的同时也创造、生成信息，受教者之间也产生多向的信息传播。这些多向的信息传播可以让施教者随时掌握教学动态，了解受教者的学习情况，从而促进教学质量的提升，而且可以畅通施教者之间、施教者与受教者、受教者之间的信息传播渠道，使信息可以在教育参与的每个主体间快速传播，从而促进教育教学的质效提升。

UGC 在教育中应用主要包括了内容创造、共享与利用、内容再生成、群组与活动、评价等几个环节，彼此之间互相联系、互相影响，构成一个从内容生成、到共享、到再创造的有机循环，施教者、受教者参与到每个环节，实现最大限度的自由民主式互动，形成社会化学习网络，这种学习网络兼具了知识传递和社交的功能。在实际应用实践中，UGC 在教育中的实现可以分为三种主要类型：一是通过传统教学网站加入 UGC 功能来实现，二是通过商业 UGC 网站加入教学功能来实现，三是根据 Web 2.0 和 UGC 的理念，设计完全符合 UGC 环境教育要求的 UGC 教育网站。目前，各高校、商业教学机构、商业网站等根据自身条件和发展需求采用了某种方式来实现 UGC 与教育的结合，在实践中这三种类型各有优势，也都存在着不足，适用于不同环境下的 UGC 与教育结合发展。但不管通过何种形式来实现，通过现有比较成功的实例如中国数字大学城和 ePals 可以看出，UGC 与教育的结合都增加了施教者与受教者之间的互动，提升了教育参与者的参与积极性，扩大了教育的受众面，助推了社会化终生学习。

在未来，随着社会化学习、自我学习、协同学习、终身学习理念的逐步推广，UGC 在教育领域中将得到广泛应用。以人为中心，教育功能与交互功能并重的 UGC 教育网站将成为未来社会化学习、协同学习、终身学习的主要载体，通过 UGC 教育网站，未来的教学将突破学校、课堂在时间和空间上的限制，根据兴趣自由组成协同学习的群组，实现更多的互动，激发更多的隐性知识的产生，让更多人来共享优质教学资源，完成自我提升，实现教学社会效益的最大化。

第8章 UGC在旅游领域的应用

8.1 概 述

8.1.1 UGC在旅游领域的导入

在线旅游是指依托互联网,以旅游消费者信息查询、产品预订及服务评价为核心目的,包括旅游服务供应商OTA(online travel agent)、旅游资讯及社区网站等在线旅游平台的新产业。在线旅游主要借助互联网,与传统旅游产业相比存在巨大差异,所以被称为"在线旅游"。在线旅游服务的核心价值是为用户提供旅游相关信息、提供形成安排预订服务的功能。随着社交网站的发展,OTA需要提供更多客户生成的信息,即由其他利益无关方提供的信息,这些信息更为客观全面,从而能够充分满足在线旅游对于用户生成内容(UGC)的需求,是在线旅游产业最重要信息来源。

在线旅游市场发展迅速,根据艺恩咨询"2011中国旅游电子商务研究报告"显示,2010年中国旅游电子商务产业规模达到390亿元,相比2009年的275亿元增长42%(曾举臣,2012)。艾瑞咨询预测,2011年中国在线预订市场交易规模预计将达1672.9亿元,较2010年的1037.4亿元增长61.3%;在线预订市场第三方在线代理商营收规模将达90.5亿元,相比2010年增长33.9%,从长期趋势来看,未来四年中国在线旅游市场交易规模仍将保持高增长,增速维持在45%左右(艾瑞咨询,2011a)。根据艾瑞咨询中国在线旅游行业年度监测报告2011~2012年显示,2011年中国在线旅游市场规模持续高增长,增长达到38.5%。中国在线旅游市场发展的主要特点为(艾瑞咨询,2011b):①自由行和出境游产品成为在线休闲度假的主体。随着消费者需求的升级,自由行、出境游将成为在线休闲度假主体,同时带动短途交通(如租车、旅游专线)、长途交通(长途大巴、游轮、火车、飞机)、门票、演出产品的快速成长。②社会化媒体作用凸显。社交、点评、攻略等旅游媒体在市场中的地位变得越来越重要。目前国内专业的旅游点评及社交类网站主要有蚂蜂窝、驴评网、到到网和酷讯一起玩等。其中蚂蜂窝是以用户生成内容(UGC)旅游攻略为主要产品的旅游社交平台。驴评网、到到网和酷讯网主要是酒店点评和目的地指南。③LBS和Mobile的移动客户端发展潜力巨大。手机等移动终端给在线旅游业带来了巨大的发展前景,正在逐渐改变从旅行规划到旅行体验的各个阶段,中国移动支付市场潜力巨大,移动互联网将成在线旅游行业下一个掘金点。

以携程、艺龙等旅游网站为代表的在线旅游服务企业异军突起,日渐成熟,并在预订服务模式、盈利模式、服务管理模式、营销模式等多方面实现了创新。目前,在线旅游服务企业根据其业务侧重点不同大致可以分为以下四种类型（王晶，2010）：①旅游预订：这一领域的代表主要有携程、艺龙、同程等提供一站式综合预订服务；真旅网、纵横天地、深圳腾帮、快乐E行主要专注于机票及酒店预订；佰程旅行网重点在于出境旅游产品预订。②垂直搜索：以去哪儿、酷讯为代表的垂直搜索领域，主要为旅游者提供旅游出行中的信息资源搜索与对比功能。③在线社区论坛：以蚂蜂窝、牛人网、一起游、结伴出行网、途牛旅游网、悠哉旅游网为代表的传统互联网社区旅游网站是国内旅游在线社区旅行的先锋，将旅游产品与SNS相结合，优化旅游信息资源。④品牌构建：一些旅游行业外的大型企业，如淘宝、腾讯、京东、中国电信、中国移动等，借助自身已有的大量客户资源或完善的支付手段，也先后发布了其旅游预订频道。比较典型的如淘宝旅行、QQ旅游等。

纵观整个在线旅游市场的发展，大致可以分为三个主要阶段：第一阶段在线旅游企业，以携程、艺龙等企业为代表，极大地促进了中国在线旅游以"机票+酒店"商旅为主的市场的发展；第二阶段在线旅游企业，以淘宝、去哪儿、酷讯等企业为代表，以更低的价格促进了休闲为代表的在线机票、在线酒店市场的发展；第三阶段在线旅游企业，以蚂蜂窝、途牛、悠哉等企业为代表，以自由行、线路跟团等为主要产品，用户的分享、点评、讨论和攻略为主要内容，刺激了在线休闲度假市场的发展。各种社会化媒体中的UGC信息在在线旅游市场的作用日益凸显，并已经成为在线旅游未来的主要发展趋势。因此，研究UGC在在线旅游中的具体应用具有一定的必要性和现实性。

8.1.2 UGC在旅游领域的作用

PhoCusWright公司的报告表明，80%的美国旅行者认为，旅行可以增长见闻，并且他们自发地希望分享讨论旅行中的这些见闻和心得体会（PhoCusWright，2010）。由此可见，旅行者在旅行之后会产生强烈的经验分享欲望，而随着社交型网站和旅游网站的普及，在网上分享旅游信息必然会成为旅行者们的优先选择。研究显示，旅游者们通过在线旅游网站发布的UGC信息，主要是旅行的交通、食宿和目的地情况介绍等，表达形式多为文字和图片。

当一个消费者做出消费决定时，通常会经历以下流程：消费需求，信息检索，评估可选方案，做出消费决定，付诸消费实践（Solomon，2006）。旅游消费者也不例外，在做出旅行决定之前，通常会向周围的人询问建议，或者通过互联网检索相关信息，而后者所能提供的信息量远远大于前者。研究证实，四分之三的游客在制定旅行计划之前都会搜索并考虑用户在线评论的相关信息，这种特征在规划路线和安排食宿方面显得更为重要，其中女性消费者对在线评论的依赖性会更大（Gretzel & Yoo，2008）。一份欧洲的酒店餐馆报告显示，在欧洲，80%的消费者在预订酒店之前会上网搜索有关信息，类似TripAdvisor网站上的差评会直接影响消费者最后的预定决策（Pew Research Center，2006）。

WOM（world of mouth）即口碑相传，口头传递信息，也指由人与人之间一般的交流产生的信息，而不是通过大众媒体传递的。理论显示，口碑在一定程度上会影响着消费者的行为，人们或多或少会受到别人意见的左右，这也是消费从众心理的表现。对于消费者来说，之前有过消费经历的用户所提供的信息是口碑的重要来源。在线旅游网站中由已旅行的人所撰写的 UGC 信息,对于即将出发的旅行者来说是具有一定影响的口碑。而以社交网站形式存在的在线旅游网站如蚂蜂窝、一起游等,提供了良好的口碑传播社会网络。同时,现在的在线旅游网站普遍具有外站分享功能,也可以帮助用户充分利用微博、SNS 等网站的传播优势。

总的来说,UGC 信息在旅游网站中的作用主要体现在以下两点:①以新颖的形式和真实的角度反映旅游景点的服务状况以及分享旅游者的游玩感受,为旅行者提供了大量丰富的旅游相关信息。TripAdvisor 赞助的一项研究调查了 1500 名 TripAdvisor 的用户关于在线评论对他们旅游计划制定等行为的影响,研究结果表明,在线旅游网站中其他消费者的相关评论和资料是用户获取旅游信息的最主要信息来源(Gretzel,2007)。②大量的 UGC 信息让 WOM 取代了传统单一的旅游产业信息传递模式,WOM 成为最主要的信息传递方式。具有相同兴趣爱好的旅游者通过在线社区网络进行分享和交流,信息提供者的动机是出于兴趣和爱好,而不是为特定的旅游机构或服务机构所驱动,因此消费者更愿意信任这一类型的信息。所以,与其他信息来源相比以在线评论为主要形式的用户生成内容更加实用和可靠(Gretzel & Yoo,2008)。

对在线旅游市场来说,用户的推荐能够在一定程度上促进旅游消费行为。用户通过信任度良好的口碑网站搜索相关旅游信息,一方面可以减少用户消费感知风险,另一方面也对积极有用的旅游信息起到了传播的作用。如何引导相关旅游服务的消费者更多更好地分享正面积极的旅游信息是旅游市场策略的核心目标之一。用户生成和分享的旅游信息最终会集中形成一个整体的旅游信息概览,不仅可以为将来出行旅游的消费者提供信息资源,同时也为旅游市场和相关公司企业正确把握市场方向提供信息服务(Murphy et al.,2010)。

8.2 典型案例分析

8.2.1 应用概况

根据劲旅咨询-劲旅智库对 UGC 类型的在线旅游网站和产品的监测结果显示,根据产品用户覆盖数排名情况,2012 年 9 月份主要 UGC 类型的在线旅游网站排名前十位的分别是:蚂蜂窝、一起游、驴评网、百度旅游、到到网、穷游网、游多多旅行网、旅人网、去哪儿网旅行和自游网(图 8-1)。

由图中可以看出,从每百万 Alexa 安装用户在 2012 年 9 月 1 日到 9 月 30 日期间对 UGC 类型的在线旅游网站和产品的访问人数统计来看,该类旅游网站的覆盖数总体呈现出 3 个层级。第一层级是 200(人/百万人)以上的用户覆盖数,在此层级中的网站包括:蚂蜂窝、一起游、驴评网和百度旅游。第二层级是处于 100 至 200(人/百万人)之间的用户覆盖数,包括的网站有:到到网、穷游网、游多多旅行网和旅人网。第三层级则是 100(人/百万人)以下用户覆盖数的网站,包括:去哪儿网、自游网、路趣网、十六番、旅评网、途客圈和酷讯一起玩。

在第一层级中,网站通常具有雄厚的公司背景,或者由于建立较早且提供服务丰富多

| 第 8 章 | UGC 在旅游领域的应用

UGC 型在线旅游网站 2012 年 9 月份覆盖数统计报告

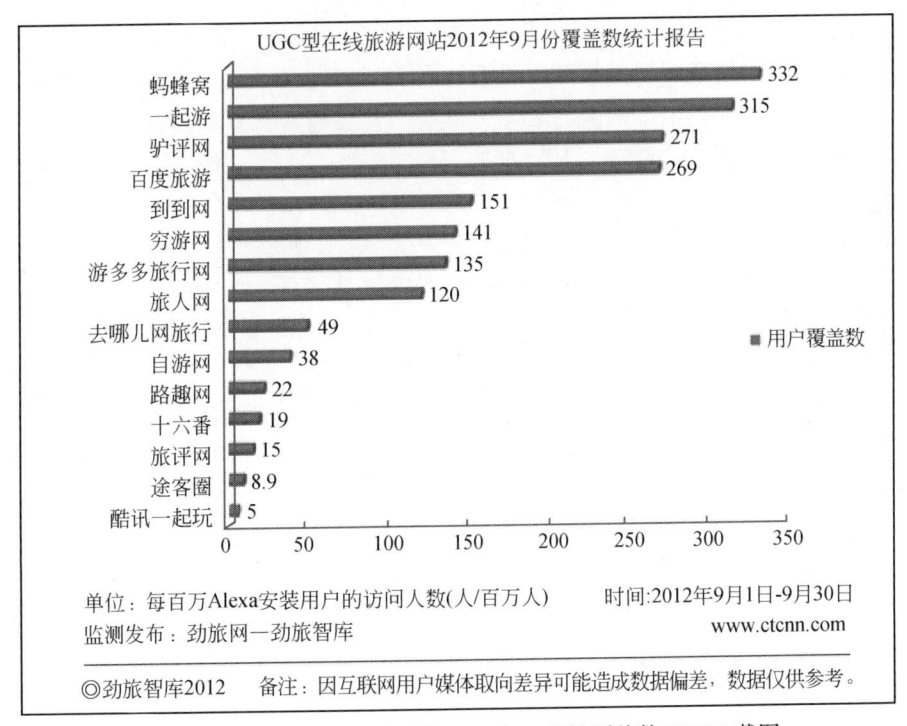

网站	用户覆盖数
蚂蜂窝	332
一起游	315
驴评网	271
百度旅游	269
到到网	151
穷游网	141
游多多旅行网	135
旅人网	120
去哪儿网旅行	49
自游网	38
路趣网	22
十六番	19
旅评网	15
途客圈	8.9
酷讯一起玩	5

单位：每百万 Alexa 安装用户的访问人数（人/百万人）
监测发布：劲旅网—劲旅智库
时间：2012年9月1日-9月30日
www.ctcnn.com

◎劲旅智库2012　备注：因互联网用户媒体取向差异可能造成数据偏差，数据仅供参考。

图 8-1　UGC 型在线旅游网站 2012 年 9 月份覆盖数 TOP15 截图
来源劲旅咨询，2012

样而保持住了广泛的用户群。蚂蜂窝是以用户生成内容为主的旅游社交平台。在蚂蜂窝网站上，注册用户可以充分交换旅游信息，分享旅游心得，帮助网站好友解答旅游疑问，同时获得别人的相关帮助。蚂蜂窝最大的特色在于其用户撰写的丰富的旅游攻略，截至 2012 年 1 月蚂蜂窝旅游攻略下载次数已超过 1000 万次。依靠注册用户提供的大量一手信息，蚂蜂窝已先后制作推出了各类目的地旅游攻略路书，这些路书设计精致、新颖，内容涵盖广泛，给自助游爱好者提供了方便快捷的旅行指南。一起游是同程网旗下的一个旅游咨询类网站。同程网主要提供在线旅游预订平台，一起游则主要以 UGC 构成，为超过 1500 万会员提供一手的出行指南和旅游信息。该网站形成了以旅游攻略、点评、问答、博客为特色的旅游社区，同时也提供全球上千个热门目的地的官方旅游攻略。驴评网推出的服务口号是，帮助用户更好地分享"去哪里、玩什么和住哪里"。它整合了携程旅游网的酒店点评、目的地探索和社区服务。网站信息既有一手的 UGC 信息，也有应用其他网站的二手 UGC 信息。在驴评网，用户可以记录、分享旅游心得，发现、计划新的旅游线路，与网络上的新朋友交流、交往。百度旅游是百度旗下一个旅游信息社区服务平台，旨在帮助准备出游的人更好更快地做出行前决策，也可满足用户在旅行前中后各种与旅游相关的需求。百度旅游中的 UGC 主要体现在目的地指南和游记攻略两方面。百度旅游也会定期整理网站信息，编写专题大赏。百度旅游的优势在于其背后广泛的百度搜索引擎用户群。同时百度旅游也推出了一系列的用户积分激励机制来吸引和保留用户。

在第二层级中，有些网站的用户覆盖数受到其网站服务定位的影响。典型的如穷游网，针对的只是中国游客对海外的旅游群体，带有浓重的留学生色彩，因此在一定程度上限制了其用户覆盖数的发展。到到网是全球最大的旅游网站 TripAdvisor 旗下的中文站点。它提供真实旅行者的真实评论,帮助旅行者计划全套旅行方案,并提供预订链接。到到网提供的服务包括:酒店、旅行指南、问答、机票、餐馆和旅行者之选,是综合性很强的旅游网站,既有传统的官方信息,也有丰富的 UGC 信息。穷游网诞生于一个海外留学生的宿舍。由此,该网站主要针对海外旅程的经验分享。该网站提出的宗旨是:鼓励和帮助中国旅行者以自己的视角和方式体验世界。网站中的 UGC 组成了目的地、穷游锦囊、问答和论坛这些主要模块。游多多旅行网为自助游用户提供了一个大规模的中文自助游服务平台。自助游爱好者在网站上提供和分享旅游信息,包括旅游路线、行前准备、途中见闻、归来后记。网站同时融合了旅行产品预订,是自助旅游社区电子商务平台。旅人网同样是为自助游旅行者提供服务的网站。它所提供的服务包括:旅游攻略、旅行计划器、旅游点评、旅游顾问社区和旅人周末小报。其中既有网站用户生成的内容,也有来自网站管理者和旅游机构的官方信息。

  第三层级中也不乏拥有雄厚背景的网站,如酷讯。或者起步较早,发展了较长时间的老牌网站,如去哪儿网。但是由于其在 UGC 方向上发展的滞后或者狭隘,一定程度上影响了它的用户覆盖度。其他的影响因素还包括网站建立时间、网站推广效力、网站服务质量,以及统计数据本身的局限性(统计覆盖时间短且数据来源单一)。去哪儿网最早致力于为用户提供实时、可靠、全面的旅游产品查询和信息比较服务。它的优势和特点在于其便捷、先进的智能搜索技术对互联网上的旅行信息进行整合。在近几年的发展中也逐渐鼓励和增强 UGC 的建设。它是从传统旅游检索网站上发展壮大起来,其中的 UGC 信息主要体现在用户对航班、酒店、度假村等的旅游项目的评价上。自游网是基于真实社交关系的开放式旅游社区。在社区中,用户可以分享和获取一手旅游信息,互帮互助以指定旅游计划,总结自己的游记,以及组织丰富的自助游活动。它所提供的服务模块主要分为:旅游攻略、目的地和游记。

  由于统计数据的来源和衡量指标的选择,整个排名具有一定的争议性,但是,总的来说,这 15 个网站各有特色,充分体现了当前 UGC 型在线旅游网站的发展状况和运行特点。

8.2.2 垂直搜索典型网站——去哪儿

  去哪儿网(www.qunar.com)是全球最大的中文在线旅行网站,网站上线于 2005 年 5 月,公司总部位于北京。去哪儿网通过网站及移动客户端的全平台覆盖,随时随地为旅行者提供国内外机票、酒店、度假、旅游团购及旅行信息的深度搜索,帮助旅行者找到性价比最高的产品和最优质的信息,更合理的安排旅行。去哪儿网凭借其便捷、先进的智能搜索技术对互联网上的旅行信息进行整合,为用户提供实时、可靠、全面的旅游产品查询和信息比较服务(图 8-2)。

  根据 2011 年 12 月艾瑞监测数据,在旅行类网站月度访问次数统计中,去哪儿网以超过 7460 万人次高居榜首。截至 2012 年 6 月底,去哪儿网实时搜索超过 400 家机票和酒店代理商网站,搜索范围覆盖全球范围内超过 140 000 家酒店、57 000 条机票航线、180 000

| 第 8 章 |　UGC 在旅游领域的应用

图 8-2　去哪儿网主页

条度假线路、8500 个旅游景点、1 亿份游记攻略，并且每日提供逾 1860 种旅游团购产品。去哪儿网移动客户端是中国旅行类最受欢迎的移动应用，其拥有超过 1180 万用户的激活量，并在苹果中国 App Store 公布的 "2011 年最佳产品" 中荣膺中国原创旅行类应用之冠。

去哪儿网的 UGC 应用，主要集中体现在新出的 "旅行" 和 "旅图" 模块。"旅行" 模块中的 UGC，包括注册用户所写的旅行攻略，目的地点评和博客。旅行攻略主要是针对自定义的旅游线路，填写上午、中午、下午和晚上四个时间段的旅行攻略，其中包括交通时间和方式，游行地标和景点，发生的事件，入住的酒店，享用的美食，以及对以上项目的备注。目的地点评包括对风景、交通、住宿、美食、购物和娱乐的打分（5 分制），以及详细的点评。点评可以被推荐和反对，其他用户也可以对此回应。而博客则是由注册用户书写的文章集，形式与普通网站博客相似。"旅图" 模块则是通过用户上传、组织图片的形式来描述行程的，按照时间顺序排列，每张图片配以少量的文字说明。

旅行版块里攻略库的信息基本上都是用户撰写的旅游攻略，系统提供了攻略搜索功能，用户可以根据天数、月份和标签三个渠道对旅游攻略进行搜索。以某用户撰写的香港旅行攻略为例，整个攻略分为行程概览，行程安排，实用信息和出游贴士四个部分，具体如图 8-3 所示。已经有 773 位用户浏览了这篇攻略，其中 79 位用户下载保存。

整个香港旅行的时间为六天，在行程概览部分，可以大概了解出发地，到达地等相关信息。行程安排主要分为全部，景点，酒店，美食，交通，娱乐，购物几个部分，在全部模块下，可以看到整个行程的具体安排。如图 8-4，第一天的上午在大润发购买晚餐以及第二天的早餐和午餐，中午时间为出发前的准备，主要是检查港澳通行证、身份证、现

图 8-3 香港旅行攻略

金、卡等。中午 1 点的时候将从哈尔滨太平国际机场坐飞机出发，第二天从深圳进入香港等。全部模块里的信息包括了景点、酒店、美食、交通和娱乐的所有信息。如果需要关注具体每一项，可以分别点击景点、酒店、美食、交通和娱乐模块。

图 8-4 香港旅行攻略行程概览

第8章　UGC在旅游领域的应用

点击打开景点模块，可以看到六天的景点安排，如第一天从哈尔滨出发，第二天到达香港。主要的旅游景点包括：迪士尼乐园、维多利亚海港、兰桂坊和星光大道四个景区，每个景点都有相应的具体介绍（图8-5）。交通模块下，主要包括飞机、轮船、巴士等交通安排，并详细介绍了每个行程的费用，时间以及注意事项。香港一直被称为购物天堂，在购物模块中，详细介绍了香港各大购物商城的地址、营业时间、交通、注意事项以及推荐品牌。

图8-5　香港旅行攻略景点介绍

另外，在实用信息模块中，攻略提供了旅行中所经过的六个城市哈尔滨、深圳、香港、珠海、澳门和广州的实用信息。包括六个城市的城市地图、天气气候、风俗文化、必做的事、当地交通、注意事项和紧急求助七个栏目。

类似上述香港旅行攻略的攻略信息是在线旅游社区中最典型的用户生成内容，是消费者最为关注的旅游信息。这些攻略以及旅游计划的设计和安排完全是由用户自发撰写和上传的，大部分都是用户的实际旅游经验，对于即将出行的旅游者来说，这些信息有很好的参考和使用价值。而类似去哪儿网之类的UGC网站通过垂直搜索方式将大量旅游攻略等各种旅游信息综合集成起来，并通过统一接口让用户进行针对性和个性化的搜索，为用户提供了很好的旅游信息搜索平台，是将来旅游UGC网站的发展趋势之一。

8.2.3 在线社区典型网站——蚂蜂窝

蚂蜂窝（www.mafengwo.cn）自2006年上线运营以来，蚂蜂窝注册用户量持续攀高，其中大部分用户来自北京、上海、广州、深圳、香港等一线大城市，也不乏海外旅居人士。蚂蜂窝的用户热爱户外旅行，钟情于自驾游，拥有专业的摄影技术。因此，蚂蜂窝凝聚的是一个高质量的旅游爱好者群体。凭借自身的优势，蚂蜂窝正吸引着更多的网友源源不断地加入蚂蜂窝旅游社区。截至目前，蚂蜂窝已经收录了国内外众多旅游目的地。依靠注册用户提供的大量一手信息，蚂蜂窝已先后制作推出了各类目的地旅游攻略路书，路书设计精致、新颖，内容涵盖当地吃住行游购娱等各方面丰富翔实的旅游信息，给无数自助游爱好者提供了方便快捷的旅行指南，受到了用户的普遍欢迎（图8-6）。

图8-6 蚂蜂窝主页

蚂蜂窝网站的内容几乎都是通过用户自己生成的，可以说是UGC在在线旅游网站中应用的典型代表。首先，在"旅游攻略"模块中，有旅游攻略和专题小站2个子模块。用户点评时，输入的内容有评星（最高5颗星），人均消费数，点评标题和点评详情。专题小站则是通过小组的形式，以固定主题为线索收集小组成员撰写的相关图文信息。其他用户可以推荐、评价小站以及小站帖子的内容。专题小站的特色是以图片为主的表达。对于详细的景点、酒店、航线，用户可以通过与旅游攻略相似的项目生成点评。蚂蜂窝还有一个特色模块——"嗡嗡"，实质近似于普通论坛的帖子，区别在于，它是以图片为主要表达方式。旅游攻略中的专题小站子模块收集的信息，基本是图片和文字相结合的方式。蚂蜂窝的用户在网站中同时可以通过相互评论、分享进行站内互动，也可以将站内信息分享

第 8 章　UGC 在旅游领域的应用

到新浪微博、腾讯微博和人人网等外站。

在蚂蜂窝主页的左边有一个结伴旅行版块，点击"我要结伴"按钮即进入版块页面，在该版块中，网友可以发表结伴旅游计划，包括出发地、目的地、时间、旅行方式、餐饮、联系方式等详细资料。有共同兴趣的网友，可以通过关注，参与得到联系方式，报名参加这次旅游活动。如图 8-7，这是网友"fufu"发起的名为"环美自助游"的旅行计划，下方显示的是活动的报名人数和性别以及他们之间的交流信息。网页的右上角显示的是目的地的相关介绍，包括美国攻略、美国景点、美国地图和美国酒店。

图 8-7　结伴旅行版块

对计划有兴趣并打算参与的用户，可以通过报名版块（图 8-8）填入自己的信息并报名，报名成功之后，该用户就会出现在已报名版块中，而电话信息一栏是只针对已经报名的用户开放的，正式报名的用户在需要的时候可以通过手机信息进行联系和沟通。

图 8-8　结伴旅行报名

除了确定参加并且报名的用户之外，还有很多用户对这个计划有浓厚兴趣并表示关注，这部分用户可以在聊聊版块针对活动发表评论和提出疑问（图8-9）。

图8-9　结伴旅行聊聊版块

旅游者通过蚂蜂窝类似的在线旅游社区网站，发起活动和组织活动。旅游者以这种自组团的方式结伴出游，分享旅游信息，协商旅游策略，节约了出行成本。此外，蚂蜂窝还为旅游爱好者提供了精彩的旅游攻略以及各种旅行资讯，包括目的地介绍、精美照片、游记、交通、美食、购物等信息，为旅游爱好者提供交流平台，寻找爱旅游和有共同爱好的朋友，一起分享旅行的乐趣。

8.2.4　全球最大旅游社区——TripAdvisor

www.tripadvisor.com 是全球最大最受欢迎的旅游社区，也是全球第一的旅游评论网站。TripAdvisor 提供真实旅行者的真实评论，这是它最大的特点。TripAdvisor 媒体集团由 TripAdvisor 有限责任公司运营，旗下有 18 个旅游网站品牌，每月吸引超过 6500 万用户。TripAdvisor 旗下众网站组成了全球最大的旅行社区，每月有超过 4500 万独立用户，2000 万用户以及超过 5000 万条点评和评论。TripAdvisor 在美国、英国、西班牙、印度、中国等地都设有分站，总共包含了全球超过 400 000 家酒店和 90 000 景点的信息介绍。TripAdvisor 在全球有 30 个国家的子网站，其中中国官网的名字为到到网（http://www.daodao.com）。TripAdvisor 还运营其独立的商务部门（TripAdvisor for business），专注于帮助旅行有关机构接触 TripAdvisor 的百万用户。此部门涵盖了酒店全球通业务（business listing），旨在帮助酒店获得直客订单，以及度假租屋业务（Vacation Rentals），

| 第 8 章 |　　UGC 在旅游领域的应用

旨在帮助业主将度假租屋收录在 TripAdvisor 中，向用户提供除了酒店之外的其他选择。

tripadvisor.com 的 UGC 信息，主要体现在对酒店、航班、假日出租房、饭店、游玩项目的点评信息，旅游建议和旅行论坛，包括 5 分制的价格、房间、位置、卫生、睡眠质量和服务打分，以及详细的用户点评。其他用户可以对某项评论进行提问、推荐等互动。旅游建议是由用户针对某一目的地撰写的旅行计划，由其他网友投票打分（5 分制），选出他们心目中最好的旅游建议。旅行论坛与一般 BBS 论坛形式基本相同。以旅行目的地为基础区分论坛版块，由用户撰写旅游相关的帖子，自由交流（图 8-10）。

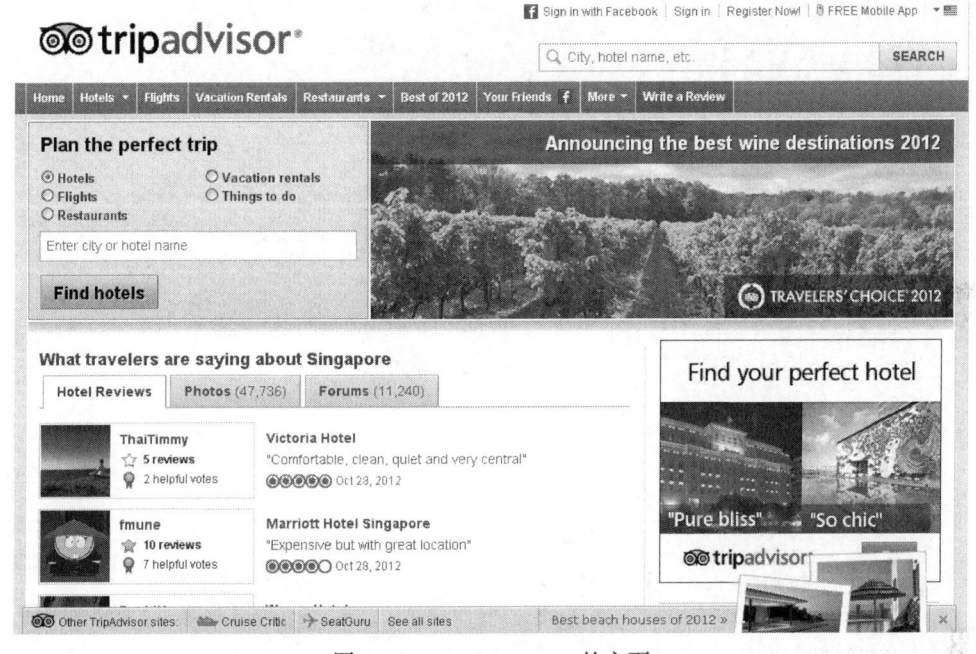

图 8-10　tripadvisor.com 的主页

圣陶沙是新加坡最为迷人的度假小岛，有着多姿多彩的娱乐设施和休闲活动区域，被誉为欢乐宝石。从 TripAdvisor 主页进入圣淘沙的页面，如图 8-11，圣淘沙的主页面包括酒店、餐饮、景点、旅游日志、照片和旅游向导几个模块。

作为在线旅游中 WOM 平台的成功案例（Vermeulen & Seegers, 2009; Buhalis & Licata, 2002），tripadvisor.com 引起很多学者的密切关注。特别是网站的酒店评价模块，这个评价系统非常简明易用，用户可以即时地为某一个酒店的质量和服务打分（Jeacle & Carter, 2011）。进入圣淘沙酒店模块，可以得到 12 个酒店里面综合排名第一的卡贝拉酒店的信息并实现在线预订功能（图 8-12）。网页下方显示的是用户对酒店的 331 个评价，用户根据非常好、好、一般、不好、糟糕五个等级进行打分并给出相关的评论，网页右方显示的是酒店的具体地理位置。国外研究发现，大部分酒店对于其在 tripadvisor.com 酒店评价版块的信息没有进行很好的跟踪和维护。这也说明，酒店对于 UGC 信息的重视程度远远不够，这一现象应当引起相关餐饮住宿企业的重视（O'connor, 2010）。国外学者以 tripadvisor.com 为研究对象，网站上一定时期内的酒店点评为样本，对撰写评论的相关信

图 8-11　圣淘沙旅游景点

息发布者进行了研究，结果表明，贡献比较多的信息发布者一般具有以下几个特征：去过的旅游景点比较多；比较热衷于发表评论和想法；相比于一般的消费者，对目的地酒店评价较低等（Lee et al., 2011）。

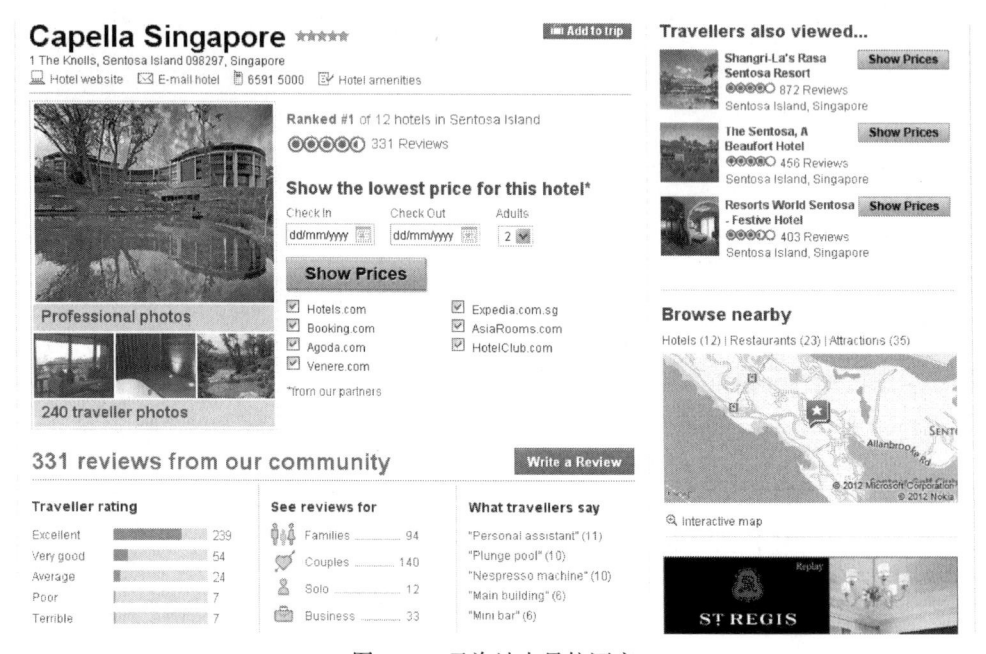

图 8-12　圣淘沙卡贝拉酒店

第 8 章　UGC 在旅游领域的应用

餐饮和景点模块与酒店模块的功能布局相类似，TripAdvisor 的用户生成内容集中在旅游论坛模块（图 8-13）。页面上方集成了酒店和航班的搜索，用户可以通过搜索查询到所需的酒店和航班信息。论坛主要是使用提问回答的形式，某位用户提问其他用户帮助解答。在页面的右方有一个专家栏，系统对相关主题的发表的评论，文章，视频等情况进行综合排序，列出了对景点最为熟悉的一些用户。通过点击这些用户可以进入他们的主页，并可以通过发送站内信息与他们建立联系和咨询信息。

图 8-13　圣淘沙旅游论坛

TripAdvisor 从成立开始，所有的内容基本上都是由用户生成的，是最为典型和代表的在线旅游 UGC 网站，随着网站规模的逐渐扩大，内容的不断丰富，功能的不断加强。现在 TripAdvisor 已经成为全球最大最受欢迎的旅游网站，是全球排名第一的旅游评论网站，旗下 18 个网站组成了全球最大的旅行社区，公司的子网站涵盖了三十多个国家。在 TripAdvisor 网站的发展历程中，不难发现，用户生成内容起到了至关重要的作用，如何更好地引导用户贡献出更多更好的旅游信息，如何更加合理的管理和利用这些 UGC 信息，是在线旅游网站良好发展的重要研究命题。

8.3 应用建议

UGC 信息对于用户和企业都具有很高的价值。一方面，UGC 信息为用户的旅游出行提供了便利和大量的参考资料；另一方面，也为企业及时地掌握第一手市场信息提供了途径，同时还是企业与用户对话的中间平台。但是，由于 UGC 信息自身的一些特点，UGC 信息的使用不可避免的伴随着一些问题，如虚假信息、垃圾信息、不实信息等，UGC 信息的可靠性、权威性也得到了一些学者的质疑。其中，虚假信息或不对应信息成为了 UGC 在线旅游管理中的主要问题，在线旅游网站的注册用户中有可能存在大量水军，他们会有针对性地发布一些虚假或不公正的信息，以刻意抬高或贬低某些景点或酒店，从而导致 UGC 可信性大大降低（Bray & Schetzina，2006）。此外，UGC 中大量的争论、无理智发泄和极端评价对用户而言是无用的，同时还可能给阅读者带来误导，无法对客观事实进行正确的判断（Wetzer et al.，2007）。与此同时，UGC 信息主要是由用户自发自愿贡献的，相比于传统的企业网站信息或者官方网站信息而言，UGC 的权威性和可信任度受到了一些质疑（Wasserman，2006）。

无论是国内还是国外，在线旅游产业都处于高速增长的时期，对于在线旅游 UGC 信息的研究也非常丰富，如何更好地管理和利用在线旅游中大量的 UGC 信息是学界和业界关注的共同目标。王晶（2010）认为在线旅游服务运营商可以从以下三个方面对在线旅游 UGC 及其服务进行优化和提高：

（1）提高 UGC 信息的搜索效率。旅游 UGC 信息具有发布形式多样，发布时间随机等特点。因此在使用上，较其他途径提供的信息，分类、汇总、对比都有所欠缺。针对这些问题，建议在线旅游企业，应采取一些措施或专业工具，帮助旅游用户可以方便、快捷地将散乱无序的旅游 UGC 信息进行一定的过滤整理，从而提高用户的感知易用性和感知有用性。

（2）提高 UGC 信息的反馈能力。对于 UGC 内容的发布者来说，有的希望因此获得一定的网络地位，有的则是为了宣泄心情和表达自我。无论哪种情况，他们都需要得到企业或者其他用户的响应或反馈。例如，有不愉快经历的用户希望通过负面评论得到企业的反馈；发布游记的用户很高兴有更多的用户能够给予肯定；有疑难问题的用户期望获得有效的解答等。因此高频率、有质量的响应和反馈会为企业带来更多、更积极的用户参与效应。

（3）优化 UGC 质量。针对 UGC 信息存在的一些问题——垃圾信息、不实的负面信息、信息庞杂且无规律、欺骗行为等，企业对于 UGC 信息的管理必须慎重，可以制定相应的 UGC 信息的监管制度，对发布 UGC 信息的用户设定一些科学、合理的要求，如只允许注册的消费用户进行信息发布等。但是企业不应该过渡干涉用户的真实意思表示，比如删除用户的负面评价信息。

8.4 本章小结

本章从 UGC 在旅游领域的引入开始，介绍了 UGC 在旅游领域的作用。在介绍 UGC 与旅游相结合的应用概况的基础上，选择"去哪儿"和"蚂蜂窝"为垂直搜索和在线社区两种典型网站的代表以及全球最大的旅游社区——TripAdvisor 为对象，进行了个案分析，并提出了一些具体的应用建议。

随着国民的需求和在线旅游渗透率的提高，中国的在线旅游市场不断释放出巨大的潜力，手机客户端，团购和微博预订等方式在 2011 年风生水起。在预定方式上，垂直搜索引擎的优势进一步显露，逐渐成为查询预定的入口。另外，提供旅游搜索、旅游评论和推荐服务的社会化媒体网站也凸显出巨大的市场价值。艾瑞咨询（2011c）预测未来的在线旅游市场将会呈现以下几个重要趋势：①垂直搜索引擎成新预定渠道；②微博营销成新宠；③移动支付成主流；④点评和社交网站作用凸显。因此中国的在线旅游市场将展示出巨大的市场潜力，旅游服务供应商、OTA、旅游资讯及社区网站，包括与在线旅游紧密联系的餐饮酒店等，谁能够更充分的利用海量的旅游 UGC 信息数据为自己的企业战略目标服务，谁就能够在在线旅游市场中稳居一席之地。

第 9 章　UGC 在医疗领域的应用

9.1　概　　述

早在 1993 年，在一个名为 BrainTalk 的网络社区里患者们通过发帖的形式进行交流，这种模式开创了在线医疗的先河（张依敏，2007）。随着互联网进入 Web 2.0 时代，博客、播客、标签、维基百科等 UGC 功能的大量使用，众多网民的贡献使得网络上各种医疗知识越积越多。同时，随着电子病历系统的构建和病人 SNS 的兴起，这些 Web 2.0 技术的发展将促使传统医疗模式发生根本性的变革，在线医疗将成为互联网发展的热点之一。de Boer 等（2007）指出："全球范围内，4.5% 的网络搜索是与医疗健康相关的。"PEW 研究中心的调查结果显示，59% 的美国人通过网络来获取医疗健康信息。互联网已经成为人们寻找医疗健康信息的主要渠道（Agarwal et al.，2010）。

国外医学界非常重视 Web 2.0 在医学中的应用，提出了健康 2.0 概念，其核心在于把医疗健康网站与 Web 2.0 相结合，其特点在于利用 Web 2.0 技术的交互性，为病人、医生、研究人员以及其他卫生领域相关人士提供了一个沟通交流的平台。研究表明，这些平台的存在有助于建立病人与医生之间的交互关系，帮助病人更好地了解疾病发作和治疗的有关知识，并获得心理上的支持（Wicks et al.，2012）。同时，健康 2.0 平台的出现和应用也推动了健康知识的传播和普及，对人们采用更为健康、更为文明的生活方式有重要作用（Hambly，2011）。但在国内，通过对知网、万方、维普等数据库的检索，获得的结果还很少，反映出国内医学界对 Web 2.0 在医疗健康领域的研究还未获得足够的重视。

UGC 是 Web 2.0 的核心，其功能也不断为人们所接受，在医疗领域中的应用具有广阔的前景和重要的意义。通过各种 UGC 功能，如博客、播客、标签、留言板、维基百科等为患者提供医疗服务正逐渐增加。当然考虑到医疗数据的敏感性和安全性问题以及不同患者需求的差异，认真制订、实施和评估网络应用技术对各种医疗网站来说至关重要。这里着重从疾病诊断、新药研发和医患关系改善等三个方面对医疗领域的 UGC 应用情况加以介绍。

9.1.1　UGC 在疾病诊断中的应用

虽然目前各大医院通过信息化工程建立了自己的医院管理系统（HIS），但这只是加速了医疗的过程，还无法根本性的解决看病难等问题。Web 2.0 的出现，以及各种 UGC 功能的使用，将促使医疗模式发生根本性的变革，在线医疗正逐渐发展为主流。这种模式使得病人在上医院前就充分了解自己的病情，节省了医患各自的时间和精力。而对于医生，在看病之前，可以通过博客文字留言、播客视频讲解等方式让病人做好充分的准备，如食

第 9 章　UGC 在医疗领域的应用

物的禁忌，以及某些症状的常识，患者就能够积极地参与到了解病情的过程中来，对于康复治疗很有帮助。另外，在医生诊断结束后，也可以通过该模式向病人发送电子处方，患者就可以更快地进行药物治疗。同时，在线医疗也解决了患者康复过程的跟踪问题，患者可以随时将病情状况通过各种 UGC 功能告诉医生，而医生可以立刻给予反馈。当然，在线医疗的一个重要方面就是电子病历的记录，医生需要参考患者的电子病历对其病因进行判断。患者需要将之前的电子病历保存在网络上，并且患者可以自己控制自己的病历信息允许什么人访问。像 Facebook 和 Twitter 等 SNS 网站都可以用来建立在线医疗社区、传播医疗信息，患者可以分享其就医经历；而患者也可以访问医生的 Facebook 和 Twitter，页面上都是患者的病情以及治疗方案。目前最大的难点在于全民电子健康记录的完善，像微软的 HealthVault、谷歌的 Health 正尝试提供这样一种病历服务，病人就可以把自己的完整病史安全地保存在网上，检查结果和放射照片也可以上传到网上档案，病人控制着对其信息的访问，必须指定谁可以查看这些档案。预计在未来，内容丰富的在线医疗健康资源、低成本的医疗方案、医生与病人定期在线诊疗将不失为解决看病难的一种有效途径。

IBM 的高级软件工程师尹瑞等（2010）提出了一种理想的基于 Web 2.0 的社区协作医疗方案（图 9-1），主要实现医院与社区医疗机构之间的资源共享，最大限度地提升医疗

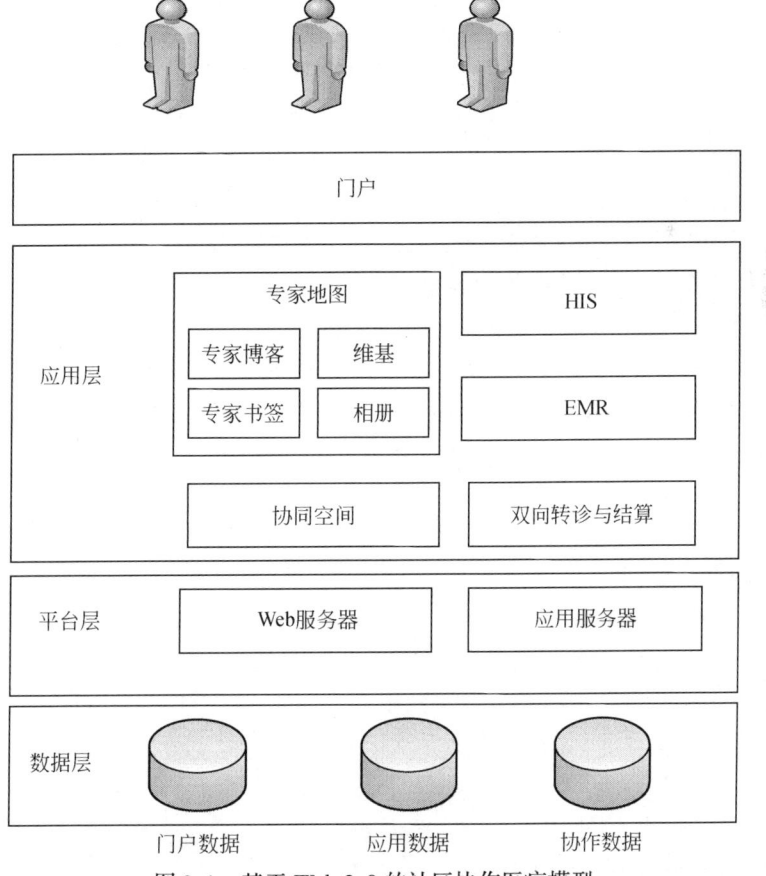

图 9-1　基于 Web 2.0 的社区协作医疗模型

资源利用率；提升各类医疗机构的就诊环境和质量，有利于构建更为和谐的医患关系；能与现有的 HIS、EMR 进行整合，保护医院的原有投资。这个方案的重点在于实现大医院和社区医疗机构的双向转诊。社区医疗机构通过初步接诊，可以将认定的重症患者迅速转入大型医院接受治疗；另一方面，大型医院也可以根据合作的社区医疗机构情况，将在恢复期的病人转到后者进行后期恢复。从而全面提高了所有医疗资源的利用率。基于该方案构建的系统，提供了包括个人空间、专家博客、微博、播客、留言、群组等 UGC 功能，医院里的主治医师、医学生、护士、住院医师们都可在其上注册自己的空间，并互相加为好友，相互沟通和交流，彼此分享各种形式的网络信息。医生之间还可以探讨和交流学术问题，通过上传的文字、图片乃至视频文件对疑难病例进行会诊；患者们也可以结成类似于"糖尿病联盟"之类的网络圈子，交流彼此之间治疗和康复的心得；医学生毕业行医以后的继续教育，进行二手医学资料的交易；护士还可以每日在自己的空间里记录着她所护理的重症患者的情况，而患者的亲戚就是她网上好友之一，通过查看她的日志就知道了患者的病情状况。

9.1.2 UGC 在新药研发中的应用

目前，各种 Web 2.0 工具尤其是 UGC 功能的使用已经开始直接地对药物研发过程产生影响。传统的社会协作网络不可避免地缺乏实验数据处理和挖掘的功能，尤其是对于化学结构的管理；而传统的商业化学和生物学管理软件又不可避免地缺少协作特征或数据分享功能。这种环境下根本不可能培养出以协作为基础的药物发现模型，除此以外，这些软件的管理和维护费用等于天价。相反的，开源的公众化学和生物学数据储存平台（PubChem、ZINC、eMolecules、ChemSpider）则主要关注于公众可得的基本数据，而无法满足专业用户多方面和多角度的需求。综合考虑，选择性的数据分享功能是一种较为理想的方式，并且已经在一些罕见疾病的药物发现中得到了有效性的验证。但是如果参与者目前供职于大型的制药企业，情况则会变得异常困难并且复杂：商业机密、知识产权这些都是协作必须要解决的困难，而且需要大量的时间来克服。如果这个过程过慢，则失去了协作的意义，所以外部协作必须要像企业内部资源一样的迅捷而有效，雅培与默沙东合作开发 HIV 治疗药物就是一个非常好的例子。可见，协作药物开发若要取得更大的进步必将依赖于各种基于 Web 2.0 的网络协作软件，而其中各种 UGC 功能必将发挥重要作用。

化学与生物学家需要的网络协作软件可以是有产权但是可以满足选择性公开数据的功能。对于主流的用户，这些工具必须能够同时处理文字、异质性的实验数据及分子结构；而且，这些复杂的数据必须能够表达出来，并能为信息接收者所理解。协作药物发现（collaborative drug discovery，CDD）是一种聚集不同领域的科学家共同实现某种崭新药物的开发模式。CDD 平台是一种主机协作系统，集成了一种或多种 UGC 功能（例如群组、博客），超越了传统的 PC 为基础的系统。这种模式可以实现参与者在任何电脑、任何一种浏览器获取有用的信息，可以处理多种数据格式并通过网络标准格式进行发布的共享。实验数据可被存储、输出，并可通过某种 UGC 功能安全地分享给其他研究人员。数据所有者可以完全保留数据，分享给任意一个群组中的其他研究者，或者可以公布给公众。更重要的是 CDD 可以将一部分的商业数据库与公众数据库相连，共同表现在同一系统中。协作可以满足不同参与者：从传统的商业公司到大学和个人研究，通过网络日志阐述他们已经或正在进行的实验，公布实验数据。

几乎所有的药物研究者都认为将彼此的数据汇集到一起可以大大地提高效率，而且协作网络一旦形成还有更多意想不到的好处。在罕见疾病研究领域中，这种协作的重要性显得尤为明显。要完成这种协作，需要新技术的改进与协作的弹性，更重要的是药学知识的生成、共享和传播。转化医学的实践也包含了从临床前到临床的不同研究者在一定的框架内进行的合作。软件平台的开发，尤其是以 Web 2.0 为基础的软件平台为这种协作提供了极好的框架。研究人员可以将数据传递到世界各地，来自不同地区的研究人员也可以参与到其中。在 Web 2.0 环境中，研究人员可能获得比以前更多的想法和实验资源，集成了 UGC 功能的 CDD 模式目前已经在疟疾、非洲嗜睡症、肺结核等多个领域内实现了全方位的药物协作研发。

9.1.3　UGC 在医患关系改善中的应用

近年来，社会对医疗机构及医护人员的抱怨和质疑不断增加，医患关系引发的冲突和暴力事件尤其成为人们关注的焦点，也愈加将医患关系敏感化、矛盾化，医患矛盾成为近年来凸现的一种社会现象。作为诊疗过程中最基本的人际关系，在医疗实践中，双方由于受诸多因素的影响，使得在追求共同目标的过程中双方的关系比较紧张，医患冲突事件时有发生。在患者就医过程中，医患双方存在信息不对称，医师和医院处于强势地位，患者处于弱势地位（陈松林，2006）。临床发生的医疗纠纷 80% 是因为沟通不够造成的（汪建荣，2005）。医患之间应进行有效、及时的交流，最大限度地避免医患矛盾的产生（颜婕，2010）。童文莹通过对南京"徐宝宝事件"所做的个案研究强调指出医患间缺乏信任是由于缺乏沟通途径所致（童文莹，2010）。因此，医患之间非常需要某种"社交"工具以加强相互间的交流和沟通。

互联网平台无疑是医院与患者、医院与社会之间进行沟通的良好途径，可有效缩短医患之间的距离，增进医患之间的互相理解、尊重与信任，也是开展健康教育、宣传医院的有效途径（谭鹤长，2009）。在具体实践过程中，各医院已经普遍建立起自己的门户网站，提供了网上预约、专家咨询、宣传等功能，起到一定的积极作用。谭德军提出了一种通过内、外网结合，使患者咨询的问题能快速"转接"的方法，以提高"在线专家门诊"的利用率，取得了一定的效果（谭德军，2005）。此外，通过使用 Web 2.0 中的博客、维基百科、社交网络服务等 UGC 功能来搭建医患信息互动平台也是一种很好的办法（王新玲和孙金立，2008）。这些应用不仅仅局限在医患之间的沟通，也可允许医生群体之间相互沟通、共享最佳治疗案例和新技术情报等。但是，一些因素也制约着其发展，比如个人隐私与安全性，以及责任问题。如果某些制药企业知道这些信息，患者可能会面临无穷无尽的被推销药品的痛苦。信息互动平台的建立将使得信息的传递和交流冲破了时间和空间的限制，大大改变了人们对医疗信息资源的传播、开发、利用和管理。

在 2012 年 12 月份，我们对各大医院网站进行了在线观察，这其中包括了北京大学第一医院、北京协和医院、中南大学湘雅医院、中山大学第一附属医院等 20 多家知名的国内大中型医院以及国外哈佛大学医学院附属麻省总医院等 10 几个国外医院。调查发现：国内医院中其中比较有特色的如南京儿童医院网站上给每个医生添加了"好大夫在线"的链接，通过和第三方医疗健康网站的合作来加强和患者的沟通；又如北京协和医院网站整合了博客功能（图9-2），提供了按标题、作者、标签和内容进行检索博文的功能，虽然很多医生在上面开了博，但更新不及时，也未见患者在上面交流；此外，广西中医药大学附属瑞康医院网站提供了 RSS 功能，并开通了官方微博。

图9-2　北京协和医院博客

国外的哈佛大学医学院附属麻省总医院等网站基本整合了 Facebook、Youtube、Twitter 等各种第三方平台的 Web 2.0 应用（图9-3），除了开通官方空间，各科室还建立了各种疾病医疗小组进行医患的对口交流。

由此可见，国内医院网站侧重于宣传和信息服务，缺乏整合当前流行的 UGC 功能，和第三方医疗健康网站相比，患者的访问率以及利用率并不高。在解决医患关系问题上，目前国内医院并未重视通过使用 Web 2.0 中各种 UGC 功能来加强医患间的沟通和交流。而国外医院网站较重视该方面的工作，普遍的做法是利用第三方平台的各种 UGC 功能，能紧跟潮流，患者较易接受，反响较好。不足之处在于：页面布局不合理，Facebook、Youtube、Twitter 等各种第三方平台的链接都放置在页面的底部，人机界面的设计存在问题。

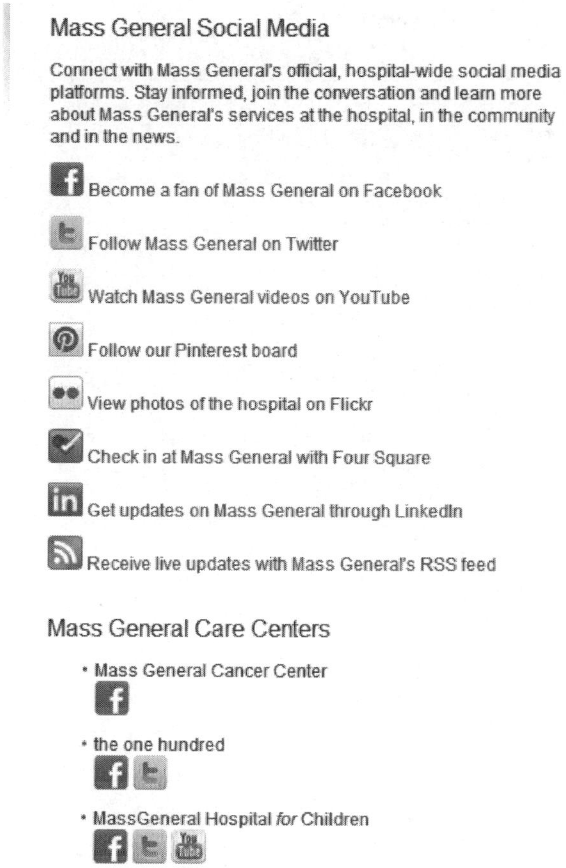

| 第 9 章 | UGC 在医疗领域的应用

> **Mass General Social Media**
>
> Connect with Mass General's official, hospital-wide social media platforms. Stay informed, join the conversation and learn more about Mass General's services at the hospital, in the community and in the news.
>
> Become a fan of Mass General on Facebook
>
> Follow Mass General on Twitter
>
> Watch Mass General videos on YouTube
>
> Follow our Pinterest board
>
> View photos of the hospital on Flickr
>
> Check in at Mass General with Four Square
>
> Get updates on Mass General through LinkedIn
>
> Receive live updates with Mass General's RSS feed
>
> **Mass General Care Centers**
>
> - Mass General Cancer Center
> - the one hundred
> - MassGeneral Hospital *for* Children

图 9-3　哈佛大学医学院附属麻省总医院网站各种 UGC 功能的使用情况

9.2　典型案例分析

基于以上的分析，我们选择了较有代表性的两家网站——好大夫在线和药家网进行案例研究，分析其整体功能特点以及各种 UGC 功能的使用情况。

9.2.1　好大夫在线

1. 网站介绍

好大夫在线网（图9-4）创立于2006年，是一个提供了线上服务线下就医模式的医疗信息和医患互动平台。这种网站与医院合作的方式解决了用户日常"看病挂不上号"和"不知去哪看病"的问题，改变了传统就医模式，并使就医过程简单化且能很好地整合资源，为用户带来极大便利。

| 新一代互联网环境下用户生成内容的研究与应用 |

图9-4 好大夫在线的整体功能介绍

该网站目前提供了信息查询、网上咨询、转诊预约、分享、博客等功能。好大夫网站目前提供了各种疾病的详细信息，包括症状、治疗方法、就医指南等信息。同时，该网站的医疗 Rank 系统，提供 188 个专科、2157 类疾病的就医推荐，为患者选对医生、正确就医提供极有价值的参考。截至目前，已经收录了全国 31 个省市地区的三十多家重点医院、近八万个医院科室、三十万名医生，详尽展现了他们的专业方向和门诊信息。其中，针对患者最关心的热点医院，可以做到每天 20 点前发布第二天停诊预报，已经成为质量最高、覆盖最全面、更新最快速的门诊信息查询中心。好大夫在线还提供了一个专家咨询平台，近5万位医生在平台上解答患者问题,帮助患者战胜疾病,咨询平台包括电话咨询和在线咨询两种方式,电话咨询需要付费,而在线咨询也有免费和付费服务。同时,就医经验分享系统为患者建立相互联系、共享就医治疗经验、共同对抗疾病提供了有力支撑。患者还可以为自己喜爱的大夫投票、撰写感谢信,分享如何选择医生,交流就医经验,共同对抗疾病。此外,好大夫在线提供了一个按病情优先的网上转诊平台,根据病情为病人预约专家,保证专家时间用于确有重大疾病的患者,提升医疗专家资源利用率。此外,好大夫网站也提供了 IOS 和 Android 两个系统平台的手机版。

2. UGC 功能介绍

好大夫在线的诊疗过程并不是纯粹的远程医疗,而是为传统医学诊疗提供在线咨询、知识分享、预约转诊等各种信息服务,其基本流程为患者注册登录好大夫在线,搜索合适医生并在线咨询,医生及时反馈,转诊预约并现场就医,患者发布就医经验。好大夫在线的网站内容并不是由运营商所创建,而是由用户生成,运营商只是搭建了网站的框架,并通过和医院的合作不断实现和增加相应的功能,其特点在于融入了各种 UGC 功能,增加医生与患者、患者与患者之间的互动,并使就医过程简化且能很好地整合各种医疗资源,为用户带来极大便利。好大夫在线的用户由患者和医生组成,网站内容是由不同用户围绕诊疗过程所生成。咨询、就医经验、感谢信、话题等资源由患者发布上传,文章、患友会、专家观点、回复等资源由医生根据需要创建。患者在诊疗过程中可以根据需要访问、浏览,同时,患者也可以将自己的就医经验、话题等资源上传到该网站,与其他患者共享,实现对诊疗过程的重要补充。患者和医生在诊疗过程中所生成的内容构成了好大夫在线的全部内容,其 UGC 功能主要通过个人空间、医生个人网站、我的咨询、患友会、分享、专家观点等环节来实现信息的生成、分享、传播等。下面将分别从患者和医生两方面对该网站各种 UGC 功能进行具体介绍。

1) 个人空间的 UGC 功能实现

个人空间(图9-5)的主要作用是方便患者管理自己所创建的各种网站内容,包括个人资料、就医咨询、加入某个患友会、就医经验等各种资源。患者在首次登陆好大夫在线时需要注册一个个人账号,然后就可以进入自己的个人空间,维护和管理自己的个人信息。由于某些专业咨询需要付费,所以在个人空间里还可以管理自己的资金账户,可以在线使用网银、支付宝等进行充值。好大夫在线还对使用电话咨询服务后,发表真实客观评价的用户赠送代金券,代金券可以用于需要付费的电话咨询服务,有一定的时间期限。由于优秀医疗资源紧张,为了鼓励适当咨询、合理咨询,避免过渡咨询以致浪费医生的时间和精力,好大夫在线要求患者使用积分的方式来向医生进行咨询。患者可以通过网上充值和线下汇款的方式,充值现金账户,然后在个人空间的兑换中心,兑换成积分。积分还可以用来换取网站上的心意礼物,答谢帮助过的医生。在个人空间里,患者还可以对自己所发布的咨询问题、预约订单情况(在线预约和电话预约)、所加入的患友会、就医经验、心意礼物等进行管理。总的来说,个人空间的本质就是患者创建网站内容的管理接口。

图 9-5　个人空间的 UGC 功能实现

2）我的咨询中 UGC 功能实现

我的咨询（图 9-6）页面主要实现患者在线录入向医生咨询的某个医学问题，所生成的内容包括三个部分：具有清晰标题、疾病名、就诊医院等情况的咨询内容，求助患者资料，影像及检查图片报告。由于医疗离不开相关的检查，患者多是非专业人员，对于病情一般不易描述清楚，该页面的 UGC 功能实现要求患者在咨询环节上传近期的检查报告、影像图片，能使其他的医疗专家更清楚，客观的了解好患者的病情，给出针对性建议，是辅助提问非常好的手段。

3）患友会中 UGC 功能实现

患友会（图 9-7）是设置在每个医生个人网站下的一个分组讨论区，可以让就诊于该医生，或者与该医生咨询交流过的患者们在这个讨论区内自由沟通，分享看病经验，交流治疗心得。同时医生也可通过患友会向大家发布各种患者活动通知、随诊要求以及健康教育公告，帮助患者与疾病作斗争。加入患友会有两种方式：一种为在咨询环节向某个医生咨询并获得两次以上的回复即自动加入该医生的患友会；另外一种是医生根据患者情况主动邀请加入患友会。患者本人可以加入多个患友会，并可以自由发表感兴趣的话题，同时参与其他患友的话题，具体的功能与网上常见的论坛一样，只是多侧重于分享看病经验，交流养病心得，通过知识分享的实现来帮助更多同病相怜的患友。

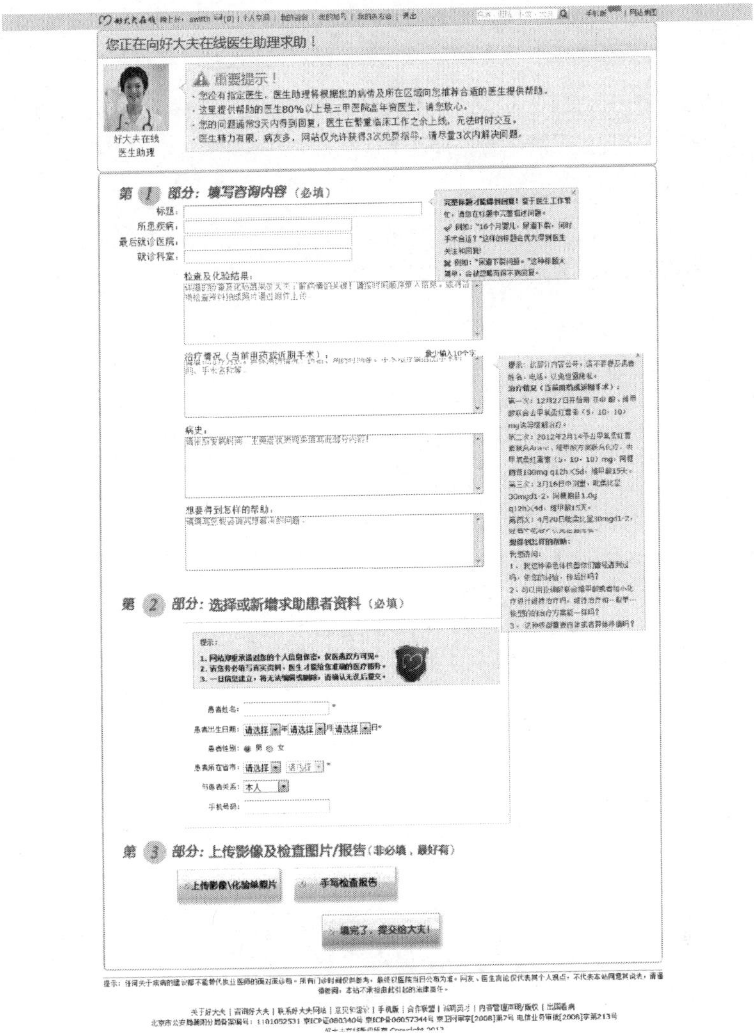

| 第 9 章 | UGC 在医疗领域的应用

图 9-6 咨询页面的 UGC 功能实现

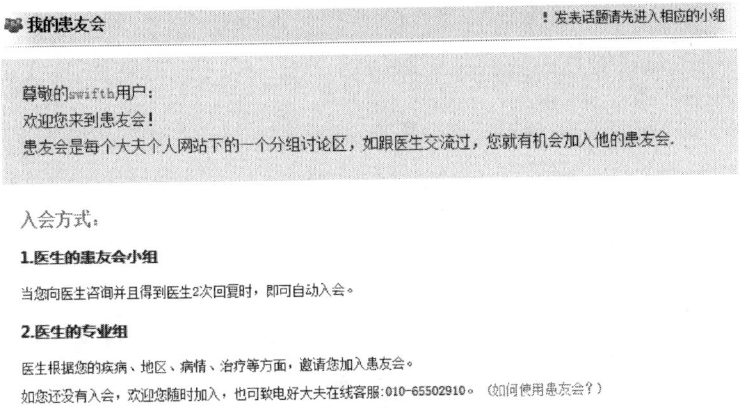

图 9-7 患友会的 UGC 功能实现

4)就医经验中 UGC 功能实现

好大夫在线是一个中立客观的就医经验发布平台。在就医经验（图 9-8）环节，患者可以为自己喜爱的大夫投票、撰写感谢信、分享如何选择医生、交流就医经验，共同对抗疾病。

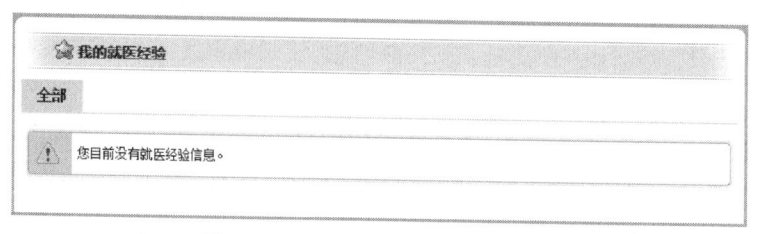

图 9-8 就医经验的 UGC 功能实现

5)医生个人网站中 UGC 功能实现

医生要想通过好大夫在线为患者服务，首先需要通过注册建立自己的个人网站（图 9-9）。医生个人网站的内容生成包括：医生本人上传的各类文章；针对患者服务区中的免费和付费咨询，采用类似于论坛的功能，医生将逐条进行回复；电话咨询环节需要患者填写联系电话、病情信息等内容来提交订单，在完成支付以后将会获得和医生通话的机会；在患友会中，医生可创建自己的多个患友小组，并就患者所发起的话题进行交流；患者还可以通过在线支付小额费用，在好大夫网站上购买鲜花、锦旗等虚拟"心意礼物"，送给帮助过的医生，以表达感激之情。

好大夫在线的重点服务是在线咨询和预约转诊功能，其论坛和博客功能并不突出。UGC 功能的使用体现在每个大夫下有一个患友会，类似于论坛，供大家交流。该网站没有设立明确的博客栏目，而是给医生提供了个人网站，可以发表文章、回复咨询、建立患友小组。在社会网络方面，会员可以加入患友会，并添加对医生的关注和文章的订阅。这种模式实现了医患之间、患者之间的强关系，促进了不同用户群之间的联系和协作。好大夫在线目前可以存放患者个人健康档案，并提供一些化验单信息的格式化存储，不足在于目前尚未提供 Wiki 和在线聚合工具，在知识创造、知识分享、医疗决策制定等方面，普通用户的作用还没有凸现。

9.2.2 药家网

1. 网站介绍

药家网（图 9-10）是一个专注于制药行业药物研发和生产的专业网络媒体和互动平台。该网站的目标是通过提高制药人员的新药研发能力，生产质控水平，为广大的人民群众提供优质的药品。药家网自身基于 Web 2.0 框架构造，融合了多种 UGC 功能，实现了从仪器试剂生物制品产品供应商、原料药供应商到各类型方案服务商（包括药学论文发

| 第 9 章 | UGC 在医疗领域的应用

图 9-9 医生个人网站的 UGC 功能实现

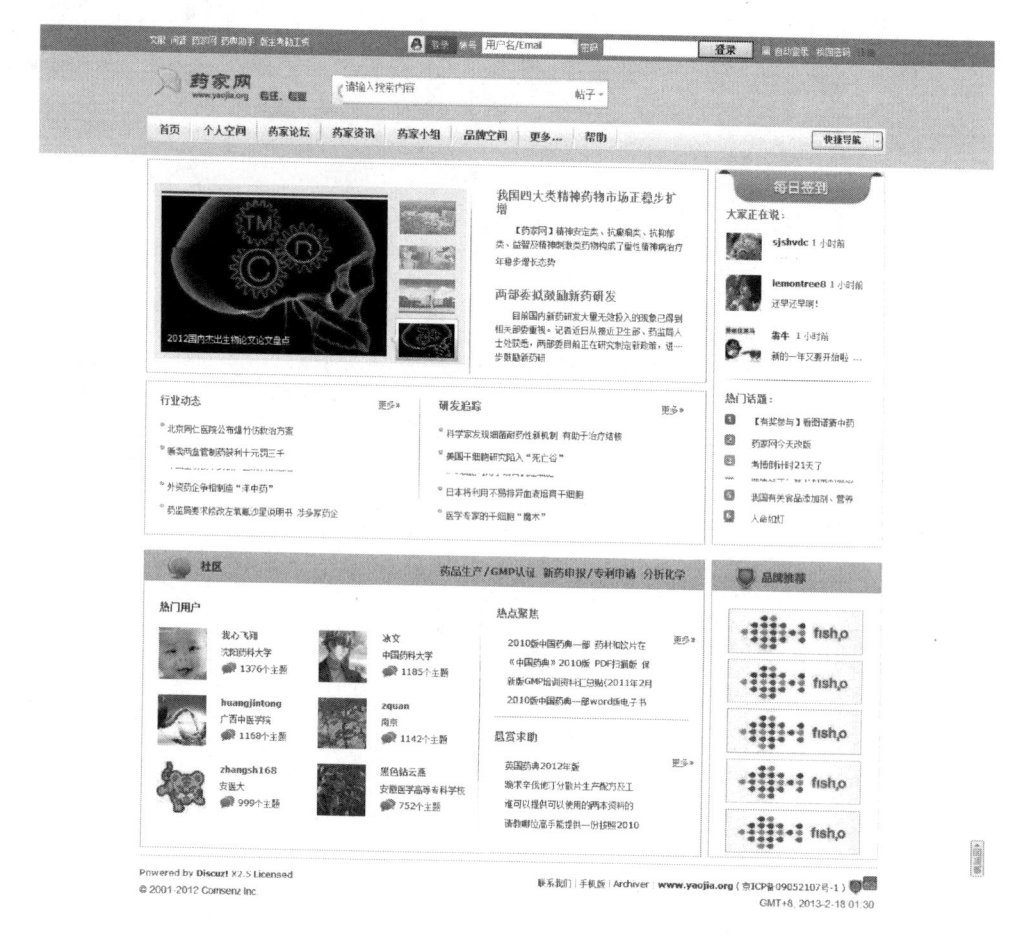

图 9-10 药家网的整体功能介绍

表、咨询服务商等)再到医院用户的完整信息服务体系,形成了一个虚拟的、信息高度透明的网络平台。药家网提供了药家资讯、药学博客、药家论坛、药家小组、搜索等功能,还提供了通过共享资料、参与讨论等方式赚取积分,并可在积分商城里兑换自己喜欢的礼品。

2. UGC 功能介绍

药家网的网站内容由运营商、各药企的领导、生产主管,各大学和研究所的研究员、相关实验人员,和政府采购负责人等若干受众所创建。运营商除了搭建网站的框架,并不断实现和增加相应的功能,还负责药家资讯模块,通过专业团队筛选出世界药学领域最新、最有用的药学资讯,并分类整理,实时更新,让用户只要花很少的时间就能了解药学界发生的动态。此外,药家网还融入了各种 UGC 功能,用户首次使用前须完成账号的注册,即可通过论坛、个人空间、微博、日志、分享、药学群、相册、问答等环节来实现信息的生成、分享、传播等,实现各受众之间的互动,很好地整合各种药学资源。

| 第 9 章 |　UGC 在医疗领域的应用

1) 药家论坛中 UGC 功能实现

药家论坛（图 9-11）是用户进行药学知识学习和交流的场所，其内容的生成是通过

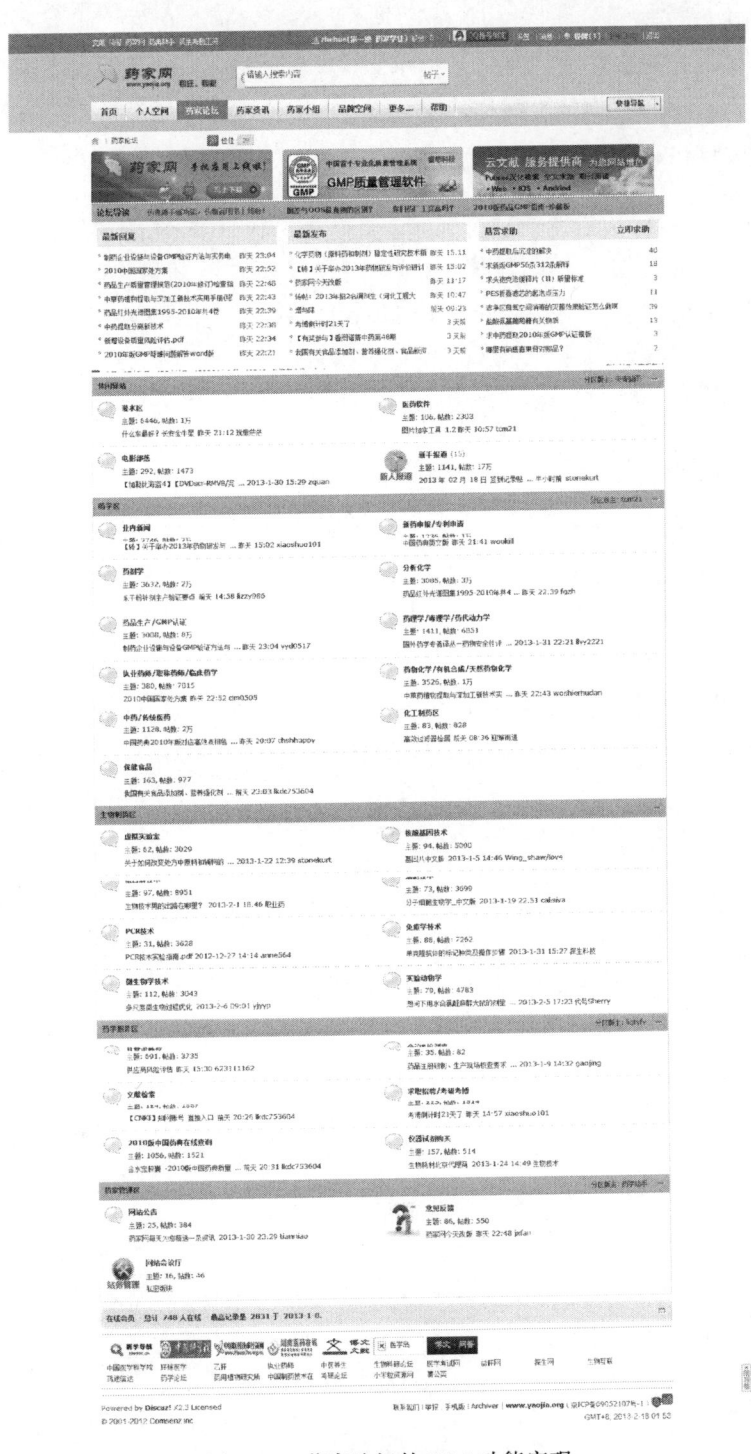

图 9-11　药家论坛的 UGC 功能实现

— 191 —

发帖的形式来完成。该论坛共设置休闲驿站、药学区、生物制药区、药学服务区、药家管理区五大版块，每个版块下又建立了若干讨论区，会员在登录以后可以发表一些新的主题或者就已有主题进行交流，一些热心、活跃的会员还可以申请成为版主，行使管理的职能，包括对帖子进行编辑、删除、加入精华、关闭、置顶、合并、设置高亮、提升、下沉、移动、分类、审核、推送主题、屏蔽帖子、推荐、警告、解除警告、添加图章、添加图标、生成文章、道具、推送等操作。

2）个人空间中 UGC 功能实现

个人空间（图 9-12）是用户进行个人信息管理、各 UGC 功能使用的统一入口，可以管理维护微博、日志、相册、分享等应用。在个人空间中，还可以看到系统的热点推荐，会员间的互动，包括热帖回复、添加心情、加关注等活动。

图 9-12　个人空间的 UGC 功能实现

3）微博中 UGC 功能实现

药家网也提供了微博（图 9-13）的功能，微博的内容生成规定每则记录要在 200 个字符以内，展现用户个性，并能够查询用户以及好友的相关记录。和主流的微博平台相比较，当前功能还比较单一，缺乏多终端（例如手机）的支持，目前只能发送文字信息，还无法发送图片、视频信息。

图 9-13　微博的 UGC 功能实现

第 9 章　UGC 在医疗领域的应用

4) 日志中 UGC 功能实现

药家网的日志（图 9-14）功能能够记录用户自己以及好友的日志情况。日志的内容生成包括标题、内容、分类、标签、隐私设置等，日志发布后需要通过管理员的审核才能和好友一起分享。

图 9-14　日志的 UGC 功能实现

5) 相册中 UGC 功能实现

药家网的相册（图 9-15）功能允许用户上传图片，查看自己及好友的相册。相册的内容生成是由用户自己上传图片的形式来完成，首先需要录入相册名及其描述，然后通过选择本地文件来上传到相册中，当前系统支持大部分的图片格式但不支持视频上传。

6) 分享中 UGC 功能实现

药家网的分享（图 9-16）功能实现了用户自己的分享及好友的分享，包括网址、视频、音乐、Flash 等，分享的内容生成主要通过用户录入网址形式的各种资源来体现，目前支持主流的视频网站以及各种音乐格式，增强了药友间的联系。

图 9-15 相册的 UGC 功能实现

图 9-16 分享的 UGC 功能实现

7) 药家小组中 UGC 功能实现

药家网的药家小组（图 9-17）功能通过创建群的形式，把相同类型的受众集中在一起，大家可以就某个感兴趣的主题开展交流，加强药友间的强联系。药家网目前已经建立了三千七百多个药厂群和七十多个药学院群，其内容的生成依靠药友在群中发布主题、回复的形式来完成。

8) 问答中 UGC 功能实现

药家网的问答系统（图 9-18）是通过整合博文网的形式来实现，博文网是一个独立

| 第 9 章 | UGC 在医疗领域的应用

图 9-17　药家小组的 UGC 功能实现

的问答系统。问答的内容生成是依靠用户的提问、回复、评论、分享、关注等功能来实现，并可以按话题、问题、用户来排序。目前不足之处在于，该问答系统的用户数据独立于药家网，需要用户进行二次注册，在对药家网进行用户内容生成的统计分析时会出现较大的偏差。

图 9-18　问答的 UGC 功能实现

从药家网的 UGC 功能服务来看，是一个典型以信息资讯为主的面向药学的专业门户网站，内容覆盖面较广，囊括了新闻、咨询、问答等常见功能，为广大用户提供了一个信息查找、信息发布、药友互动的 Web 2.0 平台。不足之处在于：目前尚未提供维 Wiki 在线聚合工具，在知识创造、知识分享、决策制定等方面，普通用户还无法发挥作用。

9.3　本章小结

在 Web 2.0 环境下，UGC 给医疗领域尤其是远程医疗带来了革命性的变革，改变了医疗领域原有的信息产生、分享、传播的途径，医生、患者之间的信息传播也由一对多的单向传播转变为多对多的多向传播，患者不再是被动地接受信息，而是在接受信息的同时也创造、生成信息，患者之间也产生多向的信息传播。这些多向的信息传播也可以让医生随时掌握患者的病情状况，了解患者的恢复进展，从而促进诊疗质量以及医患关系的提升，而且可以畅通医生与患者、患者与患者之间的信息传播渠道，使信息可以在医疗受众间快速传播，从而促进医疗水平的提升。

UGC 在医疗领域中的应用主要包括了内容生成、分享、评价、传播等环节，彼此之间互相联系，互相影响。在实际应用中，UGC 在医疗领域中的实现可以分为三种主要类型：一是通过传统医学网站加入 UGC 功能来实现；二是在 Web 2.0 网站中增加医疗方面的应用；三是根据 Web 2.0 和 UGC 的理念，设计完全符合 UGC 环境要求的医学网站。目前，各大医院、医疗机构主要采用第一种模式，通过融合 UGC 功能来改善医患之间的关系以及扩展信息传播的途径。第二种模式主要在一些热门的 Web 2.0 网站中有所应用（例如人人网），但主要是医生个人的行为，缺乏和医院的合作。以赢利为目的的第三方商业机构是推动 UGC 在医疗领域中应用的主力军，多采用第三种模式，其目标是实现医疗资源的共享。但不管采用何种模式来实现，UGC 与医疗领域的结合都增加了医生与患者、患者与患者之间的互动，改善了医患之间紧张的关系，扩大了医疗的受众面，助推了医疗水平的提升。

在未来，随着远程医疗的不断发展，UGC 在医疗领域中将得到广泛应用，利用各种 UGC 功能的使用来辅助完成诊疗的进程，突破时间、空间上的限制，实现医患之间的广泛互动，使得医疗资源能够共享，将成为重要的发展趋势。

参 考 文 献

艾萍，吴余．2011．网络舆论监督研究——以"我爸是李刚"事件为例．东南传播，(10)：49-51．

艾瑞咨询．2011a．2011年中国在线旅行交易规模达1672.9亿元．http：//ec.iresearch.cn/55/20120112/161323.shtml［2012-10-30］．

艾瑞咨询．2011b．2011-2012年中国在线旅游行业年度监测报告简版．pdf．［2012-10-30］．http：//wenku.baidu.com/view/6d054a6ea98271fe910ef913.html

艾瑞咨询．2011c．2011年在线旅游行业发展趋势系列专题之四．http：//news.iresearch.cn/Zt/163312.shtml［2012-10-30］．

艾瑞咨询．2012．中国社交化电子商务专题报告（2011年）．http：//report.iresearch.cn/1660.html［2012-10-30］．

百度百科．2011．百度百科：编辑原则．http：//www.baidu.com/search/baike_help.html#编辑原则，［2011-07-15］

包敦安，董大海．2009．基于ELM的网络评论信息可信性影响因素研究．现代管理科学，(11)：107-109．

毕强．2009．数字信息资源开发与利用（第二版）．北京：科学出版社．

蔡荻．2011．微博空间中的舆论形成及社会影响——以"郭美美事件"为例．中国传媒科技，(12)：5-7．

蔡斯博，邹艳珍，邵凌霜，等．2010．一种支持软件资源可信评估的框架．软件学报，21(2)：359-372．

曹双喜，邓小昭．2006．网络用户信息行为研究述略．情报杂志，(2)：79-81．

陈权，张红军．2012．微博传播中"揭黑"与"辟谣"的博弈——对"郭美美事件"的传播学思考．新闻知识，(1)：47-48．

陈松林．2006．信任源理论在医患关系管理中的运用．中华医院管理杂志，12(8)：826．

陈一沫．2012．微博"电子乌托邦"浮云再现——以2011年"微博打拐"行动为例．今传媒，(1)：92-93．

陈勇，王剑．2009．群体性突发事件中的谣言控制——以"瓮安事件"为例．当代传播，(3)：100-102．

邓发云．2006．基于用户需求的信息可信度研究．成都：西南交通大学．

邓晓衡，卢锡城，王怀民．2007．iVCE中基于可信评价的资源调度研究．计算机学报，30(10)：1750-1762．

范太华，叶洪波．2008．Web2.0环境下网络教育虚拟社区的建设．现代远距离教育，(5)：64-65．

方付建．2011．突发事件网络舆情演变研究．武汉：华中科技大学．

冯向春．2008．Web2.0在电子政务中的应用研究．现代情报，28(4)：77-79．

高丹丹．2012．未来课堂的教学结构探究．现代远距离教育，(2)：54-60．

顾平安，王浣尘．2003．电子政务对政府管理创新的影响．理论探讨，(6)：76-80．

国家行政学院电子政务研究中心．2012．2011年中国政务微博客评估报告．http：//www.chinaegov.org：9000/ewebeditor/uploadfile/20120207145756885.pdf．

胡瑛，陈力峰．2008．从奥巴马当选看新媒体对美国总统大选的渗透．今传媒（学术版），(12)：64-65．

黄荟锦．2008．华南虎事件：尽显网络传播魅力．青年记者，(5)：65-66．

黄亮．2003．网络用户的分析．科技情报开发与经济，13(9)：225-226．

黄琳娜. 2011. Web 2.0 在教育教学中的应用研究概述. 沧州师范专科学校学报, 27（1）：110-112.

劲旅咨询. 2012. 劲旅网发布9月份主要 UGC 型在线旅游网站和产品监测排名. http://www.51766.com/xinwen/11026/1102603435.html［2012-10-30］.

科特勒, 凯勒, 卢泰宏. 2009. 营销管理（第13版）. 卢泰宏, 高辉译. 北京：中国人民大学出版社.

郎晓黎. 2007. UGC 业务步入成长期, 运营商介入三大障碍. http://www.enet.com.cn/article/2007/0613/A20070613662521.shtml［2012-10-30］.

李多, 周蔓仪, 杨奕. 2010. 网络平台对于政府与网民之间关系建设作用的探索——以伍皓的微博为例. 新闻知识, (8)：49-51.

李书宁. 2004. 网络用户信息行为研究. 图书馆学研究（7）：82-84.

李晓静. 2005. 中国大众媒介可信度指标研究. 上海：复旦大学.

李缨. 2008-12-29. 余庆县长实名开博纳民意解民忧. 贵州日报, 第一版.

梁朝云, 陈佳珩, 许育龄. 2008. 中文维基百科管理员参与动机与工作型态之研究. 教育资料与图书馆学, 46（1）：81-109.

梁涛. 2011. 从"抢盐危机"看微博与谣言传播. 今传媒（7）：52-53.

林宝山, 曲焕云, 白福春. 1996. 用 K-S 检验洛特卡定律著者群的取值范围. 图书馆学研究, （6）：61-64.

林闯, 彭雪海. 2005. 可信网络研究. 计算机学报, 28（5）：751-758.

林闯, 田立勤, 王元卓. 2008. 可信网络中用户行为可信的研究. 计算机研究与发展, 45（12）：2033-2043.

林聚任. 2009. 社会网络分析：理论、方法与应用. 北京：北京师范大学出版社.

林文龙, 刘业政, 朱庆生, 等. 2009. 基于混合隐 Markov 链浏览模型的 WEB 用户聚类与个性化推荐. 情报学报, (4)：557-564.

凌海峰, 刘业政, 杨善林. 2009. 基于蚁群算法与 K-means 算法相结合的 Web 用户聚类. 情报学报, 28（1）：105-108.

刘畅, 屈鹏, 李璐. 2009. 人类信息行为研究的几个主要问题. 图书情报工作, 53（2）：24-28.

刘虹. 2012. 从形象修复理论看企业危机传播——以修正药业"毒胶囊事件"为例. 东南传播, (10)：23-25.

刘克允. 2009. 基于 Web 2.0 的政府门户网站优化研究. 计算机与数字工程, 37（9）：95-98.

刘依卿. 2012. 微博：政府危机公关新手段. 宁波大学学报（人文科学版）, (3)：125-128.

刘毅. 2006. 内容分析法在网络舆情信息分析中的应用. 天津大学学报（社会科学版）, 8（7）：307-310.

刘哲, 李锐. 2006. 139.com 推出新版移动个人空间. 互联网天地, (7)：22.

罗志成, 关婉湫, 张勤. 2009. 维基百科与百度百科比较分析. 情报理论与实践（4）：71-74.

吕巾娇, 刘美凤, 史力范. 2007. 活动理论的发展脉络与应用探析. 现代教育技术, 17（1）：8-14.

马费成, 陈锐. 2000. 科学信息离散分布的机理分析. 中国图书馆学报, 26（5）：20-23.

马费成, 夏永红. 2008. 基于 CAS 理论的维基百科序化机制研究. 图书馆论坛（6）：85-92.

马费成. 1996. 情报学的进展与深化. 情报学报, 15（5）：338-344.

马费成. 2007. 论情报学的基本原理及理论体系构建. 情报学报, 26（1）：1-8.

毛波, 尤雯雯. 2006. 虚拟社区成员分类模型. 清华大学学报（自然科学版）, (S1)：1069-1073.

彭海涛. 2008. 基于 Web 2.0 教育教学资源中心应用平台的构建. 高校图书馆工作（6）：41-43.

邱均平. 2001. 信息计量学（七）：文献信息分布的集中与离散规律——布齐洛分布系及理论. 情报理论与实践, 24（1）：77-80.

人民网. 2012. 人民网称姚晨微博让《人民日报》有危机感. http://news.163.com/12/0428/02/

参考文献

8055633400014AED.html［2012-10-30］.

任红娟,张志强.2009.基于文献计量的科学知识图谱发展研究.情报杂志(12)：86-90.

孙春华,刘业政.2009.网络口碑信息可信度的实验研究.财经论丛(4)：96-102.

孙昊.2011.微博时代下的应急管理.中国应急管理,(3)：26-30.

孙曙迎.2008.消费者网络信息可信度感知影响因素的实证研究.北京理工大学学报：社会科学版,10(6)：50-54.

谭德军.2005.医院网站"在线专家门诊"模式初探.医学信息,18(4)：305-306.

谭鹤长.2009.利用网络技术构建医患沟通的新平台.临床医学工程,16(1)：112.

汤志伟,彭志华,张会平.2010.网络公共危机信息可信度的实证研究——以汶川地震为例.情报杂志,29(007)：45-49.

泰普斯科特,威廉姆斯.2007.维基经济学：大规模协作如何改变一切.何帆,林季红译.北京：中国青年出版社.

唐磊,刘欢.2012.社会计算：社区发现和社会媒体挖掘.文益民,闭应洲译.北京：机械工业出版社.

田莹颖,吴克文,赵宇翔,等.2010.维基百科信息内容评议模式及其对传统期刊评议的借鉴.情报理论与实践,33(12)：92-96.

童文莹.2010.建立良性医患关系尚需体制完善——基于"徐宝宝事件"的个案研究.中国行政管理,(7)：24-28.

汪建荣.2005.初级卫生保健法的立法思路.中国卫生法制,2005,13(1)：4-6.

王怀芹.2012.基于SNS的交互式网络教学平台设计及应用.南京：南京大学.

王京山,王锦贵.2002.关于建立网络用户学的思考.江苏图书馆学报(3)：5-8.

王晶.2010.UGC对旅游者的参与行为影响研究.成都：电子科技大学.

王玫,朱云龙,何小贤.2005.群体智能研究综述.计算机工程,31(22)：194-196.

王平,谢耘耕.2012.突发公共事件中微博意见领袖的实证研究——以"温州动车事故"为例.现代传播(中国传媒大学学报),(3)：82-88.

王新玲,孙金立.2008.Web 2.0在构建医患信息互动平台中的应用.解放军医院管理杂志,15(4)：360-361.

王艺.2012.对微博舆论场的传播学解构——以"温州动车事故"的微博传播为例.新闻界,(1)：7-9.

维基百科.2011.维基百科：可供查证.http：//zh.wikipedia.org/wiki/Wikipedia：V［2011-05-04］.

吴克文,赵宇翔,朱庆华.2011.性格理论视角下的信息系统用户使用影响因素研究.情报理论与实践,34(4)：83-88.

吴祐昕.2008.基于Web 2.0的教育博客对大学教与学的信息化推进.江南大学学报(教育科学版),28(1)：85-88.

吴丽花,刘鲁.2006.个性化推荐系统用户建模技术综述.情报学报,25(1)：55-62.

吴绍忠,李淑华.2008.互联网络舆情预警机制研究.中国人民公安大学学报(自然科学版),(3)：38-42.

夏天,杨瑛霞,田爱奎,等.2006.Tag和现代教育技术.中国电化教育,(9)：89-92.

萧鸣政.2008.人力资源管理.北京：中央广播电视大学出版社.

新华网.2008.城管被百度解释成打砸抢 城管队长称太心酸.http：//news.xinhuanet.com/society/2008-04/07/content_7931481.htm［2012-10-30］.

新京报.2012.王岐山开反腐座谈会：网上舆论包括骂声都要听.http：//news.xinhuanet.com/yuqing/2012-12/04/c_124042174.htm［2012-10-30］.

解凯君.2009.奥巴马竞选总统的新媒体攻略解析.青年记者,(22)：89-90.

徐佳宁. 2008. 基于 Web 2.0 的非正式科学交流过程及其特点. 情报科学（1）：53-59.
徐琳. 2007. 网络口碑可信度影响因素的实证研究. 财贸研究（5）：113-117.
严中华, 关士续, 米加宁, 等. 2005. 基于 FIP 的欧美在线隐私保护立法模式的比较研究. 科研管理, 26 (4)：144-151.
颜婕. 2010. 转型期医患关系紧张根源分析与对策思考. 中国医院管理, 30（11）：87-88.
杨莉莉, 杨永川. 2009. 基于社会网络的犯罪组织关系挖掘. 计算机工程,（15）：91-93.
叶新东, 陈卫东, 许亚锋. 2012. 未来课堂研究的转变：社会性回归和人的回归. 远程教育杂志,（3）：17-22.
尹瑞, 闫哲, 梁海奇. 2010. 区域医疗 SOA 解决方案. http://www.ibm.com/developerworks/cn/webservices/1006_yinrui_healthsoa1/index.html［2012-10-30］.
余习惠. 2011. 微博兴起对我国新闻报道的影响. 新闻界,（1）：52-53, 87.
张浩, 尚进. 2011. 微博时代的电子政务建设与创新. 中国信息界,（9）：35-38.
张九龙, 潘泉, 戴冠中. 2000. 模式识别的最大熵方法. 信息与控制, 29（2）：152-156.
张立新, 龙树. 2012."表哥"落马不是一次偶然的胜利. 领导之友,（11）：46.
张明新. 2005. 网络信息的可信度研究：网民的视角. 新闻与传播研究, 12（2）：17-27.
张树人. 2006. 从社会性软件、Web 2.0 到复杂适应信息系统研究. 北京：中国人民大学.
张薇薇. 2009. 基于隐喻视角的信息可视化系统比较研究. 图书情报工作, 53（14）：118-121.
张依敏. 2007. 2.0 时代的医疗. 信息方略,（11）：16-17.
赵义. 2009. 人民网舆情频道：体制内正本清源. 南风窗,（26）：44.
赵宇翔, 吴克文, 朱庆华. 2011a. 基于 IPP 视角的用户生成内容特征与机理的实证研究. 情报学报, 30（3）：299-309.
赵宇翔, 范哲, 朱庆华. 2012. 用户生成内容（UGC）概念解析及研究进展. 中国图书馆学报. 38（5）：68-81.
赵宇翔, 朱庆华, 吴克文, 等. 2011b. 基于用户贡献的 UGC 群体分类及其激励因素探讨. 情报学报, 30（10）：1095-1107.
赵宇翔, 朱庆华. 2009. Web 2.0 环境下影响用户生成内容的主要动因研究. 中国图书馆学报, 35（5）：107-116.
曾举臣. 2012. 我国旅游网站发展现状浅析. 商业经济,（4）：60-61.
郑大兵, 封飞虎. 2006. Web 2.0 助力政府网站建设. 信息化建设,（3）：30-32.
中国行政管理学会课题组. 2005. 政府应急管理机制研究. 中国行政管理,（1）：18-21.
中国互联网络信息中心. 2009. 2009 年中国网络购物市场研究报告. http://www.cnnic.com.cn/hlwfzyj/hlwxzbg/200912/P020120709345303131094.pdf［2012-10-30］.
中国互联网络信息中心. 2013. 中国互联网络发展状况统计报告. http://www.cnnic.cn/hlwfzyj/hlwxzbg/hlwtjbg/201301/P020130122600399530412.pdf［2013-08-20］.
中国青年报. 2012-07-25. 动车追尾事件的微博版本：扮演辟谣阵地等角色. 中国青年报, 第一版.
中国数字大学城. 2012. 中国数字大学城. http://www.nclass.org/sc8/［2012-12-2］.
中国政府网. 2009. 温家宝总理与网友在线交流——中国政府网、新华网联合专访. http://www.gov.cn/zlft/content_1246127.htm［2012-10-30］.
钟志贤, 汪维富. 2010. Web 2.0 学习文化与信息素养 2.0. 远程教育杂志,（4）：35-40.
周巧艺. 2011. 政府官方微博应当实现"四个转变". 新湘评论,（19）：22-23.
朱庆华, 赵宇翔. 2009. Web 2.0 环境下用户生成内容（UGC）研究进展//马费成. 信息管理与信息系统研究进展. 武汉：武汉大学出版社.

参 考 文 献

Adler B T, de Alfaro L. 2006. A content-driven reputation system for the Wikipedia. http://works.bepress.com/luca_de_alfaro/3 [2012-10-30].

Adler B T, Chatterjee K, De Alfaro L, et al. 2008. Assigning trust to Wikipedia content//Proceedings of the 4th International Symposium on Wikis. ACM.

Agarwal N, Liu H, Tang L, et al. 2008. Identifying the influential bloggers in a community//Proceedings of the 2008 international conference on web search and data mining. ACM.

Agarwal R, Gao G G, DesRoches C, et al. 2010. Research commentary—The digital transformation of healthcare: Current status and the road ahead. Information Systems Research, 21 (4): 796-809.

Ajzen I. 1991. The theory of planned behavior. Organizational behavior and human decision processes, 50 (2): 179-211.

Ali-Hasan N, Adamic L A. 2007. Expressing social relationships on the blog through links and comments. International Conference on Weblogs and Social Media, Boulder, CO.

Allport GW. 1961. Pattern and growth in personality. New York: Holt, Rinehart and Winston.

Ames M, Naaman M. 2007. Why we tag: motivations for annotation in mobile and online media//Proceedings of the SIGCHI conference on Human factors in computing systems. ACM.

Anderson C. 2006. The long tail: Why the future of business is selling less of more. New York: Hyperion Books.

The Apache Software Foundation. 2010. Apache Community Development. http://community.apache.org/ [2010-07-20].

Arazy O, Stroulia E, Ruecker S, et al. 2010. Recognizing contributions in wikis: Authorship categories, algorithms, and visualizations. Journal of the American Society for Information Science and Technology, 61 (6): 1166-1179.

Armstrong A, Hagel J. 1996. The real value of online communities. Harvard Business Reviews, 74 (3): 134.

Azzedin F, Maheswaran M. 2002. Evolving and managing trust in grid computing systems// IEEE Canadian Conference on Electrical & Computer Engineering.

Bruns A, Bahnisch M. 2009. Social Media: Tools for User-Generated Content: Social Drivers behind Growing Consumer Participation in User-Led Content Generation (Volume 1- State of the Art). http://www.apo.org.au/sites/default/files/Social%20Media%20-%20State%20of%20the%20Art%20-%20March%202009.pdf [2010-07-20].

Balabanović M, Shoham Y. 1997. Fab: content-based, collaborative recommendation. Communications of the ACM, 40 (3): 66-72.

Bandura A. 1977. Self-efficacy: toward a unifying theory of behavioral change. Psychological review, 84 (2): 191-215.

Bandura A. 2001. Social cognitive theory: An agentic perspective. Annual review of psychology, 52 (1): 1-26.

Baumeister R F, Leary M R. 1995. The need to belong: desire for interpersonal attachments as a fundamental human motivation. Psychological bulletin, 117 (3): 497-529.

Berkovsky S, Borisov N, Eytani Y et al. 2007. Examining users' attitude towards privacy preserving collaborative filtering. Proceedings of 11th International Workshop on Data Mining for User Modeling, Corfu, Greece.

Berners-Lee T, Hall W, Hendler J, et al. 2006. A framework for Web science. Foundations and Trends in Web Science, 1 (1): 1-130.

Bilal D. 2000. Children's use of the Yahooligans! Web search engine: I. Cognitive, physical, and affective behaviors on fact-based search tasks. Journal of the American Society for Information Science, 51 (7): 646-665.

Blau P M. 1964. Exchange and power in social life. New York: Wiley.

Bodapati A V. 2008. Recommendation systems with purchase data. Journal of Marketing Research, 45 (1): 77-93.

Borgatti S P, Mehra A, Brass D, et al. 2009. Network analysis in the social sciences. Science, (323): 892-895.

Braendle A. 2005. Many cooks don't spoil the broth //Proceedings of Wikimania 2005-The First International Wikimedia Conference. Frankfurt, Germany.

Brandtzæg P B. 2010. Towards a unified media-user typology (MUT): A meta-analysis and review of the research literature on media-user typologies. Computers in Human Behavior, 26 (5): 940-956.

Bray J, Schetzina C. 2006. Travel 2.0: Harnessing the power of user-generated content and tagging. Hospitality Upgrade: 28-29.

Bruns A. 2008. Blogs, wikipedia, second life, and beyond: From production to produsage. New York: Peter Lang.

Brynjolfsson E, Hu Y J, Smith M D. 2006. From Niches to Riches: Anatomy of the Long Tail. MIT Sloan Management Review. 47 (4): 67-71.

Brynjolfsson E, Hu Y J, Simester D. 2011. Goodbye Pareto Principle, Hello Long Tail: The Effect of Search Costs on the Concentration of Product Sales. Management Science. 57 (8): 1373-1386.

Buhalis D, Licata M. 2002. The future eTourism intermediaries. Tourism Management, 23 (3): 207-220.

Caufield J. 2005. Where did google get its value? Portal-Libraries and the Academy, 5 (4): 555-572.

Cha J. 2009. Shopping on Social Networking Web Sites: Attitudes toward Real Versus Virtual Items. Journal of Interactive Advertising. 10 (1): 77-93.

Chakravorti B. 2010. Stakeholder Marketing 2.0. Journal of Public Policy & Marketing, 29 (1): 97-102.

Chandler D. 2000. An introduction to genre theory. http://www.aber.ac.uk/media/Documents/intgenre/chandler_genre_theory.pdf [2012-10-30].

Chang H H, Chuang S S. 2011. Social capital and individual motivations on knowledge sharing: Participant involvement as a moderrator. Information & Management, 48 (1): 9-18.

Cheliotis G. 2009. From open source to open content: Organization, licensing and decision processes in open cultural production. Decision Support Systems, 47 (3): 229-244.

Chen C. 2006. CiteSpace II: Detecting and Visualizing Emerging Trends and Transient Patterns in Scientific Literature. Journal of the American Society for Information Science and Technology, 57 (3): 359-377.

Cheng R, Vassileva J. 2005. User Motivation and Persuasion Strategy for P2P Communities. Proceedings of HICSS'38 (Online Communities in Digital Economy), Hawaii: 231-238.

Cheong F, Cheong C. 2011. Social media data mining: A social network analysis of tweets during the Australian 2010-2011 floods15th Pacific Asia Conference on Information Systems: Quality Research in Pacific, PACIS. Brisbane, QLD, Australia.

Cheung C M K, Lee M K O. 2004. The asymmetric effect of web site attribute performance on web satisfaction: An empirical study. e-Service Journal, 3 (3): 65-86.

Chevalier J A, Mayzlin D. 2006. The effect of word of mouth on sales: Online book reviews. Journal of Marketing Research, 43 (3): 345-354.

Chiu C M, Hsu M H, Wang E. 2006. Understanding knowledge sharing in virtual communities: an integration of social capital and social cognitive theories. Decision Support Systems, 42 (3): 1872-1888.

Cho S E, Park H W. 2012. Government organizations' innovative use of the Internet: The case of the Twitter activity of South Korea's Ministry for Food, Agriculture, Forestry and Fisheries. Scientometrics, 90 (1):

参考文献

9-23.

Chrislip D D, Larson C E. 1994. Collaborative leadership: How citizens and civic leaders can make a difference. San Francisco: Jossey-Bass.

Christakis N A, Fowler J H. 2009. Connected: The Surprising Power of Our Social Networks and How They Shape Our Lives. New York: Little Brown and Company.

Chunara R, Andrews J R, Brownstein J S. 2012. Social and News Media Enable Estimation of Epidemiological Patterns Early in the 2010 Haitian Cholera Outbreak. American Journal of Tropical Medicine and Hygiene, 86 (1): 39-45.

Cialdini RB. 1998. Influence: The psychology of persuasion. New York: Collins Press.

Clauset A, Shalizi C R, Newman M E J. 2009. Power-law distributions in empirical data. http://arxiv.org/PS_cache/arxiv/pdf/0706/0706.1062v2.pdf [2009-08-19].

Cole P, Nast-Cole J. 1992. A primer on group dynamics for groupware developers//Marca D, Bock G. Groupware: Software for Computer-Supported Cooperative Work. Los Alamitos, CA: IEEE Computer Society Press.

Compeau D R, Higgins C A, Huff S. 1999. Social cognitive theory and individual reactions to computing technology: A longitudinal study, MIS Quarterly, 23 (2): 145-159.

comScore. 2011. Mobile Shopping Goes Mainstream: Majority of U.S. Smartphone Owners Performed Shopping Activities on Their Phone in September. http://www.comscore.com/Insights/Press_Releases/2011/12/Mobile_Shopping_Goes_Mainstream [2012-10-30].

Csikszentmihalyi M, LeFevre J. 1989. Optimal experience in work and leisure. Journal of Personality and Social Psychology, 56 (5): 815-822.

Csikszentmihalyi M. 1975. Beyond boredom and anxiety. San Francisco: Jossey-Bass.

Curty R G, Zhang P. 2011. Social Commerce: Looking Back and Forward. Proceedings of the American Society for Information Science and Technology (ASIST) Annual Conference, New Orleans, LA.

Dalgic T, Leeuw M. 1994. Niche Marketing Revisited: Concept, Applications and Some European Cases. European Jounal of Marketing. 28 (4): 39-55.

Davidson M. 2011. From public relations to participation: Government web use after Obama and social media. Washington, DC: Georgetown University.

Davis F D. 1989. Perceived usefulness, perceived ease of use, and user acceptance of information technology. MIS Quarterly, 13 (3): 319-340.

Dawson R. 2007. Launching the Web 2.0 Framework. http://www.rossdawsonblog.com/Web2_Framework.pdf [2012-10-30].

de Boer M J, Versteegen G J, van Wijhe M. 2007. Patients' use of the Internet for pain-related medical information. Patient education and counseling, 68 (1): 86-97.

Deci E L. 1971. Effects of externally mediated rewards on intrinsic motivation. Journal of Personality Social Psychology, 18 (1): 105-115.

Deci E L, Ryan R M. 1985. Intrinsic motivation and self-determination in human behavior. New York: Plenum.

Deci E L, Ryan R M. 2000. The "what" and "why" of goal pursuits: Human needs and the self-determination of behavior. Psychological Inquiry, 11 (4): 227-268.

Degemmis M, Lops P, Semeraro G. 2007. A content-collaborative recommender that exploits WordNet-based user profiles for neighborhood formation. User Modeling and User-Adapted Interaction, 17 (3): 217-255.

Dellarocas C. 2010. Online Reputation System: How to Design One That Does What You Need. MIT Sloan Management Review. (1): 33-38.

DeSanctis G. 2006. Who is the user? Individuals, groups, communities//Zhang P, Galletta D. Human-Computer Interaction and Management Information Systems: Foundations. New York: M. E. Sharpe Inc.

Díaz A, García A, Gervás P. 2008. User-centred versus system-centred evaluation of a personalization system. Information Processing & Management, 44 (3): 1293-1307.

Dondio P, Barrett S. 2007. Computational trust in Web content quality: A comparative evalutation on the Wikipedia project. Informatica, 31 (2): 151-160.

Duncan S H. 2008. MySpace is also their space: ideas for keeping children safe from sexual predators on social networking sites. Kentucky Law Journal, 96 (4), 527-577.

Econsultancy. 2010. How We Shop in 2010: Habits and Motivations of Consumers. http://econsultancy.com/us/reports/habits-and-motivations-of-consumers [2012-10-30].

Egghe L. 1990. The duality of informetric systems with applications to the empirical laws. Journal of Information Science, 16 (1): 17-22.

Egghe L. 2005. Power laws in the information production process: Lotkaian informetrics. Oxford: Elsevier Academic Press.

ePals. What is ePals. [2012-12-6]. http://en.community.epals.com/epals/support/p/epals-overview.aspx#whatIsEpals.

Fidel R, Pejtersen A M, Cleal B, Bruce H. 2004. A multidimensional approach to the study of Human-Information Interaction: A case study of collaborative information retrieval. Journal of the American Society for Information Science and Technology, 55 (11): 939-953.

Fischer, G. 2009. End-user development and meta-design: Foundations for cultures of participation. End-user development. New York : Springer.

Fishbein M, Ajzen I. 1975. Belief, attitude, intention and behaviour: An introduction to theory and research. MA: Addison-Wesley.

Fjeld M, Lauche K, Bichsel M, et al. 2002. Physical and virtual tools: Activity theory applied to the design of groupware. Computer Supported Cooperative Work, 11 (1-2): 153-180.

Flanagin A J, Metzger M J. 2000. Perceptions of Internet Information Credibility. Journalism and Mass Communication Quarterly, 77 (3): 515-40.

Flanagin A J, Metzger M J. 2007a. Digital media and youth: Unparalleled opportunity and unprecedented responsibility// Metzger M, Flanagin A. Digital media, youth, and credibility. Cambridge, MA: MIT Press.

Flanagin A J, Metzger M J. 2007b. The role of site features, user attributes, and information verification behaviors on the perceived credibility of web-based information. New Media Society, 9 (2): 319-342.

Fogg B J. 2003. Persuasive technology: Using computers to change what we think and do. San Francisco: Kaufmann Co.

Foley C, Smeaton A F. 2010. Division of labour and sharing of knowledge for synchronous collaborative information retrieval. Information Processing and Management, 46 (6): 762-772.

Forman C, Ghose A, Wiesenfeld B. 2008. Examining the relationship between reviews and sales: The role of reviewer identity disclosure in electronic markets. Information Systems Research, 19 (3): 291-313.

Gerard B, Kimberly L, Wang X, et al. 2004. Using social psychology to motivate contributions to online communities. Proceedings of the 2004 ACM conference on Computer supported cooperative work table of contents. Chicago, USA.

Golder S A, Huberman B A. 2006. Usage patterns of collaborative tagging systems. Journal of information science, 32 (2): 198-208.

参 考 文 献

Golovchinsky G, Pickens J, Back M. 2008. A taxonomy of collaboration in online information seeking. Proceedings of International Workshop Collaborative Information Retrieval.

Golovchinsky G, Qvarfordt P, Pickens J. 2009. Collaborative information seeking. Computer, 42 (3): 47-51.

Goodin D. 2012. Report says 15 percent of Mitt Romney Twitter followers are paid fakes. http://arstechnica.com/security/2012/08/mitt-romney-fake-twitter-followers/ [2012-10-30].

Gray B. 1989. Collaborating: Finding common ground for multiparty problems. San Francisco: Jossey-Bass.

Gretzel U, Yoo KH. 2008. Use and impact of online travel reviews// O'Connor P, Höpken W, Gretzel U. Information and Communication Technologies in Tourism, Vienna, Austria. New York: Springer.

Gretzel U. 2007. Online travel review study: Role & impact of online travel reviews. College Station, TX: Texas A & M University.

Gutwin C, Greenberg S. 2000. The mechanics of collaboration: Developing low cost usability evaluation methods for shared workspaces //IEEE 9th International Workshop on Enabling Technologies: Infrastructure for Collaborative Enterprises (WETICE'00).

Halvey M, Vallet D, Hannah D, et al. 2010. An asynchronous collaborative search system for online video search. Information Processing and Management, 46 (6): 733-748.

Hambly K. 2011. Activity profile of members of an online health community after articular cartilage repair of the knee. Sports Health: A Multidisciplinary Approach, 3 (3): 275-282.

Hansen P, Jarvelin K. 2005. Collaborative information retrieval in an information-intensive domain. Information Processing and Management, 41 (5): 1101-1119.

Hars A, Ou S. 2001. Working for free? Motivations for participating in open-source projects. Proceedings of the 34th Hawaii International Conference on System Sciences.

Hazleton V, Kennan W. 2000. Social capital: Reconceptualizing the bottom line. Corporate Communications: An International Journal, 5 (2): 81-86.

Hennig-Thurau T, Gwinner K P, Walsh G, et al. 2004. Electronic word-of mouth via consumer-opinion platforms: What motivates consumers to articulate themselves on the Internet? Journal of Interactive Marketing. 18 (1): 38-52.

Herzberg F. 1966. Work and the nature of man. New York: World Publishing.

Herzberg F. 1968. One more time: How do you motivate employees? Harvard Business Review: 53-62.

Herzberg F, Mansner B, Snyderman B. 1959. The motivation to work. New York: Wiley.

Hilligoss B, Rieh S Y. 2008. Developing a unifying framework of credibility assessment: Construct, heuristics, and interaction in context. Information Processing and Management, 44 (4): 1467-1484.

Hormans G C. 1958. Social behavior as exchange. American Journal of Sociology, 63 (6): 597-606.

Hsu C, Lin C. 2008. Acceptance of blog usage: The roles of technology acceptance. Information and Management, 45 (2): 65-74.

Huang Z, Zeng D D, Chen H. 2007. Analyzing consumer-product graphs: Empirical findings and applications in recommender systems. Management Science, 53 (7): 1146-1164.

Hummel H, Burgos D C, Tattersall F, et al. 2005. Encouraging Contributions in Learning Networks Using Incentive Mechanisms. Journal of Computer Assisted Learning, 21 (5): 355-365.

Javanmardi S, Lopes C V. 2007. Modeling trust in collaborative information systems //International Conference on Collaborative Computing: Networking, Applications and Worksharing.

Jeacle I, Carter C. 2011. In TripAdvisor we trust: Rankings, calculative regimes and abstract systems. Accounting, Organizations and Society, 36 (4-5): 293-309.

Jenkins H. 2006. Convergence culture: Where old and new media collide. New York: NYU Press.

Jonassen D H, Murphy L R. 1999. Activity theory as a framework for designing constructivist learning environments. Educational Technology, Research and Development, 47 (1): 61-79.

Jøsang A, Ismail R, Boyd C. 2007. A survey of trust and reputation systems for online service provision. Decision Support Systems, 43 (2): 618-644.

van Dijck J. 2009. Users like you? Theorizing agency in user-generated content. Media, culture, and society, 31 (1): 41.

Kang Y R, Park C. 2009. Acceptance Factors of Social Shopping. 11th International Conference on Advanced Communication Technology. Phoenix Park, Republic of Korea.

Kankanhalli A, Tan B C Y, Wei K K. 2005. Contributing knowledge to electronic knowledge repositories: An empirical investigation, MIS Quarterly, 29 (1): 113-143.

Kaplan A M, Haenlein M. 2010. Users of the world, unite! The challenges and opportunities of social media. Business Horizons, 53 (1): 59-68.

Kavanaugh A, Fox E A, Sheetz S, et al. 2011. Social media use by government: From the routine to the critical. 12th Annual International Digital Government Research Conference, College Park, MD, United states.

Ke W, Zhang P. 2008. Motivations for participating in open source software communities: Roles of psychological needs and altruism//Proceedings of the Pacific Asia Conference on Information Systems (PACIS), July 2008, SuZhou, China.

Kwak H W, Lee C Y, Park H S, et al. 2010. What is Twitter, a Social Network or a News Media//Proceedings of the 19th International Conference on the World Wide Web. New York. NY. USA.

lanagin A J, Metzger M J. 2007. The role of site features, user attributes, and information verification behaviors on the perceived credibility of web-based information. New Media Society, 9 (2): 319-342.

Lazinger S, Bar-IIan J, Pertiz B. 1997. Internet used by faculty members in various disciplines: A comparative case study. Journal of American Society for Information Science, 39 (6): 508-518.

Lee H A, Law R, Murphy J. 2011. Helpful reviewers in TripAdvisor, an online travel community. Journal of Travel & Tourism Marketing, 28 (7): 675-688.

Lee S, Shin B, Lee H G. 2009. Understanding post-adoption usage of mobile data services: The role of supplier-sider variables. Journal of Association for Information Systems, 10 (12): 860-888.

Leitner P, Grechenig T. 2007. Community Driven Commerce: Design of an Integrated Framework for Social Shopping//IADIS International Conference e-Commerce. Algarve, Portugal.

Lenhart A, Fox S. 2006. Bloggers: A portrait of the Internet's new story tellers. Washington, DC: Pew Internet & American Life Project.

Leonard N H, Beauvias L L, Scholl R W. 1999. Work motivation: The incorporation of self-concept-based processes. Human Relations, 52 (8): 969-990.

Lévy P. 1995. Collective intelligence: Mankind's emerging world in cyberspace. New York: Plenum.

Li C. 2007. Mapping participation in activities forms the foundation of a social strategy: Social technographics trends report. http://www.forrester.com/go?docid=42057 [2012-10-30].

Liang C Y, Chen C H, Hsu Y L. 2008. The participation motivation and work styles of the administrators for Chinese Wikipedia. Journal of Education Media &Library Science, 46 (1): 81-109.

Liang T P, Ho Y T, Li Y W, Turban E. 2011. What Drives Social Commerce: the Role of Social Support and Relationship Quality. International Journal of Electronic Commerce. 16 (2): 66-90.

Liang T P, Turban E. 2011. Introduction to the Special Issue Social Commerce: A Research Framework for Social

参考文献

Commerce. International Journal of Electronic Commerce. 16（2）：5-13.

London S. 2012. Building Collaborative Communities. . http：//www. scottlondon. com/articles/oncollaboration. html［2013-01-20］.

Lowry P B, Curtis A, Lowry M R. 2004. A Taxonomy of Collaborative Writing to Improve Empirical Research, Writing Practice, and tool development. Journal of Business Communication, 41（1）：66-99.

Lu Y B, Zhao L, Wang B. 2010. From virtual community members to C2C e-commerce buyers：Trust in virtual communities and its effect on consumers' purchase intention. Electronic Commerce Research and Applications. （9）：346-360.

Madeira SC, Oliveira AL. 2004. Biclustering algorithms for biological data analysis：A survey. IEEE/ACM Transactions on Computational Biology and Bioinformatics, 1（1）：24-45.

Malone T W, Laubacher R, Dellarocas C. 2009. Harnessing crowds：Mapping the genome of collective intelligence. http：//papers. ssrn. com/sol3/papers. cfm? abstract_ id=1381502［2013-01-20］.

Marsden P. 2009a. The 6 Dimensions of Social Commerce：Rated and Reviewed. http：//socialcommercetoday. com/the-6-dimensions-of-social-commerce-rated-and-reviewed［2013-01-20］.

Marsden P. 2009b. How Social Commerce Works：The Social Psychology of Social Shopping. http：//socialcommercetoday. com/how-social-commerce-works-the-social-psychology-of-social-shopping.

Maslow A. 1954. Motivation and personality. New York：Harper & Row.

Massimini F, Carli M. 1988. The systematic assessment of flow in daily experience//Csikszentmihalyi M, Csikszentmihalyi I S. Optimal experience：Psychological studies of flow in consciousness. Cambridge：Cambridge University Press.

McLean E R, Smits S J, Tanner J R. 1996. The importance of salary on job and career attitudes of information systems professions. Information and Management, 30（6）：291-299.

Cha M, Kwak H, Rodriguez P, et al. 2007. I Tube, You Tube, Everybody Tubes：Analyzing the World's Largest User Generated Content Video System. . http：//an. kaist. ac. kr/traces/papers/imc131-cha. pdf［2013-02-01］.

Meola M. 2004. Chucking the checklist：A contextual approach to teaching undergraduates Web-site evaluation. portal：Libraries and the Academy, 4（3）：331-344.

Metzger M J. 2007. Making sense of credibility on the Web：Models for evaluating online information and recommendations for future research. Journal of the American Society for Information Science and Technology, 58（13）：2078-2091.

Meyer J P, Becker T E, Vandenberghe C. 2004. Employee commitment and motivation：a conceptual analysis and integrative model. Journal of applied psychology, 89（6）：991-1007.

Milliken M, Gibson K, O'Donnell S, et al. 2008. User-generated online video and the atlantic Canadian public sphere：A Youtube study. Proceedings of the International Communication Association Annual Conference（ICA 2008）. Montreal, Quebec, Canada.

Mitchell K J, Finkelhor D, Jones L M, et al. 2010. Use of Social Networking Sites in Online Sex Crimes Against Minors：An examination of national incidence and means of utilization. Journal of Adolescent Health, 47（2）：183-190.

Mobasher B, Cooley R, Srivastava J. 2000. Automatic personalization based on Web usage mining. Communications of the ACM, 43（8）：142-151.

Molyneaux H, O'Donnell S, Gibson K, et al. 2008. Exploring the gender divide on Youtube：An analysis of the creation and reception of Blogs. American Communication Journal, 10（2）：212-220.

Morris M R, Teevan J. 2008. Understanding groups' properties as a means of improving collaborative search systems. Proceedings of the Workshop on Collaborative Information Retrieval, Pittsburgh, PA.

Mui L, Mohtashemi M, Halberstadt A. 2002. A computational model of trust and reputation. Proceedings of the 35th Annual Hawaii International Conference on System Sciences.

Mundie C, de Vries P, Haynes P, Corwine M. 2002. Microsoft White Paper: Trustworthy computing. http://www.microsoft.com/mscorp/innovation/twc/twc_whitepap er.asp.

Murphy H C, Gil E A C, Schegg R. 2010. An investigation of motivation to share online content by young travelers-Why and where //Gretzel U, Law R, Fuchs M. Information and Communication Technologies in Tourism. Wien: Springer: 467-478.

Nahapiet J, Ghoshal S. 1998. Social capital, intellectual capital, and the organizational advantage. Academy of management review, 23 (2): 242-266.

Nakakoji K, Yamamoto Y, Nishinaka Y et al. 2002. Evaluation patterns of open-source software systems and communities. Proceedings of International Workshop on Principles of Software Evolution (IWPSE2002), Orlando.

Nardi B A, Schiano D J, Gumbrecht M. 2004. Blogging as social activity, or, would you let 900 million people read your diary?. ACM Conference on Computer Supported Cooperative work. Chicago: Association for Computing Machinery.

Nath S V. 2006. Crime pattern detection using data mining. Proceedings of International Conference on Web Intelligence and Intelligent Agent Technology Workshops.

Neus A. 2001. Managing information quality in virtual communities of practice//Pierce, E. & Katz-Haas, R. Proceedings of the 6th International Conference on Information Quality at MIT. Boston, MA: Sloan School of Management.

Nielsen J. 2006. Participation inequality: Encouraging more users to contribute. http://www.nngroup.com/articles/participation-inequality/ [2012-10-30].

Nielsen. 2012. State of the Media: The Social Media Report. http://blog.nielsen.com/nielsenwire/social/2012/ [2012-10-30].

Noël S, Robert J M. 2003. How the Web is used to support collaborative writing. Behaviour & Information Technology, 22 (4): 245-262.

Nov O. 2007. What motivates wikipedians?. Communications of the ACM, 50 (11): 60-64.

Novak T P, Hoffman D L, Yung Y F. 2000. Measuring the customer experience in online environments: A structural modeling approach. Marketing science, 19 (1): 22-42.

O'Connor P. 2010. Managing a hotel's image on TripAdvisor. Journal of Hospitality Marketing & Management, 19 (7): 754-772.

OECD. 2007. Participative Web and user-created content: Web 2.0, wikis and social networking. http://browse.oecdbookshop.org/oecd/pdfs/free/9307031e.pdf [2012-10-30].

Okoli C, Oh W. 2007. Investigating recognition-based performance in an open content community: A social capital perspective. Information & Management, 44 (3): 240-252.

Okoli C. 2009. Beyond open source software: An introduction to researching open content and Wikipedia. http://sprouts.aisnet.org/9-64 [2012-10-30].

O'Reilly T. 2005. What is Web 2.0: Design patterns and business models for the next generation of software?. http://www.oreillynet.com/pub/a/oreilly/tim/news/2005/09/30/what-is-web-20.html [2008-04-21].

Owyang J. 2008. Who do People Trust (It ain't bloggers). http://www.web-strategist.com/blog/2008/04/29/who-do-people-trust-it-aint-bloggers/ [2012-10-30].

参考文献

Pazzani M, Billsus D. 1997. Learning and revising user profiles: The identification of interesting web sites. Machine learning, 27 (3): 313-331.

Persson O. 1994. The intellectual base and research fronts of JASIS 1986-1990. Journal of the American Society for Information Science, 45 (1): 31-38.

Pew Research Center. 2006. Virtual Space is the Place. http://www.pewinternet.org/-/media//Files/Reports/2006/PIP_ Virtual_ Tours_ 2006.pdf [2012-10-30].

Pew Research Center. 2012. Social media and political engagement. http://pewinternet.org/-/media//Files/Reports/2012/PIP_ SocialMediaAndPoliticalEngagement_ PDF.pdf [2012-10-30].

Pew Research Center. http://www.people-press.org/.

Pfeil U, Zaphiris P. 2009. Investigating social network patterns within an empathic online community for older people. Computers in Human Behavior, 25 (5): 1139-1155.

PhoCusWright. 2010. Consumer Travel Report. http://www.consumerreports.org/travel/ [2012-10-30].

Pierrakos D, Paliouras G, Papatheodorou C, et al. 2003. Web usage mining as a tool for personalization: A survey. User Modeling and User-Adapted Interaction, 13 (4): 311-372.

Porter L W, Lawler E E. 1968. Managerial attitudes and performance. Homewood, IL: Richard D. Irwin.

Posner I R, Baecker R M. 1992. How people write together. Hawaii International Conference on System Sciences, Kauai, Hawaii.

Preece J, Carey T, Rogers Y, et al. 1994. Human-computer interaction. MA: Addison-Wesley.

Preece J, Shneiderman B. 2009. The reader-to-leader framework: Motivating technology-mediated social participation. AIS Transactions on Human-Computer Interaction, 1 (1): 13-32.

Price D. 1965. Networks of scientific papers. Science, (149): 510-515.

Putnam R D. 1995. Bowling alone: America's declining social capital. Journal of democracy, 6 (1): 65-78.

Rad A A, Benyoucef B. 2011. A Model for Understanding Social Commerce. Journal of Information Systems Applied Research. 4 (2): 63-73.

Rayport J F, Jaworski B J. 2001. E-commerce. New York: McGraw-Hill.

Read B. 2007. Middlebury College History Department limits students use of Wikipedia.. http://chronicle.com/article/Middlebury-College-History/23736 [2011-2-16].

Reeve J. 2005. Understanding motivation and emotion. New York: John Wiley & Sons, Inc.

Resnick P, Kuwabara K, Zeckhauser R, et al. 2000. Reputation systems. Communications of the ACM, 43 (12): 45-48.

Reuters. 2012. Michelle Obama wows social media, TV audience steady. http://cn.reuters.com/article/companyNewsEng/idCNL2E8K59E020120905 [2012-10-30].

Ridings C M, Gefen D, Arinze B. 2002. Some antecedents and effects of trust in virtual communities. The Journal of Strategic Information Systems, 11 (3): 271-295.

Rieh S Y. 2002. Judgment of information quality and cognitive authority in the Web. Journal of the American Society for Information Science and Technology, 53 (2): 145-161.

Salton G. 1989. Automatic Text Processing: The Transformation, Analysis, and Retrieval of Information by Computer. MA: Addison-Wesley.

Schafer J B, Konstan J A, Riedl J. 2001. E-commerce recommendation applications//Applications of Data Mining to Electronic Commerce. Springer US.

Shah C. 2009. Lessons and challenges for collaborative information seeking (CIS) systems developers. Proceedings of Collaborative Information Behavior Workshop at GROUP2009, Sanibel Island, Florida.

Sharples M. 1993. Adding a little structure to collaborative writing//CSCW in Practice: An Introduction and Case Studies. London : Springer London.

Shepitsen A, Gemmell J, Mobasher B, et al. 2008. Personalized recommendation in social tagging systems using hierarchical clustering. Proceedings of the 2008 ACM conference on Recommender systems. New York: ACM.

Shneiderman B, Plaisant C. 2009. Designing the user interface: Strategies for effective human-computer interaction. Boston, MA: Addison-Wesley.

Smith K A, Ng A. 2003. Web page clustering using a self-organizing map of user navigation patterns. Decision Support Systems, 35 (2): 245-256.

Solomon M R. 2006. Consumer Behavior. Upper Saddle River, NJ: Pearson Prentice Hall.

Somlo G L, Howe A E. 2001. Adaptive lightweight text filtering//Hoffmann F, Hand D J, Fisher D, et al. Advances in Intelligent Data Analysis. Berlin: Springer-Verlag.

Spool J, Scanlon T, Schroeder W, et al. 1999. Web site usability- A designer's guide. San Francisco, CA: Morgan Kaufmann Publishers, Inc.

Stephen A T, Toubia O. 2010. Deriving Value from Social Commerce Networks. Journal of Marketing Research, 47 (2): 215-228.

Stratton C R. 1989. Collaborative Writing in the Workplace. IEEE Transactions on Professional Communication, 32 (3), 178-182.

Strauss A L, Corbin J M. 1990. Basics of qualitative research. CA: Sage Publications.

Stvilia B, Gasser L. 2008. An activity theoretic model for information quality change. http://firstmonday.org/ojs/index.php/fm/article/view/2126/1951.

Stvilia B, Twidale M B, Smith L C, et al. 2008. Information quality work organization in Wikipedia. Journal of the American society for information science and technology, 59 (6): 983-1001.

Su X, Khoshgoftaar T M. 2009. A survey of collaborative filtering techniques. Advances in Artificial Intelligence, (4): 1-19.

Surowiecki J. 2004. The wisdom of crowds. USA: Doubleday.

The Apache Software Foundation. http://community.apache.org/ [2010-07-20].

van Dijck J. 2009. Users like you? Theorizing agency in user-generated content. Media Culture & Society, 31 (1): 41-58.

Venkatesh V, Davis F D. 2000. A theoretical extension of the technology acceptance model: four longitudinal field studies. Management science, 46 (2): 186-204.

Venkatesh V, Morris M G, Davis G B, et al. 2003. User acceptance of information technology: Toward a unified view. MIS quarterly: 425-478.

Vermeulen I E, Seegers D. 2009. Tried and tested: The impact of online hotel reviews on consumer consideration. Tourism Management, 30 (1): 123-127.

Viégas F B, Wattenberg M, Kriss J, et al. 2007. Talk before you type: Coordination in Wikipedia. Proceeding of the 40th Hawaii International Conference on System Sciences.

Wagner C, Prasarnphanich P. 2007. Innovating collaborative content creation: The role of altruism and Wiki Technology. Proceedings of the 40th Hawaii International Conference on System Sciences.

Wang C, Zhang P. 2012. The Evolution of Social Commerce: The People, Management, Technology, and Information Dimensions. Communications of the Association for Information Systems, 31 (1).

Wang C. 2009. Linking Shopping and Social Networking: Approaches to Social Shopping. 15th Americas Conference on Information Systems. San Diego. CA. USA.

参考文献

Wang Y, Fesenmaier D. 2003. Assessing motivation of contribution in online communities: An empirical investigation of an online travel community. Electronic Markets, 13 (1): 33-45.

Wang Y, Vassileva J. 2003. Bayesian network-based trust model. IEEE/WIC International Conference on Web Intelligence.

Warmbrodt J, Sheng H, Hall R. 2008. Social Network Analysis of Video Bloggers' Community. Proceedings of the 41st Hawaii International Conference on System Sciences. IEEE.

Wasko M M, Faraj S. 2005. Why should I share? Examining social capital and knowledge contribution in electronic networks of practice. MIS Quarterly, 29 (1): 35-57.

Wasserman S, Faust K. 1994. Social network analysis: Methods and applications. Cambridge: Cambridge University Press.

Wasserman T. 2006. Consumers don't trust Blogs. Brandweek, 47 (31): 10.

Wei P S, Lu H P. 2013. An examination ofthe celebrity endorsements andonline customerreviews influence female consumers' shopping behavior. Computers in Human Behavior, 29 (1): 193-201.

Wellman B. 2001. Computer networks as social networks. Science, 293 (5537): 2031-2034.

Weth C, von der Bohm K. 2006. A unifying framework for behavior-based trust models//Meersman R, Tari Z. On the Move to Meaningful Internet Systems 2006: CoopIS, DOA, GADA, and ODBASE. Heidelberg: Springer.

Wetzer I M, Zeelenberg M, Pieters R. 2007. "Never eat in that restaurant, I did!": Exploring why people engage in negative word-of-mouth communication. Psychology and Marketing. 24 (8): 661-680.

Wicks P, Keininger D L, Massagli M P, et al. 2012. Perceived benefits of sharing health data between people with epilepsy on an online platform. Epilepsy & behavior: E&B, 23 (1): 16-23.

Wikipedia. 2010a. Wikipedia: About. http: //en. wikipedia. org/wiki/Wikipedia: About [2010-07-15].

Wikipedia. 2010b. Wikipedia: Neutral Point of View. http: //en. wikipedia. org/wiki/NPOV [2010-07-28].

Wilson M L, Schraefel M C. 2009. Evaluating Collaborative Information Seeking Interfaces with a Search-Oriented Inspection Method and Re-framed Information Seeking Theory. Information Processing & Management, 46 (6): 718-732.

Wilson T D. 2006. A re-examination of information seeking behaviour in the context of activity theory. http: //informationr. net/ir/11-4/paper260. html.

Yates J, Orlikowski W J, Jackson A. 2008. The six key dimensions of understanding media. MIT Sloan management review, 49 (2): 63-69.

Ye Y W, Kishida K. 2003. Toward an Understanding of the Motivation of Open Source Software Developers. Proceedings of 2003 International Conference on Software Engineering (ICSE2003), Portland, OR.

Ye Y, Fischer G. 2007. Designing for participation in socio-technical software systems. Proceedings of 4th International Conference on Universal Access in Human-Computer Interaction.

Yen H R, Hsu S H Y, Huang C Y. 2011. Good Soldiers on the Web: Understanding the Drivers of Participation in Online Communities of Consumption. International Journal of Electronic Commerce. 15 (4): 89-120.

Zeng H, Alhossaini M, Fikes R, et al. 2006. Mining revision history to assess trustworthiness of article fragments. Proceedings of the 2006 International Conference on Collaborative Computing: Networking, Applications and Worksharing.

Zhang P, Benjamin R I. 2007. Understanding information related fields: A conceptual framework. Journal of the American Society for Information Science and Technology, 58 (13): 1934-1947.

Zhang P, Von Dran G, Small R V, et al. 2000. A two-factor theory for website design. Proceedings of the Hawaii International Conference on Systems Science (HICSS 33), Hawaii.

Zhang P, Von Dran G M. 2000. Satisfiers and dissatisfiers: A two-factor model for website design and evaluation. Journal of the American society for information science, 51 (14): 1253-1268.

Zhao Y X, Zhu Q H. 2009. Blog acceptance model: An empirical study on exploring users' acceptance and continual usage of blog. Journal of Library and Information Science Quarterly, 2 (3): 44-61.